国家社会科学基金资助（项目号：05XJY024）

东西部比较视野下的乡村旅游发展研究

RURAL TOURISM DEVELOPMENT FROM THE FIELDS OF VISION
BETWEEN THE EAST AND THE WEST OF CHINA

金颖若 周玲强 等 \ 著

中国社会科学出版社

图书在版编目（CIP）数据

东西部比较视野下的乡村旅游发展研究/金颖若、
周玲强等著.—北京：中国社会科学出版社，2011.10
ISBN 978-7-5161-0098-1

Ⅰ.①东…　Ⅱ.①金…②周…　Ⅲ.①乡村–旅游业发展–
研究–中国　Ⅳ.①F592.3

中国版本图书馆 CIP 数据核字（2011）第 180150 号

责任编辑　门小薇
责任校对　王雪梅
封面设计　李尘工作室
技术编辑　戴　宽

出版发行　中国社会科学出版社
社　　址　北京鼓楼西大街甲 158 号　　邮　编　100720
电　　话　010–84029450（邮购）
网　　址　http：//www.csspw.cn
经　　销　新华书店
印　　刷　三河君旺印装厂
版　　次　2011 年 10 月第 1 版　　　印　次　2011 年 10 月第 1 次印刷
开　　本　710×1000　1/16
印　　张　16.75　　　　　　　　　　插　页　2
字　　数　264 千字
定　　价　34.00 元

序

颖若兄从事旅游研究已经很多年了，参与了国内不少旅游项目的设计、规划。对于贵州的旅游更是了然于胸，独有见地。他对贵州旅游深爱有加，说起来滔滔不绝，如数家珍。作为教授，他对各派理论谙熟于心，但又绝不止于理论，而十分重视现实实践。这与他多年深入于旅游一线进行田野调查，并曾担任区县基层领导，积累了丰富的实践经验有关。有道是纸上得来终觉浅，绝知此事要躬行，有理论，去实践，回头来再总结上升，这就是眼前这本书的特点。

乡村旅游这些年大热，它以文化独特性、生态低碳性、休闲娱乐性、双向参与性，顺应了后工业时代人们的生活方式。作为一种旅游样式，一出现便获得了迅速的发展。

很多年前探讨后现代，有老外说，后现代从哪里来，后现代就从中国来，从中国的传统文化来。大卫·霍伊就曾说过："从中国人的观点看，后现代主义可能被看作是从西方传入中国的最近的思潮。而从西方的观点看，中国则常常被看作是后现代主义的来源。"实际上，多年来我一直认为，中国现代社会，处于前现代、现代和后现代交织并存的状态之中，而以现代性为主导。这种三元交织的状态，呈现了中国社会在发展中的极端复杂性，但也给发展带来了新的机遇，和中国特色的广阔的创新空间。

在中国，由于区域、城乡发展的不平衡，现代性发展的不充分，保留了大量乡村旅游资源，成为发达国家发达地区旅游人群热烈追捧的对象。而且，在广大乡村地区，乡村旅游产业能提供更加多样的旅游产品，能够促进就业增收，推动解决三农问题，还能够为乡村地区在一定程度上超越传统工业化阶段，实现跨越式发展作出贡献。因此，中国乡村旅游肩负着创造旅游业新的增长点、满足城市居民旅游需求以及统筹城乡发展的多重使命，具有经济社会多层面的意义。

颖若、玲强等共同撰写的《东西部比较视野下的乡村旅游发展》一书，关注时代需求，体现出较强的应用和理论价值。该书梳理了中国乡村旅游发展的大致轮廓，划分了乡村旅游的类型，深入调查、剖析了浙江、贵州各三个不同类型的乡村旅游地，参证了其他几十个乡村旅游点，以浙江、贵州为样本，进行经济发展处于不同阶段和社会状况有很大差异的东西部乡村旅游产业发展的比较，互相参证，提出乡村旅游发展的对策，进行了初步的理论总结。

该书在研究方法上有几个特点：

强调实证研究。作者实地考察了国内东、中、西部近百个县、区和法国、瑞士、日本的乡村旅游，长期跟踪观察数个乡村旅游点，这在该研究领域里是考察面比较广、第一手调研资料比较多的。第一手资料多，体会比较深，能矫正许多人云亦云的错误说法；考察样本多，眼光比较开阔，归纳的结果比较可信。

注重比较研究。注重"地域"、"阶段"不同带来的产业差异性，比较东西部处在不同经济、社会、文化背景和不同发展阶段乡村旅游所出现的不同现象和深层次的原因，正确看待西部在产品类型、产业管理、发展模式上的差异，区分不同发展模式，东西互鉴。

讲究多视角切入。运用经济、管理、文化等多种方法，从产业发展、政府管理、文化可持续等多种维度观察思考，条分缕析纠结在乡村旅游上的复杂社会关系，寻求多方位解释、解决乡村旅游发展中的问题。

研究内容上，该书在比较视野下提出乡村旅游解决三农问题的动力机制，指出西部乡村旅游应当坚持的原则和发展的路径：坚持富民的产业属性，在相当长一个时期坚持政府主导战略，规范证照管理，改善公共资源和公共事务管理；完善乡村旅游规划，加强乡村旅游规制，健全行业协会的组织和功能，搞好信息服务和目的地营销，建立乡村旅游经营者辅导制度，丰富乡村旅游业态；根据乡村旅游地不同的经营形态优化产业组织模式，根据乡村旅游地产品的组合特征以及旅游产品的综合形态选择适合的企业组织形式；经济结构要与社会文化结构相耦合，要与不同地域、发展阶段、文化背景相适应，在此基础上设计可行的社区参与机制。对以上问题的探索都有所创新。

乡村旅游研究领域占有材料比较多、研究比较扎实的著作现阶段还比较少。该书学术上可以为正在建构中的中国乡村旅游理论增加一些基础性的思考，提供一些比较可靠的研究材料。实践上，西部特别是贵州可以直接采纳书中提出的开发管理对策和制度设计建议，对实际工作有指导意义。可供旅游、农业经济、社会学、民族学研究者，旅游管理者和经营者阅读参考。

颖若兄多年来一直在教学科研和学校行政的一线，在我们的共同工作中，我深感他勤勉严谨，敏捷多思，笔耕不辍，时有新创。我向他学到了很多东西。

预祝他今后有更多好成果问世。

是为序。

金元浦

2010 年 8 月 8 日

于京城三灯阁

目　录

绪　论

　　乡村旅游在不同国家有不同的形态，乡村旅游概念在不同国家也有不同的含义。在西方国家，乡村旅游概念是乡村旅游的研究焦点之一。在我国，由于产业意义的乡村旅游以及乡村旅游理论出现的历史都不长，且地区间差异极大，学者们的学科背景和关注点不一，学术界对乡村旅游的内涵和外延的认识存在许多分歧，对乡村旅游概念的探讨一直吸引着研究者的注意。

　　西方国家有关乡村旅游（Rural tourism）的学术性研究可以追溯到 20 世纪 50 年代，早期的研究集中在山区乡村的观光及其对山区农民的重要性上；1960—1970 年代，乡村旅游的主要研究方向是旅游对农民经济利益的影响，此时的乡村旅游仍主要是农场观光（Farm tourism），不太重视其他的乡村旅游形式；到了 1980 年代和 1990 年代初期，乡村旅游的研究开始扩展到农场之外。这些研究，初期绝大多数是以欧洲地区为研究背景的，只有少数研究将焦点放在欧洲之外；进入 1990 年代中后期，对北美和东亚乡村旅游的研究才开始逐渐增加。

　　目前，国外对乡村旅游并没有一个权威的定义，有时乡村旅游等同于农场观光，有时候乡村旅游的范围又可以包括生态旅游（Eco-tourism）、农业观光（Agritourism）、自然观光（Nature tourism）、探索性旅游（Discovery tourism）、绿色旅游（Green tourism）等，甚至可能包括美食、骑马、航海、打猎或其他运动和历史、文化观光。对于乡村旅游的定义，西班牙学者吉尔伯特（Gilbert）和童（Tung）认为，乡村旅游就是农户为旅游者提供食宿等条件，使其在农场、牧场等典型的乡村环境中从事各种休闲活动的一种旅游。他们把乡村旅游限定在农场和牧场，其实质是农业旅游。英斯基普（Inskeep）则将对偏远乡村的传统文化和民俗文化旅游称为村舍旅游（Village tourism）。克鲁克（Clock）指出，乡村是一种特殊的居住地，乡村社区是买卖的背景；乡村生活方式可以被移植；乡村文化的生活画面可以被加工、整体推销和出售。他们实际上是把乡村旅游定义为传统文化旅游。

欧洲联盟和世界经济合作与发展组织（OECD）将乡村旅游定义为发生在乡村的旅游活动，并进一步指出"乡村性（Rurality）是乡村旅游整体推销的核心和独特卖点"。世界旅游组织（WTO）看法相近，认为乡村旅游是旅游者在乡村（通常是偏远地区的传统乡村）及其附近逗留、学习、体验乡村生活的活动，该村庄也可以作为旅游者探索附近地区的基地。

英国人伯纳德·雷恩（Bernard Lane）曾对乡村旅游的概念作了较为全面的阐述，认为乡村旅游的概念远不仅是在乡村地区进行的旅游活动那么简单，相反，由于乡村旅游是一种复杂的多侧面的旅游活动，不同的国家和地区乡村旅游的形式不同。而乡村地区本身就难以界定，不同的国家标准差异很大；城市和乡村并不是截然分离的，而是一个连续体；乡村地区本身也处于复杂的动态变化中。按照雷恩等人的标准，观光农业、休闲农业、农庄旅游、农业旅游等，实际都可作为乡村旅游的分支。

由于乡村旅游概念的复杂性和复合性，学者们对乡村旅游概念的界定不完全一致，但基本上都认同乡村区别于城市的、植根于乡村世界的乡村性是吸引旅游者进行乡村旅游的基础。[①]

在东亚地区，习惯将旅游称为观光的国家和地区则称乡村旅游为"农业观光"。乡村旅游即以农业文化景观、农业生态环境、农事生产

---

① 参见何景明、李立华《关于"乡村旅游"概念的探讨》，《西南师范大学学报》2002 年第 5 期。

活动以及传统的民族习俗为资源，融观赏、考察、学习、参与、娱乐、购物、度假于一体的旅游活动。旅游者到乡村旅游是对大自然的追求，是对融入自然并与之和谐共存的人文环境和人类活动的追求，他们把这种追求视为人类对自然的一种回归。因而，许多国家亦将乡村旅游称为"绿色旅游"。然而"绿色旅游"绝非仅仅是用大自然的绿色来描述人类回归活动的随意概念，而是以保护自然环境、保护原始的人文环境为前提的"生态旅游"的代名词。"绿色旅游"概念是1986年在墨西哥召开的一次国际环境保护会议上与"生态旅游"概念同时提出的。因此，用"绿色旅游"来描述"乡村旅游"，实质上是规定了"乡村旅游"的归属范畴即"生态旅游"。

梳理下来，国内关于乡村旅游影响较大的定义大致有以下几类。

一是农业旅游说。

这一类观点把乡村旅游基本等同于农业旅游或把乡村旅游纳入农业旅游作为其一个类别。

杨旭在国内最早提出了乡村旅游的定义："所谓乡村旅游，就是以农业生物资源、农业经济资源、乡村社会资源所构成的立体景观为对象的旅游活动。"[①] 后继者有杜江、王兵等，他们都把乡村旅游理解为在农场、牧场等典型的乡村环境中，以农业文化景观、农村生态环境、农事生产活动以及传统的民族习俗为资源的旅游活动。[②]

乌恩等定义乡村旅游"是在传统的乡村地区开展，以乡村自然环境、风景、物产及乡村生活为旅游吸引物，不过多依赖资本和高技术，较少使用专业接待服务设施的旅游活动形式"。对乡村旅游的本质已说得比较到位了，但他们依然认为"乡村旅游是农业旅游的一种类型"[③]。

---

① 杨旭：《开发"乡村旅游"势在必行》，《旅游学刊》1992年第7期。

② 杜江、向萍：《关于乡村旅游可持续发展的思考》，《旅游学刊》1999年第1期。王兵：《从中外乡村旅游的现状对比看我国乡村旅游的未来》，《旅游学刊》1999年第2期。

③ 乌恩、蔡运龙、金波：《试论乡村旅游的目标、特色及产品》，《北京林业大学学报》2002年第5期。

乡村几可等同于农村，必然和广义的农业（包括牧业、渔业、林业）有着密切的联系，欧美的乡村旅游离不开农场、农庄，中国的乡村旅游离不开农户，或许是这一类观点的逻辑根源。

二是特殊对象说。

马波："乡村旅游是以乡村社区为活动场所，以乡村独特的生产形态、生活风情和田园风光为对象系统的一种旅游类型。"①

熊凯进一步发展了马波的观点，将"乡村意象"的概念引入到乡村旅游，认为乡村意象是乡村旅游的强大动力。②

与此相似的有何景明等："乡村旅游是发生在乡村地区，以具有乡村性的自然和人文客体为旅游吸引物的旅游活动。"他们认为乡村性由这样几个特征构成：地域辽阔，人口密度较小，居民点的人口规模较小；土地利用类型以农业用地和林业用地等自然用地为主，建筑物占地面积较小，即具有乡村型的自然景观，经济活动简单，以农业和林业为主，并具有较强的季节性；具有传统的社会文化特征。③

这类说法突出乡村旅游的吸引物是乡村地区具有乡村性的自然和人文旅游物象与事象，比较深入地揭示了乡村旅游的独特对象。

三是总和说。

一些学者倾向于从旅游活动发生的地域来界定乡村旅游：

乡村旅游是以乡村地域上一切可以吸引旅游者的旅游资源为凭借，以满足观光、休闲、度假、学习、购物等各种旅游需求为目的的旅游消费行为及其引起的现象和关系的总和。④

乡村旅游是以乡村空间环境为依托，以乡村独特的生产形态、民

---

① 马波：《开发关中地区乡村旅游业的构想》，徐德宽、马波：《区域旅游开发的理论与实践》，江苏人民出版社 1996 年版。

② 熊凯：《乡村意象与乡村旅游开发刍议》，《地域研究与开发》1999 年第 9 期。

③ 何景明、李立华：《关于"乡村旅游"概念的探讨》，《西南师范大学学报》2002 年第 5 期。

④ 贺小荣：《我国乡村旅游的起源、现状及其发展趋势探讨》；《北京第二外国语学院学报》2001 年第 1 期。

俗风情、生活形式、乡村风光、乡村居所和乡村文化为对象，利用城乡差异来规划设计和组合产品，集观光、游览、娱乐、休闲、度假和购物为一体的旅游形式。①

乡村旅游是以各种类型的乡村为背景，以乡村文化、乡村生活和乡村风光为旅游吸引物而进行的兼带观光、度假、休闲性质的小规模、离散性的旅游活动。②

几家看法有一个共同点，强调地域范围和依托的资源，符合该两项标准的旅游活动及各种现象都视为乡村旅游。

四是"农家乐"说。

成都市 2004 年发布的《成都市农家乐旅游服务暂行规定》中的农家乐"是指在农村集体土地上利用庭院、果园、花圃等田园景观和自然生态、乡村人文资源，为游客提供以农业体验为特色的观光、娱乐、劳动、住宿、饮食等服务的经营实体"。

同年发布的《农家乐开业基本条件》、《农家乐旅游服务质量等级划分及其评定》两项地方标准所指的农家乐是"利用庭院、堰塘、果园、花圃、农场等农、林、牧、渔业的资源优势，吸引旅游者，为旅游者提供观光、娱乐、运动、住宿、餐饮、购物的经营实体"。

得名于成都的"农家乐"只是乡村旅游的一种样式，而且成都市的地方政府规章和标准也没有标榜自己在给乡村旅游一个全面、科学的界定，但由于成都农家乐在全国的影响巨大，许多地方把成都市对农家乐的定义引为乡村旅游的标准定义。

从逻辑和产业实际出发，本书认为乡村旅游的概念应该具备这样几个要件：

第一，客体，是乡村的自然人文现象，本条所指的乡村包括传统乡村和现代乡村，它的地域由下一条说明。也就是说，旅游活动应具有乡村特性，在农村玩无线电测向不是乡村旅游，植物学家到乡村搞

---

① 肖佑兴、明庆忠、李松志：《论乡村旅游的概念和类型》，《旅游科学》2001 年第 3 期。

② 张建雄：《关于乡村旅游若干问题的思考》，《大理学院学报》2004 年第 4 期。

科研，很有意思，虽能吸引人们参观，但也不是乡村旅游，这些活动本来不属于乡村。

第二，地域，乡村是一种聚落形态，是由分散的农舍到能提供生产和生活服务功能的集镇所代表的一个社区。没有人烟的荒野不是乡村，比如许多自然保护区、风景名胜区。相对于城镇而言，乡村土地利用是粗放的，农业和林业等土地利用特征明显；小和低的建筑物与周围环境所具有的广阔景观相一致；乡村特有的生活方式迥异于城镇。[①]

第三，设施和经营主体，主要是利用乡村的设施或由乡村的居民经营。小规模经营、本地人所有、社区参与是保持前两条的条件。纯粹的外来经营者建设专用的旅游设施很难被看作乡村旅游，经营服务应具有本地化的特色。

根据以上认识，吸收已有的研究成果，我们给出乡村旅游的定义：**乡村旅游是发生在乡村社区的，以乡村自然景观和乡村人文现象为吸引物的，主要由当地居民经营的，不过多依赖专用服务设施的旅游活动。**

我国一直以市镇的行政界限作为城乡划分的基础，没有建立城镇的实体地域概念，市镇的行政管辖范围远远大于其景观上的实体范围，包括相当一部分的乡村地域和农业人口。[②] 由于城市的快速扩张，一些原来处于乡村的"村"变成"城中村"；由于乡镇企业的快速发展，一些村庄实现了城镇化、非农化。以上两种情况都可能没有改变居民的户籍属性和自治组织的名称，名为农业人口——农民，而且隶属于某个村委会，实际上却早已成为生活在城市中的居民。因此，不能用行政管辖范围来判断乡村的地域。

与乡村旅游关系最密切的，还有以下几个概念：

农业旅游。包括等同于或从属于农业旅游概念的观光农业、休闲

---

① 王云才：《21 世纪我国乡村发展的八大趋势》，《现代农业经济》2000 年第 2 期。

② 许学强、周一星、宁越敏：《城市地理学》，高等教育出版社 1999 年版。

农业，是产业旅游的一种，与工业旅游、科技旅游、军事旅游等产品样式并列，与乡村旅游是交叉关系。都市农业、现代"三高"工厂化农业旅游显然不是乡村旅游，如北京锦绣大地、杭州传化大地、深圳荔枝世界、苏州未来农林大世界等。①

农家乐。得名于成都郊区的园林化农家庭院休闲和餐饮服务，不应作为乡村旅游的俗称，而是乡村旅游的一种类型，通常指近郊乡村游憩。攀上山顶观赏梯田景观、跟着羊群在草地露营是典型的乡村旅游，却很难称为农家乐。

古镇旅游。镇是介于城市和乡村之间的一种聚落形态，古镇旅游和乡村旅游在内涵和外延上都有交叉。一些农业为主的小型古镇旅游，主要表现出乡村旅游的特征；以工商业为主的古镇，虽然传统民俗的成分很重，却不应列入乡村旅游。

乡村主题公园。一些建筑、活动使用了乡村文化元素的度假村，像浙江桐庐红灯笼外婆家（乡村家园）、萧山山里人家，是人造乡村主题公园，不属于乡村旅游的范围。

国外乡村旅游研究已经积累了不少成果，其研究主要集中在以下方面：

乡村旅游与乡村可持续发展的相互关系研究。对乡村旅游与乡村经济发展关系的研究，得出的结论是既有有利的影响但同时也可能带来一些副作用；对乡村旅游与乡村文化的关系研究，大多数学者认为，随着乡村旅游的发展、游客的增多，非乡村文化逐渐渗透，乡村文化势必被异化、削弱，从而影响乡村旅游发展的可持续性；对乡村旅游与乡村环境的关系研究，大多数学者认为，乡村旅游一方面能促进乡村生态环境的保护，但另一方面会造成污染，扰乱乡村的自然和文化氛围。

基于供给和需求的乡村旅游发展的动力机制研究。从需求角度看，是城市人逃避城市污染和快节奏的生活方式，渴望回归乡野的心

---

① 金颖若：《试论贵州民族文化村寨旅游》，《贵州民族研究》2002 年第 1 期。

理需要；从供给角度看，乡村旅游是增加农户的经济收入，促进当地社区的社会经济发展的有效途径之一。

社区居民对发展旅游的态度研究。发达国家非常重视社区居民对发展旅游态度的研究，认为当地人对发展旅游的态度影响旅游者的感受，从而影响乡村旅游的发展。在发展中国家一些封闭的乡村，当地人不能分享发展旅游带来的利益，却承受环境破坏、生活受干扰、价值观念冲突的不利影响，从而导致当地人对发展旅游怀有不满情绪。相反，另一些国家乡村旅游开发较为成功，当地人对旅游持支持态度，对游客热情友好，很好地影响了旅游者对旅游经历的感受，从而促进了乡村旅游的发展。

乡村旅游发展的管理研究。在欧洲，政府十分关注乡村旅游的发展，对乡村旅游的管理主要是通过制定开发政策、提供人力和财政支持、设立专门的管理机构、组织市场开拓等方式实施。在对乡村旅游的开发和管理中，积极倡导乡村社区参与的管理模式。

旅游发展的策略研究。学者们强调，没有一个绝对正确的策略，发展策略的成功与否，要看是否适合当地的具体情况。学者们特别强调在发展的同时，保护乡村旅游的自然和文化传统，即保护乡村的"乡村性"特征。认为"乡村性"是乡村旅游的独特卖点，是最重要的旅游吸引物；但随着旅游规模的不断扩大以及开发的深入，乡村的"乡村性"特征会受到削弱，从而使乡村旅游的发展面临挑战。

乡村旅游发展中的女性问题研究。乡村旅游对乡村妇女具有特殊意义，在旅游行业，妇女与男子在体力上的差别变得不那么重要，在许多地方，妇女成为推动乡村旅游发展的重要力量。这不仅增加了妇女的就业机会，提高了她们的经济收入和社会地位，而且通过职业培训及与外界的交往机会的增加，提高了妇女受教育的程度，扩大了她们的视野。[①]

---

① 何景明：《国外乡村旅游研究述评》，《旅游学刊》2003 年第 1 期。

国内对乡村旅游的研究，大致起步于 1990 年代中期，近几年来文献数量呈井喷态势。除了对乡村旅游概念的探讨持续保持热度外，比较集中的在以下几个领域：

一是基本理论研究。

卢云亭等的《观光农业》已经涉及了较多乡村旅游的基本理论问题，之后被称引较多的有熊凯对乡村意象的论述、王兵介绍乡村旅游的基本情况、肖佑兴等论乡村旅游的类型、贺小荣探索我国乡村旅游的起源、乌恩等对乡村旅游本质的探讨、刘德谦对乡村旅游概念和发展的梳理等等。夏林根《乡村旅游概论》是较早全面涉及乡村旅游基本理论的概论性著作，邹统钎《乡村旅游：理论·案例》是一本理论和实务研究都比较丰实的专著。①

二是开发研究。

这是乡村旅游研究论文数量最多的一个领域，这些研究大多数以实证方法来分析某地的乡村旅游开发，并提出相应的开发策略和建议。

关于乡村旅游规划的研究。如梅燕提出了乡村旅游景观的开发必须满足区位、农业基础、乡村景观质量和乡村社区条件四大要素；唐代剑等从乡村旅游项目设计和游览组织构建的角度论述了乡村旅游的选址、活动内容的设计、游览组织等乡村旅游规划的核心问题。王云才《现代乡村景观旅游规划设计》、《乡村旅游规划原理与方法》对

---

① 参见卢云亭、刘军萍《观光农业》，北京出版社 1995 年版；熊凯：《乡村意象与乡村旅游开发刍议》，《地域研究与开发》1999 年第 9 期；王兵：《从中外乡村旅游的现状对比看我国乡村旅游的未来》，《旅游学刊》1999 年第 2 期；肖佑兴、明庆忠、李松志：《论乡村旅游的概念和类型》，《旅游科学》2001 年第 3 期；贺小荣：《我国乡村旅游的起源、现状及其发展趋势探讨》，《北京第二外国语学院学报》2001 年第 1 期；乌恩、蔡运龙、金波：《试论乡村旅游的目标、特色及产品》，《北京林业大学学报》2002 年第 5 期；刘德谦：《关于乡村旅游、农业旅游与民俗旅游的几点辨析》，《旅游学刊》2006 年第 3 期；夏林根：《乡村旅游概论》，东方出版中心 2007 年版；邹统钎：《乡村旅游：理论·案例》，南开大学出版社 2008 年版。

乡村旅游规划开发的系统研究逐渐加深。①

关于乡村旅游产品的研究。杨劲松提出了康体休闲产品、周末度假产品、农业观光产品建设的开发思路；吕连琴提出了乡村旅游高级化产品设计的五个导向性意见；王宏星等从分析乡村旅游产品组织者和提供者的市场行为以及旅游者的消费行为入手，构建了乡村旅游产品体系，并运用模型得出我国乡村旅游产品相对低级，完整的旅游产品体系还没有形成的结论。针对一些地域特色产品，金颖若研究了贵州的村寨旅游；何景明跟踪研究了成都近郊的"农家乐"；邹统钎全面研究了北京民俗村旅游。②

关于乡村旅游市场的研究。谢彦君主张乡村旅游开发的目标市场定位必须遵循文化性、特殊性、民俗性、生态性、参与性的原则；黄进认为城市人口的数量、结构、家庭状况及其变化趋势将对乡村旅游产生整体性、长远性和决定性的影响，并进一步划分了乡村旅游客源六大市场；黄洁认为中国人的"土地情结"和"家情结"共同对乡村旅游供给和需求市场提出了相应的要求；张文祥等在分析阳朔乡村旅游市场的行为特征、消费特征和需求特征的基础上，提出市场开发

---

① 参见梅燕《论现代乡村景观旅游开发》，《农村经济》2003 年第 10 期；唐代剑、池静：《论乡村旅游项目与游览组织》，《桂林旅游高等专科学校学报》2005 年第 3 期；王云才：《现代乡村景观旅游规划设计》，青岛出版社 2003 年版；王云才：《乡村旅游规划原理与方法》，科学出版社 2006 年版。

② 参见杨劲松《开发都市型乡村旅游产品》，《社会》1999 年第 3 期；吕连琴、刘爱荣：《我国乡村旅游高级化的产品设计导向》，《地域研究与开发》2002 年第 4 期；王宏星、崔凤军：《我国乡村旅游产品体系及其影响研究》，《西藏大学学报》2005 年第 4 期；金颖若：《试论贵州民族文化村寨旅游》，《贵州民族研究》2002 年第 1 期；金颖若：《集市旅游——民族文化旅游开发的新途径》，《经济地理》2003 年第 5 期；何景明：《城市郊区乡村旅游发展影响因素研究——以成都市农家乐为例》，《地域研究与开发》2006 年第 6 期；邹统钎：《中国乡村旅游发展模式研究——成都农家乐与北京民俗村的比较与对策分析》，《旅游学刊》2005 年第 3 期；邹统钎：《乡村旅游经营者共生机制研究——以北京市怀柔区北宅村为例》，《北京第二外国语学院学报》2006 年第 9 期；邹统钎：《社区主导的古村落遗产旅游发展模式研究——以北京市门头沟爨底下古村为例》，《北京第二外国语学院学报》2007 年第 5 期。

的意见。①

**　三是发展模式研究。**

　　舒伯阳将观光农业划分为自发式、自主式、开发式三个阶段模式和依托自然型、依托城市型两种地域模式；王云才把珠江三角洲观光农业归纳为番禺绿野乡风模式、深圳田园海上风光模式、高要广新生态园模式、三水荷花世界模式、中山岭南水乡模式、珠海农科奇观模式；文军等提出了乡村旅游开发模式的政府出资的公有型、政府资金和乡民资源的合股型、政府主导外商独资型、政府主导下的外商和乡民合股型、外商和乡民合股型等模式；杨兴洪总结了贵州乡村旅游的三种典型模式——公司管理的天龙模式、社区共管的郎德模式、需求主导的中洞模式；王嘉学等分析了云南乡村旅游城市和大型工矿区依托型、交通依托型、景区依托型、资源依托型、复合型四种地域模式；卢杨提出了以农民为经营主体模式，政府投资开发的共有模式，政府主导和协调、旅游企业独资运作模式，政府主导、旅游企业与当地农民合作合股的模式，由当地村民委员会直接与外来投资商合股开发的模式；戴斌从动力机制角度把乡村旅游成长模式归纳为政府推动型、市场驱动型、混合型三类；彭燕平提出分散自主经营模式、公司＋业户模式、社区＋公司＋业户模式、整体租赁模式、村办企业开发模式、农户＋农户模式、政府＋公司＋农村旅游协会＋旅行社模式、政府＋公司＋业户模式、个体农庄模式，并分析了各种模式的利弊；王世益提出企业主体开发的三种类型：联合开发型、租赁开发型、完全产权开发型；郭剑英等提出政府主导型发展模式、企业主导型模式、集体股份制模式、自主发展模式，以乡村的地理位置为划分

---

　　① 参见谢彦君《以旅游城市作为客源市场的乡村旅游开发》，《财经问题研究》1999 年第 10 期；黄进：《乡村旅游的市场需求初探》，《桂林旅游高等专科学校学报》2002 年第 3 期；黄洁：《从"乡土情结"角度谈乡村旅游开发》，《思想战线》2003 年第 5 期；张文祥、陆军：《阳朔乡村旅游国内外游客消费需求比较分析》，《桂林旅游高等专科学校学报》2005 年第 1 期。

的依据，提出了不同主体为主导的开发模式。①

只有在动力机制、开发建设、管理分配等全过程形成系统性特点才能称为模式，学界讨论的模式许多只能算某一个角度的类型划分。

四是产业组织和管理体制研究。

郑群明等提出公司＋农户模式、政府＋公司＋农村旅游协会＋旅行社模式、股份制模式、农户＋农户模式、个体农庄模式，探讨了参与式乡村旅游开发模式；周玲强等提出借用农业产业化"公司加农户"的组织创新模式，在一定的地域空间范围内建立"农家旅馆联合体"，采取股份合作制的运行制度；刘军萍借鉴国外经验，思考了管理者和经营者角色定位问题。②

潘顺安非常细致地总结了目前乡村的各种参与方式和产业组织形式，提出了 5 大类 12 小类开发模式：企业为开发经营主体开发模式，包括企业独立开发模式、企业独立开发经营社区居民参与模式、股份合作制企业开发模式；村集体为开发经营主体开发模式，包括村集体经济开发模式、村集体组织全民参与开发模式；村民自主开发模式，包括政府推动村民自主开发模式、社区旅游机构组织农户自主参与开

① 参见舒伯阳《中国观光农业旅游的现状分析与前景展望》，《旅游学刊》1997 年第 5 期；王云才：《珠江三角洲的实践看我国田园公园的发展》，《旅游学刊》2001 年第 2 期；文军、魏美才：《乡村旅游开发模式探讨——以广西富川瑶族自治县秀水村为例》，《生态旅游》2004 年第 2 期；杨兴洪：《浅析贵州乡村民族旅游开发》，《贵州民族研究》2005 年第 4 期；王嘉学、明庆忠、杨世瑜：《云南乡村生态旅游发展地域模式初步研究》，《产业观察》2004 年第 3 期；卢杨：《乡村旅游运营机制研究》，东北财经大学硕士学位论文，2005 年；戴斌、周晓歌、梁仕平：《中国与国外乡村旅游发展模式比较研究》，《江西科技师范学院学报》2006 年第 1 期；彭燕平：《乡村旅游经营模式研究》，山东大学硕士学位论文，2007 年；王世益：《"四主"开发：旅游带动新农村建设的成功模式》，《长江论坛》2006 年第 4 期；郭剑英、邱云志、熊明均：《初探新农村建设中乡村旅游发展模式选择——以汶川县照壁村、萝卜寨村为例》，《商业研究》2008 年第 6 期。

② 参见郑群明、钟林生《参与式乡村旅游开发模式探讨》，《旅游学刊》2004 年第 4 期；周玲强、黄祖辉：《我国乡村旅游可持续发展问题与对策研究》，《经济地理》2004 年第 4 期；刘军萍：《国外乡村旅游管理者和经营者角色定位之启示》，《旅游学刊》2006 年第 4 期。

发模式；政府主导村民参与开发模式；混合型开发模式，包括公司＋农户开发模式、**企业**＋村委会＋农民旅游协会开发模式、企业＋村委会＋农户开发模式、村集体组织村民自愿自主参与开发模式。①

翁瑾等指出，重渡沟"景区公司＋农户"模式是一种基于农村社区的旅游产业组织方式，其本质就是互补产品生产企业在不涉及产权的情况下，在经营层面上实现的一体化，是旅游目的地内部具有地方政府背景和主导地位的景区开发管理公司，为实现地方旅游业持续发展而作出的必然选择，公司对农家旅馆的低价格定价、质量管理以及对农家旅馆市场的垄断都是对产权缺失的一种弥补，有效地约束了机会主义行为的发生，保证了旅游目的地的健康、持续发展。该文与本书的一些重要观点不谋而合。②

五是社会、文化影响和可持续发展研究。

李周等系统深入地研究了旅游业对中国农村和农民的影响；林锦屏提出了文化的补偿性问题，通过发展丽江三元村的乡村旅游，补偿丽江古镇纳西文化受到过分商业化的冲击和原创文化不断流失的缺陷；张文剖析乡村旅游带来的社会、经济正负效应；李凡等关注古村落旅游开发中的利益主体问题；王继庆全面探讨了乡村旅游可持续发展问题。社会学、民族学、人类学者也十分关注这类问题。③

六是乡村旅游促进解决三农问题、新农村建设研究。

这是中国乡村旅游社会作用研究的最重要部分。由仅仅是农民增收、脱贫的手段到为解决三农问题、建设新农村全面发挥作用，乡村

---

① 参见潘顺安《中国乡村旅游驱动机制与开发模式研究》，东北师范大学博士学位论文，2007年。

② 参见翁瑾、杨开忠《重渡沟"景区公司＋农户"的旅游产业组织模式研究》，《经济经纬》2004年第1期。

③ 参见李周、操建华《旅游业对中国农村和农民的影响研究》，中国农业出版社2004年版；林锦屏、周鸿、何云红：《纳西东巴民族文化传统传承与乡村旅游发展研究》，《人文地理》2005年第5期；张文：《我国乡村旅游发展的社会与经济效益、问题及对策》，《北京第二外国语学院学报》2006年第3期；李凡：《古村落旅游开发中的利益主体研究》，《旅游学刊》2007年第1期；王继庆：《中国乡村旅游可持续发展问题研究》，黑龙江人民出版社2008年版。

旅游的综合效用得到了更充分的认识。杨胜明主编的《乡村旅游：反贫困战略的实践》和《乡村旅游——促进人的全面发展》是两本汇集中外专家思考的文集，论题集中在反贫困和文化问题上。①

十几年来的中国乡村旅游研究，吸引了众多来自于学术界、产业界和政府的研究者，产生了数量庞大的文献，且文献的增长呈加速态势。挂一漏万，以上的分类是不完全的，点到的作者只是举例，乡村旅游研究出现了蓬勃发展的局面。但是，中国乡村旅游研究到目前为止就事论事的研究多，系统的研究少；实务的研究多，理论性强的研究少；实务和对策研究具体旅游点的多，宏观和大尺度的少；描绘和事后解释的多，前瞻和预测研究的少；民间的零散调查多，官方的全面统计缺失；追着产业走、被产业逼着走的多，能指导产业前行的少。结果是局部研究多，全局研究少；各说各话的多，权威和流派还没有形成。中国乡村旅游理论还处于初创时期，研究还处于初级阶段。

在工业化、城市化程度不断提高的今天，乡村的自然环境和传统文化对城市游客的吸引力越来越大，乡村旅游能够满足都市人"返璞归真"、"回归自然"和"怀旧"的精神需求；现在旅游业需求、供给、样式都面临着结构性调整，乡村旅游能提供更加多样的旅游产品，丰富旅游活动内容，创造旅游业新的增长点。乡村旅游在世界各国旅游业中所占的份额越来越重。

中国东部和西部具有不同的地理环境、经济基础和社会条件，东西部内部的差异也非常大，东部的一些边远山区经济和社会发展水平更接近西部，西部的一些大都市如成都更像东部，但东西部总体上形成了各自的特征。浙江是典型的东部省份，经济发达，城市化水平高，城乡差别快速缩小，旅游业发达，乡村旅游成为都市居民的重要旅游方式，并且促进了三农问题的解决，积累了发展乡村旅游的经

① 参见杨胜明主编《乡村旅游——反贫困战略的实践》，贵州人民出版社2005年版；杨胜明主编：《乡村旅游——促进人的全面发展》，贵州人民出版社2006年版。

验。贵州是典型的西部省份，经济落后，三农问题突出，开展乡村旅游活动较早，乡村旅游是旅游业重点发展方向，乡村旅游对三农问题的作用更重要、更明显。本书选择浙江、贵州分别作为东部、西部的代表，进行比较研究，力图使东西部都能得到有益的启发。

第一章

乡村旅游的发展历程

一　国外乡村旅游发展概况

本书所说的乡村旅游，指现代旅游产业形态的乡村旅游，不主张追溯到 19 世纪或者 18 世纪欧洲贵族到乡村的农事、休假活动，因为那样，至少陶渊明和稍后的谢灵运可以称为世界乡村旅游的鼻祖，甚至《诗经》时代的士大夫就已经开始规模可观的乡村旅游了。改革开放前，官方安排国内外宾客到农村的参观活动也没有必要看作我国乡村旅游的萌芽，因为那是毫无产业意义和基本没有审美意义的政治活动。

（一）产生背景和成效

1. 产生的背景

后工业社会，人们对古老的传统和自然的环境充满向往，乡村刚好可以满足这一需求。随着高度城市化和高度工业化，西方国家的物质生活已经达到了很高的水平，民众越来越重视精神方面的享受，也越来越关注环境问题，城市居民渴望生活在天然环境中，回归自然和怀旧成为一种思潮。

对大众化的团体包价旅游过于标准化和刻板的厌烦，也使亲切、随意、个性化的乡村旅游受到人们的青睐。

旅游业在经过近代和现代的持续发展后，自身也在寻找旅游形式创新，创造新的增长点，乡村度假和农业休闲以其与城市、海滨和风景观光旅游大不相同的面貌成为一种新产品，成为多样化旅游的一个重要分支。

社会均衡发展的要求也是乡村旅游产生的重要原因，借助旅游业，可以开展各种活动来保护当地的农业和传统工艺；借助游客的到来和旅游业收入，可以促进当地的社区服务设施建设，保持农村社区的活力。而在经济相对落后的地区，旅游业能够迅速增加收入。

西班牙是现代乡村旅游的发源地和世界著名的旅游大国，最早开展乡村旅游活动；爱尔兰则后来居上，成为典范；法国以其接待规模成为乡村旅游的领军者。欧洲其他国家、美国、日本、以色列、韩国和我国台湾地区的乡村旅游都很发达，在城乡关系调整和产业结构调整上发挥了重要作用。

2. 经济成效

目前还没有跨国范围的乡村旅游统计资料，很难对国外取得的成就进行精确描绘，只以一些国家为例说明乡村旅游取得的经济成效。

进入20世纪80年代，欧美发达国家开始了大规模发展乡村旅游的进程，使乡村旅游显示出越来越大的发展潜力。

法国2000年乡村旅游支出130亿欧元，占旅游支出总额的近两成。在传统意义上的乡村地区，旅游经济的比重已经明显地与农业经济的比重持平。每年都会有600万游客在乡村过夜，其带来的收入大约为2.7亿欧元。[①]

美国2002—2004年有9000万人前往乡村、农场观光度假，年增长6%，仅在美国东部就有1500个观光农场，在西部还有为数较多的专门用于观光旅游的牧场。

在西班牙，36%的人季节休假是在1306个乡村旅游点中的房屋里度过的，85%的乡村旅游者周末驾车前往100—150公里以内的农

_____

① 资料来源于法国洛泽尔省旅游局交流材料。

场休闲度假。

欧洲乡村旅游每年的增长速度大约在6%，超过整个旅游业4%左右的增长速度。

到1996年底，波兰全国已有450家由生态农业专业户组成的总面积超过4000公顷的生态农业旅游区。

据世界旅游组织统计，近年来，欧洲每年旅游总收入为2180亿美元，其中乡村旅游占10%。[①]

（二）产品样式

综合来看，国外乡村旅游的主要产品样式可以划分为四类：

1. 乡村观光休闲旅游

游客住在农舍，品尝农民自产自制的新鲜食品，观赏周围的自然风景，到附近的天然环境里开展户外活动。从产品提供方讲，这种产品常常被称为"床＋早餐"。比较典型的有：

西班牙，将废弃的城堡改造后出租给游客，开展徒步、骑马、滑翔、登山、漂流等多种休闲活动。

爱尔兰，拥有湖泊、绿地、蓝天、牛羊、牧场、教堂、酒吧构成的乡村风光，提供客房和早餐，由老式房屋改建的"家庭旅馆"是招牌产品。家庭旅馆设施齐全，游客可以品尝美味、观赏田园风光、骑马、放牧、摄影、钓鱼、下厨、参观和参与手工制作等。

法国，古堡、庄园或牧场改造的乡村住所、家庭旅馆和乡村餐厅是特色产品，享受自然的、未受任何破坏的环境，开展徒步、划船、自行车、骑马和钓鱼等体育活动，充分发现、感受当地典型的传统和活动以及精良的工艺品、特色饮食。

2. 农事旅游

旅游者参与各种农业劳动，通常以类似短期帮工的身份到农场、牧场、渔场参与生产劳动，但并不以取得劳动报酬为目的，甚至还要

---

① 数据来源于农博网（http://www.aweb.com.cn）。

向主人支付一定费用。

比较典型的有：

美国度假农庄及观光牧场，开展农产品采摘、乡村音乐会、垂钓比赛、果品展览、宠物饲养、自制玩具、微型高尔夫等活动，参加劳动甚至还可以获得一定报酬。美国土地广阔，劳动力昂贵，这种参与式的乡村旅游形式满足了游客体验乡村生活的愿望，还能在一定程度上解决临时劳动力问题。

日本农业公园，强调科普、教育、体验，旅游者交纳一定费用后，和当地农民一起下地劳动，加工农产品，还可以租一块地自己耕种。

3. 乡村生态旅游

乡村旅游与生态旅游紧密结合，注重生态意识的培养。

波兰，其开展的活动在内容上与其他国家一样，然而参与接待的农户均是生态农业专业户，一切活动在特定的生态农业旅游区内进行。到 1996 年底，波兰全国已有由 450 家生态农业专业户组成的总面积超过 4000 公顷的生态农业旅游区。[①]

德国，乡村旅游推出"森林轻舟活动"，那里有大大小小的湖泊、沼泽、岛屿，游人乘舟游览，领会大自然的美妙。

4. 乡村文化旅游

注重乡村风光与民族民俗、历史文化的结合。

匈牙利，将乡村旅游与历史文化紧密结合起来，正式的乡村旅馆必须是有 50 年以上历史的建筑，使游人在领略风景如画的田园风光时还体味到几千年历史淀积下来的民族文化。这是乡村旅游开发的一个方向。

（三）中外乡村旅游的不同特征

欧、美、日等发达国家与中国相比，乡村旅游在以下各方面呈现

---

① 王兵：《从中外乡村旅游的现状对比看我国乡村旅游的未来》，《旅游学刊》1999 年第 2 期。

出不同的特点。

1. 动力机制

国外，旅游市场对乡村产品的需求以及保持乡村活力是发展乡村旅游的社会动力。它们的工业化和城市化程度高，乡村人口少，为了保持传统文化，支持弱势的农业，防止乡村过于凋敝，促使乡村经济获得更大的发展，让更多的人留在或前往乡村，以保持乡村的活力，发展乡村旅游是各国政府采取的一项重要措施。开发乡村旅游最注重的是乡村旅游的社会效益和生态效益，乡村旅游项目的开发必须在不影响当地生态环境的前提下进行；在管理中，采取了严格的环保措施，注重环境教育，让游客在游山玩水中增强环境意识。

高度工业化环境下对回归自然的追求、对全球日益恶化的环境问题的关注、对天然健康生活方式的喜爱是发展乡村旅游的市场需求动力。

国内，脱贫的冲动、政府的扶持、市场需求是发展乡村旅游同等重要的动力。中国有9亿多人口分布在乡村，生活水平普遍较低，"三农"已成为我国目前的一项重大问题。寻求脱贫致富的门径是乡村发展旅游产业的供给动力；统筹城乡发展，积极探索引导农民脱贫致富的有效途径，建设和谐社会是发展乡村旅游的政府动力；城市人口对差别化的城乡环境和生活方式的体验是乡村旅游的市场需求动力。在严峻的人口、资源、环境问题面前，如何实现社会公平，探索乡村经济可持续发展的产业依托，引起了社会对乡村旅游的关注。

2. 乡村旅游吸引物

欧、美、日等国，城乡差别较小，乡村有着与城市相近的公共服务和生活水平，乡村环境是主要吸引物；中国，有着大量的农村，存在极大的城乡差别，城乡文化差异和景观差异是主要的乡村旅游吸引力因素。

在中国，由于地理条件和地方文化差异巨大，相对欧美发达国家，我国的乡村旅游资源要丰富得多，乡村旅游产品的类型也相应要多样化一些。

中国各地乡村均把富有地方特色和乡土气息的家常菜作为餐饮产

品的主要卖点，对来自都市的旅游者具有强烈的吸引力。国外乡村旅游也提供一些乡村美食，但一般都比较简单，种类没有中国丰富，更多是附加到住宿产品中的。另外，与中国对乡村美食纯粹的"吃"不同，国外乡村旅游很注重乡村美食制作过程的展示。

发达国家，乡村旅游住宿产品的类型要丰富一些，主要包括：民居旅社；古堡旅馆，利用古代城堡装修；自助式村舍，这类住宿设施设备齐全，客人自助使用。

中国乡村旅游娱乐活动主要有采摘、垂钓、漂流、骑马、篝火晚会、歌舞观赏、KTV、棋牌等。国外乡村旅游的休闲娱乐产品要更多样化，并开始向着深度体验项目发展，如山地自行车、徒步穿越、登山等。

3. 扶持和制度保障

爱尔兰中央或者地方政府为了给本国或本地区乡村经济发展注入新的活力，在政府规划指导下，采取各种措施，给予乡村旅游开发积极的引导和支持。典型特征就是政府参与规划、经营、管理与营销等活动。专家、高校或协会对乡村妇女进行经营管理培训，政府为家庭旅游业提供资金来配备足够的设施，如修建专供游客使用的卫生间和卧室。

意大利政府也积极鼓励乡村旅游的发展，经营乡村旅游可以享受政府的有关农业低息优惠信贷和税收减免政策；意大利政府还对全国各地重要乡村旅游资源进行统一评估和开发协调，以便使各地能充分发挥地方特色，避免同质化竞争。如意大利政府规定，游客的食物全部或大部分必须是当地农场的产品；乡村旅游应该以从事农业活动为主要内容；乡村旅游主要利用农场的现有条件和资源，允许维修原有的庄园或别墅。

1992—1998 年，西班牙政府投入了很大精力进行乡村旅馆建设，使乡村旅游设施有了很大改善；政府还通过减免税收、补贴、低息贷款等方式支持和帮助乡村旅游，贷款主要用于改善乡村旅游的接待设施，政府的补贴只用于修缮那些具有 50 年以上历史的老建筑，帮助农民把它们改造成乡村旅馆；政府还通过加强乡村旅游规划引导乡村旅游的发展，同时通过技术上的帮助或培训，教育当地的农民认识到保护自身传统文化、生态环境的重要性。

法国洛泽尔省旅游局和当地开发公司向拥有空闲的老式房屋和农舍的农民和洛泽尔自治村（可以支配这些老式房屋和公共建筑的机构）提交工作计划对房屋进行翻修，公共补助金（由欧盟、法国政府或地方政府提供）数目大约为总投入的50%。通过客房预订中心对乡村住所进行预约登记，保证业主的经济来源。①

我国台湾地区，1983年农政部门制定了"发展观光农业示范计划"，农民向乡镇农会提出开辟观光园申请后，由县政府和区农业改良场及省农林厅协同实地考察，适者纳入辅导对象，由农委会拨给补助经费；1990年，台湾设立了"发展休闲农业计划"，在技术辅导、经费、宣传等方面加大支持力度；1994年，农委会又出台了"发展都市农业先驱计划"，积极辅导各地创办示范性的体验型市民农园。台湾地区农政部门及地方政府在资金、技术上的大力支持，在经营管理上的积极辅导，有力地推动了其乡村旅游的快速成长。②

我国乡村基础设施比较落后，政府在发展乡村旅游的时候首先考虑的是基础设施的建设。政府扶持乡村旅游的措施有：税收减免；接待设施建设的资金支持；接待户的培训等等。但是政府没有整合高校、非政府机构的力量对乡村旅游的开发进行指导、帮助，培训的面太窄，扶助资金惠及的面也太窄。

4. 管理体制

欧、美、日等国有一个共同的特点，即社会功能强、中介发达、规则完备、政府直接干预少。乡村旅游经营者独立经营为主，农民受教育的程度和专业技能水平普遍较高，他们有资金和能力独立开发乡村旅游，也有股份制、合作制的小型企业，各种行业协会在行业管理中发挥着重要作用。

① 资料来源于法国洛泽尔省旅游局交流材料。
② 陈美云：《台湾休闲农业的成功经验及对大陆的启示》，《科技情报开发与经济》2006年第2期。

　　西班牙乡村旅游协会是一个民间联合体，它和政府有着良好的合作关系，在推进西班牙乡村旅游发展中起着非常重要的作用，西班牙经营乡村旅游的业主60%以上都加入了这个协会。

　　在法国，法国农会常设委员会（APCA）于1988年设立了农业及旅游接待服务处，并结合法国农业经营者工会联盟、国家青年农民中心和法国农会与互助联盟等专门农业组织，建立了名为"欢迎光临农场"的组织网络；2001年成立了乡村旅游常设机构来促进乡村旅游的发展。

　　我国台湾的乡村旅游协会在乡村旅游发展中起着重大作用，体现在乡村旅游网站建设、产品开发、制定行业标准等方面，保证了乡村旅游的有序开展；台北市农会成立辅导小组，按照"一乡镇一休闲农渔区计划"，研究台北市20家市民农园转为休闲农场的可能性；台湾农业策略联盟发展协会和台北市农会联合开展农业休闲旅游，与全省100多家休闲农场结盟，推销优惠休闲游；经营休闲农业者成立休闲农业发展协会，举办活动相互交流，使休闲农业走向精致化、专业化。

　　中国大陆乡村旅游的管理体制则五花八门，农户个体经营是基础，企业大规模进入是特点，行业协会缺位或能力不足是弱点。发达国家和地区行业协会的作用对我们是重要的借鉴。

　　5. 行业规制

　　发达国家乡村的基础设施比较齐全，政府除了减免乡村旅游的部分税收外，更重要的是对乡村旅游的整个行业的规范。

　　法国乡村旅游规模大，销售网络完善，拥有系统的行业标准和规范。在洛泽尔省，乡村住所、家庭旅馆、乡村餐厅等各类游客住宿、餐饮场所都必须取得印有"法国住所合格证"和"欢迎光临农场"标志的资格证书，使用该品牌须达到资格条件，这样可以保证游客能享受到舒适的住宿环境和新鲜的农产品。①

　　为了保护旅游者的利益，意大利规定对向旅游者出售的当地农产

―――――――――――――

　　①　资料来源于法国洛泽尔省旅游局交流材料。

品的质量和特性进行评估和鉴定，出售价格应低于市场批发价。为了保证旅游者的安全，规定旅游者留宿地应有其活动范围的限制和考虑旅游者自我留宿的能力，向旅游者事先说明设备尤其是电器的使用方法等。

西班牙每一个地区都有乡村旅游方面的立法，从立法上确立了乡村旅游的地位。还就乡村旅游制定了很多行业标准，其中有一些是必须执行的强制性标准，从标准上确保乡村旅游的质量。在开展乡村旅游过程中，政府要对参与乡村旅游开发的农户进行严格考核，向具备条件的接待户颁发"旅游接待许可证"。①

德国通过认证和评鉴进行乡村旅游品质管理。乡村旅游认证标章分为度假农场与乡村度假两大类，前者是指正常营运的农场兼营休闲度假服务，后者是指将废弃闲置的农场转作为度假休闲用途，二者认证内容则大同小异。认证程序，是由农场自行向德国品质检验与认证标章学会（DLG）提出申请，评鉴内容分为 AB 两部分，A 类部分根据德国旅游协会的旅馆分级标准，申请者必须达到两星级旅馆的最低要求；B 类部分，主要集中于度假住宿、农场与乡村体验、休闲与服务项目、服务人员的整体印象、经营环境及安全设施，凡通过认证者可获得检验合格标章，有效期限为三年，之后必须定期接受复评。德国农业协会评鉴乡村旅游经营者的目的，在于确保游客的度假休闲品质，维护乡村环境与地区特殊性，提高游客的接受度。②

国外扶持和规制同等重视。国内普遍讲究"先发展后规范"，这样做确实取得了成效，被视为成功的经验。但是，不规范的发展是不能实现可持续发展的，并且与科学发展观背道而驰。国内经济发达地区如浙江，已经把规范经营、提高服务质量提到了很高的位置；一些乡村旅游起步较早的地区如成都，在完成了原始积累以后，也走上了规范化的道路。

---

① 郑凤萍、丁永义、阎晶：《国外乡村旅游发展经验对我国的启示》，《北方经贸》2008 年第 3 期。

② 郑健雄、施欣仪：《新田园主义兴起与乡村旅游发展》，第三届休闲农业与乡村旅游发展学术研讨会，乌鲁木齐，2005 年。

二　中国乡村旅游的发展阶段

我国旅游产业意义上的乡村旅游起步较晚，到今天大致可分三个发展阶段。

（一）初创阶段（1980 年代前期—1990 年代中期）

这一阶段我国对旅游的认识主要停留在观光上，市场的需求集中在少数著名的自然风光、历史建筑景区，乡村旅游发展明显地表现出自发性和"副业"的特性。1989 年"中国农民旅游协会"正式更名为"中国乡村旅游协会"，是"乡村旅游"这个概念受到广泛关注的标志。[①]

我国乡村旅游的兴起，有这样几个可以考证的萌芽：一是 1982 年贵州省开发了黄果树附近的石头寨的民族风情旅游；二是以 1984 年开业的珠海白藤湖农民度假村为主要标志，率先开放地区的农民办起了旅游类企业；三是经济较发达的都市郊区为了接待洽谈业务的客人形成农家服务点，如 1980 年代中后期成都郫县农科村的"农家乐"农户庭院接待等；四是由文化项目演变为旅游点，代表是贵州雷山的郎德寨，1986 年它被确定为贵州全省首批重点保护的民族村寨，省、州、县相继把它作为民族风情旅游点来开发；五是改革开放较早的深圳为了招商引资在 1988 年举办首届荔枝节，接着又开办采摘园取得了较好的经济效益，随后各类采摘园和乡村旅游节日在各地不断涌现。

以上五个萌芽也可以看作乡村旅游起源的五种机缘。

旅游为旅游地群众带来的经济效益很快引起人们的重视，许多地方以政府为主导，大力发展具有较好旅游资源条件的落后农村地区的旅游

---

① 刘德谦：《关于乡村旅游、农业旅游与民俗旅游的几点辨析》，《旅游学刊》2006 年第 3 期。

业，比如贵州省 1991 年就较早地提出了"旅游扶贫"口号，经过一段时间的实践，取得了良好的效果，乡村旅游地的农民普遍脱贫致富。

（二）产业成形阶段（1990 年代中期—2003 年）

乡村旅游在这一阶段蓬勃发展，市场需求旺盛，很多地方的农民积极涉足旅游业，企业开始大规模进入这一领域，乡村旅游逐渐成为一种完整的旅游产品和旅游业中一个内涵和外延都比较清晰的部门。这一阶段出现的几件大事，推动了乡村旅游的发展：

先是从 1995 年 5 月开始，我国实行每周五天工作制，使人们在周末有了更多的闲暇时间，加之人们收入的进一步提高，国内旅游迎来了发展的小高潮，短程旅游空前火爆，周末旅游中以乡村生活为主题的旅游项目开始多起来，如采摘、躬耕、捕鱼、垂钓、做客农家等，在城市周边形成了乡村旅游地。

再是从 1998 年开始，中国旅游主题年的内容开始和乡村发生紧密联系，1998 年"华夏城乡游"意味着乡村旅游进入国家视野，提出从青山秀水、乡村风情、农村新景、五业兴旺四个方面来反映改革开放 20 年来农村的新面貌，国家旅游局推出的乡村旅游"国线"涉及全国 20 多个省市区。

第三是 1999 年推出"生态旅游年"，提出"返璞归真，怡然自得"的旅游口号，积极开发观鸟、徒步、垂钓、登山等户外旅游活动，生态良好的乡村受到追捧。2002 年的"民间艺术游"主题年，将更多的注意力放在普通老百姓的生活上，也鼓励了更多的中外游客深入中国社会的基层，尤其是到农村去探究多样的旅游形式，寻找与城市不同的旅游体验。

最后是 2002 年公布实施《全国工农业旅游示范点检查标准（试行）》，启动了创建全国农业旅游示范点的工作，得到了各地旅游部门的高度重视和越来越多的农业旅游单位的积极响应，虽然农业旅游示范点不全是乡村旅游点，但仍然标志着我国乡村旅游的发展开始走上规范化的轨道。

（三）全面发展阶段（2004 年以后）

主要有这样几个背景事件和乡村旅游的发展举措深刻地影响了乡村旅游的进程：

一是乡村旅游和三农问题在政策上的联系更加明确。2004 年，中央一号文件将三农问题提到了国家发展战略重点的高度，乡村旅游作为解决"三农"问题的一种有益的尝试，受到了各地的高度重视。

二是"统筹城乡"的提出。这是对我国过去发展进行反思和总结基础上提出的科学先进发展理念，用来指导我国各项事业的发展，乡村旅游也不例外。在经历了高速发展阶段之后，乡村旅游开发中存在的盲目开发、环境污染、产品同质化、利益纠纷等问题有不断升级的趋势，因此急需一个科学的发展理念来指导。"统筹城乡"发展的观点要求在继续对传统旅游资源进行开发的同时科学利用农业生产、农民生活、乡村风貌等乡村旅游资源，推动乡村旅游的深度发展。

三是推出"2006 中国乡村游"主题年，宣传口号为"新农村、新旅游、新体验、新风尚"；"2007 中国和谐城乡游"主题年，口号是"魅力乡村、活力城市、和谐中国"。吴仪副总理号召旅游行业要"以旅游促进'三农'，为建设社会主义新农村作贡献"。

四是《关于促进农村旅游发展的指导意见》和《关于大力推进全国乡村旅游发展的通知》的发布。国家旅游局 2006 年发布《关于促进农村旅游发展的指导意见》，其目的是促进农村旅游更快更好发展，为社会主义新农村建设作出更大贡献。国家旅游局、农业部 2007 年发布的《关于大力推进全国乡村旅游发展的通知》，提出充分利用"三农"资源，通过开展"百千万工程"建设〔在全国建成具有乡村旅游示范意义的 100 个县、1000 个乡（镇）、10000 个村〕，进一步推动乡村旅游发展，加快传统农业转型升级，促进农村生态和村容村貌改善，吸纳农民就业，增加农民收入，为社会主义新农村建设作出积极贡献。

乡村旅游在产品样式、管理机制、发展模式、市场份额、在旅游业内部的地位等各方面都正在出现一些深刻的变化。

三　中国乡村旅游的类型

中国乡村旅游产生以后，呈现出与欧美大不相同的面貌，因此，对中国乡村旅游的类型划分，应主要从中国乡村旅游发展的实际情况出发，海外的划分方法只是参考。

国内学者从不同角度已经提出了多种分类法。有从吸引物的类型把乡村旅游分为乡村自然风光旅游、农庄旅游或农场旅游、乡村民俗旅游和民族风情旅游三类的。有从空间特征上分为城郊、景郊和村寨型三种类型的。有从旅游项目和活动类型上主要分为观光型、参与型、度假型的。有从乡村旅游所依托的产业，划分为耕作农业型、林果业型、牧业型、渔业型、混合型等类型的。

肖佑兴等则按旅游对象、对资源和市场的不同依赖程度、地理位置、科技含量等不同标准全面探讨了乡村旅游的分类问题。

杨炯蠹等综合各家之说提出了一个比较全面的分类体系：按乡村旅游活动的功能分为观光型、休闲型、度假型、体验型（参与型）、求知型、购物型、综合型；按乡村旅游活动的载体分为森林型、农园型、渔场型、畜牧型、高科技农业园型、民俗村寨型、民族村寨型、古村落型；按乡村旅游活动的区位分为依托城市的城郊型、依托大型景区型、边远独立的民族村寨型；按乡村旅游开发的形式分为观光农园、市民农园、农业公园、教育农园、休闲农场、民宿农庄、民俗村寨。①

----

① 参见何景明、李立华《关于"乡村旅游"概念的探讨》，《西南师范大学学报》2002 年第 5 期；王云才、许春霞、郭焕成：《论中国乡村旅游发展的新趋势》，《干旱区地理》2005 年第 12 期；陈文君：《我国现代乡村旅游深层次开发探讨》，《广州大学学报》2003 年第 2 期；潘顺安：《中国乡村旅游驱动机制与开发模式研究》，东北师范大学博士学位论文，2007 年；肖佑兴、明庆忠、李松志：《论乡村旅游的概念和类型》，《旅游科学》2001 年第 3 期；杨炯蠹、殷红梅：《乡村旅游开发及规划实践》，贵州科技出版社 2007 年版。

这些分类方法多数立足于乡村旅游所依托的资源的类型、位置这些外在特征，或是根据最终产品性质的宏观分类，各有价值，但也各有局限。

本书综合考虑资源品位和区位关系，按乡村旅游地"有什么资源"、"能做什么产品"、"在区域中发挥什么作用"这几条标准来划分乡村旅游的类型，突出在区域旅游业中的地位、产品的组合特征以及旅游产品的综合形态，强调分类对乡村旅游地发展定位和开发方向的指导作用，强调分类对区域旅游产品体系构建的指导作用。遵循几个原则：能够基本涵盖中国乡村旅游现状的类型；类型间虽有交叉但主要倾向的差别明显；产品组合的外在形态和市场倾向有显著区别等。不排除复合型的存在，如下文提到的贵阳花溪镇山，就兼有郊区乡村游憩型、乡村文化和文化景观旅游目的地型两种类型的特征。

（一）郊区乡村游憩型

郊区乡村游憩，指在郊区乡村环境中进行休闲度假，休闲度假活动是和乡村生活有联系的，如农家风味餐饮；更多的是城乡特征不明显的休闲娱乐活动，如垂钓、棋牌、户外体育活动等。位于城市郊区，城乡自然环境的差异是最大吸引力。

工业化的现代观光农业如北京的锦绣大地、小汤山现代农业科技示范园、杭州传化大地（浙江省农业高科技示范园区）不属于乡村旅游。

经营者除了本地村民，外来投资者也不少。外来投资通常在经营场所做一些仿民俗的装修、陈设，规模一般也会较大。

以本地近程客源为主，多表现为周末休憩度假，也常常成为本地人接待外地客人的特色接待点。对远程市场吸引力一般较低。

这种类型的乡村旅游现在遍及各大中城市郊区，成都的"农家乐"是一个缩影。

郊区乡村游憩可能的发展方向是乡村味逐渐淡化，成为城市公园或普通的城郊度假村。

由于资源的遍在性、基础市场的本地性、消费的重复性，从全国看，郊区乡村游憩已成为乡村旅游中产业规模最大的一种类型。

可以从经营形态、活动内容两方面划分郊区乡村游憩的类别。

1. 经营形态类别

分散经营。在郊区景观较好的地方，农户利用庭院或增加必要的接待设施，开展旅游接待；也有越来越多的企业在乡间建设建筑和饮食具有一定农家色彩的度假村，往往又利用产业化经营的菜园、果园环境，如杭州萧山、临安的农庄，贵阳花溪众多的山庄。分散经营是多数。

聚集经营。也可能会在村庄周围或风景较好的地段形成散户经营的聚集区。如贵阳花溪水库周围、乌当渔洞峡附近；杭州的梅家坞、龙坞；滇池下游的螳螂川河段。

聚集区的发展结果，可能形成统一规划、边界基本确定的乡村旅游景区，风貌保护、景观建设、基础设施、卫生和秩序、市场营销由景区管理机构统一负责，各接待点分散经营。典型的例子是成都的三圣花乡和农科村。

2. 活动内容类别

一般乡村休闲。借乡村环境的壳，行一般城市休闲之实，主要活动是棋牌、垂钓和农家餐饮，从数量讲在各地都是主流。

休闲农业。吸引物偏重在农事活动。乡村休闲农业以农产品收获采摘、加工、品尝为代表性的产品样式，属于通常所说的"住农家屋，干农家活"，参与性较强。在一些地方流行的收养果树、菜地、牲畜是一种休闲农业的特殊方式。在国外如日本等国广为流行的以生态和农业科普教育、农事体验为核心内容的农业公园是乡村休闲农业一个发展方向。乡村休闲农业依托于农户或农业企业的农业生产场所和活动，可以理解为一种副业。从目前情况看，珠三角地区、长三角地区的乡村休闲农业最为发达。

（二）依托旅游景区服务型

中国的许多旅游景区分布在乡村地区，依托旅游景区服务型乡村旅游，指依托这些旅游景区带来的客源，利用位于旅游景区周边甚至旅游景区内部的区位，借助于农舍等非专门设施，提供以餐饮、住宿或临时休息为主的配套服务。

有依托既成旅游景区的，如长城下和西湖边的许多农家服务点；有乡村社区自办风景区，然后再为之配套的，如洛阳栾川重渡沟、黄山汤口镇上张村翡翠谷。[①]

这种类型的乡村旅游共享所依托旅游景区的部分客源，完善旅游景区的产品要素，自身提供的服务通常比较单一，依附性比较强。

但是这种要素配套如能巧加设计也会增加旅游景区接待的一些色彩，如北京的民俗村，不少都是以历史古迹或自然风景区、森林公园、地质公园为依托的，而且总体上产品的民俗气息实际上并不十分浓郁。[②] 实质上是找一个民俗的噱头作为营销手段，在服务中予以陈列展示，对旅游景区的经营也有帮助。

做得更好一些，依托旅游景区服务型乡村旅游还能强化旅游景区的某些特色，如杭州西湖西面翁家山一线，到茶农家看茶、品茶、买茶，加深和扩展了所依托旅游景区的内涵和外延。四川康定县新都桥镇，是川西南高原藏区旅游的交通枢纽，当地的藏族民居旅社，兼有服务配套和藏族风情体验双重功能。

在基础条件较好，散客比较多的旅游景区周围，这一类型的乡村旅游分布最广。

[①] 参见郑宝亚《从山区穷村到旅游富村》，《中国旅游报》2006 年 1 月 6 日；李远峰：《黄山有个村庄叫翡翠》，《中国旅游报》2006 年 4 月 21 日。

[②] 刘德谦：《关于乡村旅游、农业旅游与民俗旅游的几点辨析》，《旅游学刊》2006 年第 3 期。

（三）旅游区构成要素型

乡村旅游点作为大型旅游区的构成部分，不仅是提供产品服务要素，而且是主要作为吸引物要素发挥作用。

如青岛崂山北宅生态旅游区，有樱桃园、甜杏园、大枣园无公害果品采摘和品尝绿茶等乡村旅游项目，是对崂山风光和道教文化的有益补充。

兴义万峰林风景区的纳灰村，位于万峰林景区核心区，这是民俗与自然风景的结合，体现了喀斯特地区人与自然相生相成的人地关系。纳灰村的民俗体验和餐饮、住宿服务，是万峰林的亮点之一。

丽江三元村乡村民俗旅游，则是在古城周围，以其原生态民族文化为特色，弥补古城过分商业化的缺憾，搭建高端民族文化型乡村旅游平台，其主要目标是吸引中远程游客，满足其深入了解、亲身体验原创性民族文化的真谛之需。①

川西稻城县亚丁村地处亚丁风景区核心，亚丁是国家级高原生态自然保护区，三怙主雪山为藏传佛教"众生供奉朝神积德之圣地"，不仅景色壮美，而且藏族文化神秘、迷人。亚丁村既是景区的服务基地，又是感受藏区文化的胜地，没有村庄，雪山未免显得有点单调。

旅游区构成要素型乡村旅游点分布在大型旅游区，包括都市旅游区的内部，与旅游区一起共同构成完整的旅游产品。

（四）乡村文化和文化景观旅游目的地型

指资源品位较高，产品特色比较鲜明，在区位关系和产品组合上相对独立，对中远程市场也有吸引力的乡村旅游地。这里讲的目的地指乡村旅游资源是主要的吸引物，且乡村旅游地在产品组合上相对独

---

① 林锦屏、周鸿、何云红：《纳西东巴民族文化传统传承与乡村旅游发展研究》，《人文地理》2005 年第 5 期。

立，而产品要素的完备和规模上未必能称为严格的旅游目的地。

通常在乡村社区形成旅游聚集区，旅游区域整体体现吸引力，服务由企业和家庭分散提供，成为要素比较齐全的完整旅游产品。

本类型的乡村旅游特征最为明显。

特色文化村落、乡村文化景观、乡村风光、乡村休闲度假区是这种类型的几种典型样式。

1. 特色文化村落乡村旅游地

以历史风貌和传统民俗保存比较完整、在某些区域内具有代表性的特色村落或村落群为依托，开发的文化观光和体验类乡村旅游地。

影响比较大的有安徽、江西的古村落和贵州的民族文化村寨。

以黟县的西递和宏村、婺源的汪口和江湾等为代表的皖赣古村落，凭借田园山水与以建筑为最显著外在标志的徽文化，成为旅游者向往的具有厚重传统乡村文化的目的地。

贵州雷山郎德、西江，黎平肇兴等村寨，则以与主体民族较大的文化差异而成为少数民族民俗文化旅游地。

云南宁蒗泸沽湖畔的传统村落，是摩梭文化体验旅游地，也是泸沽湖风光旅游的服务基地。

北京门头沟区爨底下村属于城郊乡村，保留有比较完整的山村古建筑群，空间上和产品上具有一定独立性，也属于这一种类型。

2. 乡村文化景观乡村旅游地

在特殊的自然环境下，人们为发展生产而改造自然形成的景观。它以自然因素为基底，打上了人为烙印，地域差异显著，当地人习以为常，外来人士十分好奇。

如广西龙胜梯田、云南元阳梯田、新疆吐鲁番郊区的坎儿井均属此类。西藏芒康县盐井乡澜沧江峡谷的盐田如能利用起来，也是非常好的乡村文化景观旅游项目。

乡村文化景观由于观赏性极强，它所蕴涵的文化意义往往隐藏为深层次文化背景，因而多数游客只把它视作一种奇异的风景。

3. 乡村风光乡村旅游地

自然风光与乡村社区紧密融合形成的乡村旅游地。与"乡村文化景观"的区别在于它的景观是自然的。

桂林阳朔乡村旅游，围绕山水风景、田园风光、古桥古村进行，喀斯特峰林与点缀其中的村庄构成了美丽的乡村图画，吸引了国内外的游客。

贵阳花溪镇山村已建立布依生态博物馆，村庄依山临水，传统石板建筑、山峰、峡谷、湖水绮丽，成为一个山水加民俗的旅游点。

4. 乡村旅游度假区

是依托乡村自然和文化环境，旅游活动与乡村生活和民俗紧密联系的休闲度假区。

它同郊区乡村游憩的区别在于：第一，活动的乡村性更突出；第二，资源品位、活动内容、旅游区体量以及总体的吸引力更高，因而具有相对的独立性，且能够满足过夜游的要求。

为了增强吸引力和活动的丰富性，往往会在较大程度上脱离"原生态"的乡村文化，通过移植、仿制会聚民俗、休闲娱乐项目，使之初具独立旅游区规模。

宜昌车溪，是良好的景观背景与移植的民俗相结合的乡村休闲度假区的成功案例。由一家企业进行统一经营。

贵州凯里巴拉河村落群、贵定音寨村落群、开阳清龙河村落群是良好的景观背景和原生民俗相结合的乡村休闲度假区。在政府主导下，由以村委会为核心组成的旅游办或县旅游局下属的旅游公司管理。

特色文化村落、乡村文化景观、乡村风光乡村旅游地在扩大范围、充实内容后可能发展为乡村旅游度假区。

5. 高端文化体验乡村旅游地

这是新出现的乡村旅游形态，目前只发现贵州的案例。由于只有少量深度文化体验和文化猎奇专项游客到达，且消费较高，故称高端文化体验乡村旅游地。有两种情况：

文化项目自然转型形成的梭戛。梭戛位于六枝特区，是独特的苗族支系长角苗居住地，20 世纪 90 年代中挪合作建立了中国第一家生态博物馆，地方政府更看重这个项目的旅游意义。但是作为旅游地的梭戛文化，体验性很强，观赏性不强，位置偏远，交通不便，基础设施落后，多年来大众游客稀少，只有少量专门兴趣的客人，其中包含相当数量的专业人士。村里建立经营接待点既无能力又无达到经济规模的市场需求，也没有企业进入，有重要客人时由政府出面接待。

民营资本建立的地扪生态博物馆。地扪村位于黎平县，保存了几乎原生态的侗族文化，2005年由一个在香港注册的非政府组织建立了拥有现代接待设施的生态博物馆，试图"挖掘侗族传统文化价值，同时把其商业价值体现出来"，因此它拒绝接待花费小、"身份低"的低端客人，是一种文化保护与旅游开发的崭新尝试。[①]

（五）城市化乡村型

一些飞速发展的乡村地区，景观、生产、生活均已经城市化，但行政建制是"村"，户籍是农业人口，被各地当作新农村建设的典型，发展旅游的内容通常与农业有些关系且效果很好，也被作为乡村旅游的先进典型。这一类从学理上讲显然不属于乡村旅游，但考虑到社会、部门实际工作的需要，也将其列为乡村旅游的一种类型。

典型的例子如江苏江阴华西村和浙江奉化滕头村。它们有几个共同特点：

一是以大型企业集团为支撑。集团为村办，已经通过非农、"非旅"产业积累了强大的经济实力。

二是旅游企业实行现代企业制度。大量聘用职业经理人和外来务工人员，当地村民在企业员工中比例很低。

三是吸引物建设类似于农业主题公园。"村庄"的现代化居住区和村属工业企业也会作为游览点。

四是"光环效应"。村庄的荣誉众多，获得的政策支持也多，旅游业在村庄产业中的经济目的并不十分重要，客源市场中公务客人和

---

① 参见尤小菊《民族文化村落之空间研究——以贵州省黎平县地扪村为例》，中央民族大学博士学位论文，2008年。

公费客人占据相当比例。

这一类乡村旅游地，行业管理、运行机制、目标市场、产品性质都和一般乡村旅游大相径庭，它的发展方向应该是随着城市化的进一步发展、所在地区城乡二元结构的加速消亡而成为城市中的乡村主题公园。

四　中国乡村旅游的成就

发展乡村旅游具有重要的战略意义，20多年来，中国乡村旅游业取得了巨大的成就。"发展乡村旅游，已成为山东、河南、山西等地发展农村经济的重要抓手，成为湖南、四川等地培育支柱产业的重要内容，成为云南、贵州等地发挥资源优势的重要手段，成为北京、上海等地促进城乡交流的重要途径，成为江苏、广东、河北等地优化产业结构的重要举措。"① 通过发展乡村旅游，大批农村富余劳动力实现就地转移，带动了农业和相关产业的发展，促进了城乡交流和生态环境保护。乡村旅游已成为推进社会主义新农村建设的有效途径，它的综合效应得到了各方认可，反贫困的成果引起了世界瞩目。

（一）提升传统农业和促进经济结构调整

乡村旅游能拓宽农业功能，和农业实现产业合作、优势互补、收益双赢。使单纯生产农副产品的种植业、养殖业、副业在出售有形产品之外，具备了旅游吸引物的作用，也使部分产品不再仅仅是普通农副产品而兼具旅游商品的特征，大大提高了原有产业的附加值。

乡村旅游能发掘新的资源价值。乡村地区在出卖有形产品的同时更在出卖生产、生活方式和生产、生活环境，使一些本来习以为常的事物具有了资源的意义，通过经营能够产生经济价值，实现了资本

---

① 邵琪伟：《发展乡村旅游，促进新农村建设》，《求是》2007年第1期。

化。这样，就创造了新的资源或者说发掘了一些隐藏资源的价值。城市在消费农产品的同时也消费农产品的生产过程和生产环境，也是工业反哺农业的一种特殊方式。

乡村地区旅游业的出现，产生了新的市场需求，也使乡村在农业生产外增加了零售、餐饮、娱乐等供给项目，游客的就地消费促进了上下游产品的销售，带动农副产品和手工艺品加工、交通运输、房地产等相关产业发展，引发乘数效应，延长产业链，为第一产业和第三产业的就地交叉融合提供切实可行的路径，调整和优化了产业结构。

（二）促进就业和增加收入

促进良性就业。由于人口的膨胀和以土地为核心的农业资源有限，加上机械化带来的劳动生产率提高，我国农村的富余劳动力太多，这个数字按不同的标准估计有 1 亿多到 3 亿多的说法。据国家旅游局测算，一个年接待 10 万人次的乡村旅游点，可直接和间接安置300 名农民就业，直接和间接为 1000 个家庭增加收入。较之其他产业，旅游就业具有技术门槛低、自我雇用能力强、对妇女就业推动力大等优点。就地从事旅游业，离土不离乡，是农村富余劳动力有序转移的途径。

增加农民收入。通过从事餐饮接待等乡村旅游服务，农民可以获得经济收入。直接向游客出售农副产品，农民可以获得比经过中间环节更高的经济收入。

2006 年是"中国乡村游"主题年，全国乡村旅游业接待规模超过 4 亿人次，旅游收入达 3000 多亿元，农民从中直接获益约 1200 亿元。四川当年全省乡村旅游经营户总计 2 万家左右，吸纳就业约 15万人，接待游客高达千万人次，旅游接待收入将近 38 亿元。现在，黄山全市乡村旅游接待量占旅游总接待量的一半，直接从事旅游业的农民达 14 万多人，年人均现金收入超过 6000 元。[①]

---

① 数据来源于乡旅中国网（http://www.169xl.com）。

（三）改善乡村治理和推动社会事业进步

乡村旅游能壮大集体经济实力，通过对产业的组织加强社会的组织性，改善对乡村的治理。特别是在经济相对落后的西部地区，许多基层自治组织实际上十分涣散，无事可做，无力做事，而通过对旅游业的管理，它们获得了管理的手段和着力点，增强了自组织能力，加强了对环境和卫生、治安、文化教育等社会公共事务的管理和公共设施的建设。

乡村旅游具有现代服务业的特性，它的发展为农村引入了现代管理理念。一些地方在基层组织的引导下，农民自主决策、民主决策，促进了农村管理民主，一些农村纷纷成立各种协会，民主管理水平不断提高。①

在商品经济普遍落后的乡村地区，旅游业有利于加速培育市场机制，推动农（牧、渔）民的观念转化；促进公共服务设施的建设；促进农民生活习惯的文明化和文明礼貌风气的养成，促进乡风文明；乡村旅游把城市的许多新信息、新理念带到农村，对农民素质和乡风民俗具有潜移默化的影响，使学文化、学技术成了一些农民的自觉行动，全面提升了农民素质；旅游业发展促进乡土经营管理人才培养。

乡村旅游是带动性很强的产业，它可以渗透到社会生活的各个方面，促进社会事业全面进步。

（四）加强文化保护和发展

加强相对弱势的乡村文化的保护，促进乡村文化的健康发展。由于地方文化获得游客的欣赏，通过旅游业直接产生经济效益，可以激发当地居民的文化自觉性和文化自豪感，加强保护和发展的动力；通

---

① 　邵琪伟：《发展乡村旅游，促进新农村建设》，《求是》2007 年第 1 期。

过旅游业获得的财力，能够提高保护和发展的能力。① 虽然旅游也会对传统文化带来猛烈冲击，但凡是开展乡村旅游的传统社区，文化传承都成为社会的中心议题之一，引起极大的关注。尤其具有现实意义的是，乡村旅游甚至能在一定程度上抵御打着新农村建设旗号而行"新村庄建设"之实的盲目"建房、刷墙、画线"等破坏地方性的反文化倾向。

旅游活动带来较大的人流、商流、信息流、资金流、物流、科技流，在相对封闭的乡村地区可以极大地促进文化交流，增强乡村文化的活力。

（五）产生良好环境效应

乡村旅游由于它对优美环境、良好生态的内在需求，对环境卫生和污染控制、环境绿化和美化有自觉要求，增强了农民环保意识，也刺激了政府对乡村旅游地环境保护事业的重视。乡村旅游能够改变资源利用方式，由资源耗竭性使用到可持续使用转变，缓解资源的压力。由于乡村旅游做到了对资源的可持续利用，它可以替代部分非可持续发展或环境代价比较大的产业，推进环境保护事业。

乡村旅游能够总体上推进和刺激生态环境建设，实现可持续发展。

（六）推动旅游业发展

在旅游业内部，乡村旅游能够发掘新资源，开发新产品，创造新优势，满足高度城镇化和后工业社会人们对自然和传统回归的需求，形成新的增长点，促进旅游业在城市与乡村、在传统风景和建筑景观旅游资源丰富与匮乏地区的均衡发展。

---

① 金颖若：《旅游开发中民族艺术的作用与自身发展》，《民族艺术研究》2002 年第 4 期。

到 2006 年，由国家旅游局倡导创建的"全国农业旅游示范点"达 359 家，遍布内地 31 个省区市，覆盖了农业的各种业态；全国乡村旅游景区（点）每年接待游客超过 3 亿人次，旅游收入超过 400 亿元人民币；"五一"、"十一"和"春节"三个旅游黄金周，全国城市居民出游选择乡村旅游的约占 70%，每个黄金周形成大约 6000 万人次规模的乡村旅游市场。① 乡村旅游已成为旅游业中不可或缺的组成部分。

概括地讲：

第一，乡村旅游能够作为第一、第二产业的替代产业，以相对较小的环境成本，取得产业优化的良好效益，本质上是环境友好型产业和生态文明建设的动力型产业。

第二，在落后地区、生态脆弱农业条件较差的地区，乡村旅游的反贫困作用尤其明显。是产业结构调整，发展生产，增加收入，增加就业的活力型产业。

第三，乡村旅游业的崛起成为旅游业可持续发展的生力军。

在具备资源和市场条件的地方，乡村旅游对推动旅游业持续发展，解决三农问题，建设和谐社会发挥着不可替代的作用。

五　中国乡村旅游的不足

经过二十多年的风雨历程，我国乡村旅游取得了很大的成就，然而总体上仍处于粗放经营的初级阶段，在发展中暴露出许多问题。

（一）宏观管理不到位

总体规划滞后，政策法规不完善，政府的产业宏观管理不到位。

各地乡村旅游景区的规划近几年逐渐得到了各级政府的重视，但

---

① 邵琪伟：《发展乡村旅游，促进新农村建设》，《求是》2007 年第 1 期。

政府的主导作用没有得到充分发挥，公共部门无法弄清自己在乡村旅游开发中的角色，导致宏观管理失控、办事效率不高，乡村旅游在区域发展、国民经济、农村发展、环境系统、旅游业和农业中的地位不明确。随着城市范围的大幅度扩张和乡村城镇化的飞速发展，在城郊乡村农业和旅游相结合的用地上，多数地方还没有进入规划。

对乡村旅游行业管理的扶持和规制，各地的情况不平衡，政策、法规普遍不完善、不配套，主管部门模糊，政出多门。

以上情况，造成乡村旅游产业顶层设计缺失。一方面，部分地区乡村旅游资源没有得到应有重视，乡村旅游发展指导思想和目标不明确，资源在经济和社会发展中的潜能没有得到释放。另一方面，许多地区乡村旅游一哄而起，不顾资源和市场条件，低水平重复开发，占用了宝贵的土地资源，造成产品的同质和低价竞争，并对环境保护和可持续发展造成不良影响。

（二）公共资源的维护缺位

乡村旅游资源的形态既有物质实体的又有非物质实体的，产权涉及国家、集体、法人、个人，政府有管辖权的至少包括农业、林业、渔业、畜牧业、国土、水利、文化以及旅游等部门。特别是非物质形态的各类资源，如乡村景观和非物质文化遗产构成的乡村性、地方形象、乡村旅游的品牌等无形资源，被经营者共同使用，但是产权关系不明晰。

乡村旅游地一般是非统一管理的开放空间经营，所在地能力相对较弱的乡镇和村民自治组织很难有效地维护公共产权。理性地追求短期最大化利益的个体没有相应制度的约束，其一些短期行为对公共利益造成了损害。经营者获得了经济收益，全社会承担所有的外部不经济性，陷入典型的公地悲剧和囚徒困境。

这种现象在全国普遍存在，许多较早开发乡村旅游的地方，在一段时间后出现了环境污染加剧、违章建筑泛滥、乡风变坏、旅游地吸引力降低和游客减少等现象。

（三）基础设施和公共服务不足

乡村本来就是基础设施和公共服务的薄弱地区，交通、水电、排污、邮电、治安、卫生等产品的供应不足，严重地影响了乡村地区的可达性和接待水平，制约了乡村旅游产业品质的提高和进一步发展。

由于基础设施建设的巨大投资，在基础差、经济实力弱的西部地区这个问题尤其严重。

（四）产业组织化程度低

与农村和农牧业的现状相适应，我国乡村旅游组织化程度低，组织模式亟待创新。

各地已经出现了多种乡村旅游的产业组织形式，但从全国看，散户经营仍然居主流。多数产业组织还没有寻求到有效、妥善地处理内外部关系的机制，散户经营更是暴露出很多弱点。

散户经营多是由农民直接转变为乡村旅游从业者，专业素质无从谈起，管理和服务水平低，对从业人员的培训很难开展。

散户经营营销基本缺失。经营者的低素质和旅游营销的外部性，造成营销意识不强和手段落后，多依赖于人际关系和"口碑"，使得乡村旅游的经营者和旅游者双双蒙受效率损失。

散户的小规模经营致使资金单薄，扩大再生产能力弱。

散户经营很难兼顾社区公共利益，容易造成利益矛盾和无序竞争。

探索形成符合当地社会、经济发展状况的，因地制宜、因时制宜的创新型产业组织模式是乡村旅游健康发展的当务之急。

（五）产品存在缺陷

产品单调且高度同质化。虽然乡村各有特色，但近距离内相似的倾向更突出，旅游资源的同质化，旅游兴趣的同质化，导致产品雷同，功能单一。而经营者盲目跟风，一哄而上，大规模扩张，低水平重复，全国绝大多数乡村旅游还停留在乡村环境的棋牌娱乐加农家饮食上，再加上点钓鱼、采摘。户外活动、农事活动、科普教育的内容单薄，体验性弱，产品品位不高。而一些地方的标准化管理手段没有注意鼓励个性发展，容易导致产品与服务趋同。"一村一品"还只是理想，并没有得到真正重视。

开发错位，盲目追求城市化、"现代化"。许多经营者不顾原来的乡村景观和生产、生活民俗，大兴土木，服务设施建筑毫无地方特色，景观建设等同于城市园林，建设结果是千村一面；活动上乡村生产、生活意味淡化，脱离了乡村产业的依托，大量引进城市流行的大众娱乐，失去了乡村旅游的特质。

文化挖掘和展示不够。对乡村旅游的内涵认识不足，乡村历史、农业和手工生产工艺、特色民俗本来是最有吸引力的文化元素，然而在多数乡村旅游点，这些内容阙如。少数比较大型的乡村旅游地，文化元素成为少量实物静态的陈列馆展品，没有动态的、真实的过程演示。遗产观念淡漠，不少乡村旅游经营者不是想法留住原来乡村的记忆，而是在设法消除乡村色彩。

低端产品，高经济条件。目前乡村旅游普遍粗放经营，呈低端面貌，但是以公共交通为核心的配套服务不完备，众多乡村旅游点是为自驾车客人准备的，导致大众化产品却需要相对高消费的条件才能享受。

（六）行业管理薄弱

乡村旅游源自于农民的创造，起源于自发开发，缺乏规划或规划水平较低，行业管理的难度大；散户经营致使行业管理的成本高；以城市和景区为重点制定的旅游管理法规对社区色彩极浓的乡村旅游针对性不强。

现行管理体制下，乡村旅游资源分别由农、林、水等不同部门主管，开发后所形成的旅游产品又是旅游管理部门管理的对象，经常出现政出多门、管理混乱的情况。乡村旅游行业协会组织很不健全，为数不多的行业协会有些还名不副实，行业自律性差，面对数量庞大的管理对象管理部门常常束手无策。

从全国来看，乡村旅游的统计体系尚未建立，对全国、各省乡村旅游的状况不清楚。不能为农村提供专业的乡村旅游开发规划和项目指导。乡村旅游行业管理规章不健全，力度不够，手段不多，经营者无法可依，管理者无据可循，部分地区对经营秩序和服务质量的管理甚至放任自流，不良经营问题较为严重。这些都制约了乡村旅游的发展，影响了乡村旅游的声誉。

（七）乡村文化发生变异和风貌破坏

乡村文化和村落建筑、田园构成的乡村风貌是乡村性的核心，乡村性是乡村旅游的核心吸引力，核心吸引力关系到核心竞争力。而城市化和全球化的风潮正在损害乡村性，乡村旅游由于对外交往的频繁和旅游致富后提高的经济能力却往往加剧了这一现象。富裕后乡村的大量生活、服务建筑背离传统和地方特色，红、白瓷砖贴满各类房屋；景观建设盲目跟风，到处都是皇家风格的亭台楼阁；原始的山形、水系、植被毫无必要地进行人工改造；传统习俗完全变成了演出而失去了它原本承载的意义，社区居民被外来商户置换出去或改变了生活模式，本来的生活不复存在。本色乡村变成了没有文化内涵的城市公园。

乡村同样要发展，乡村文化不是一成不变的，问题是对传统和地方文化的漠视和文化的过度商业化使乡村在发展中丧失了个性，这会让乡村旅游失去可持续发展能力。必须通过规划、教育、文化启蒙，增强经营者的文化自觉性，寻求正确的文化商品化的方式，化解发展中传统与对现代生活追求的矛盾。

（八）参与机制和利益分配机制不健全

乡村旅游参与机制不健全导致的利益分配不均引发了社会矛盾，妨碍了社会和谐。有两种情况：

飞地化。"飞地化"指经营者与当地社会经济关联度很小的现象。[①] 外来企业经营乡村旅游业，或者是将某一地区进行整体经营，给当地政府和社区一定补偿；或者是在乡村旅游地与当地经营者一起各自独立经营。外来资本和管理经验进入乡村旅游是绝对必要的，但稍有不慎，没有订立合理的利益分配办法，就会出现抽血现象，外来者拿走了利润，当地承担全部外部不经济性。而目前由于"资本"的强势和地方政府对投资的追逐，外来企业常常会处于合作的有利地位，获得了本来属于社区的利润，而不用承担外部成本。

乡村旅游地社区内部参与机会不均等。在以散户经营为主的乡村旅游地，由于社区居民个人经历和能力、经济状况、住宅位置、社会关系等因素和很多偶然的机缘，部分人会从事旅游经营并取得经济回报，部分人可能没有参与旅游业或参与的方式不利而没有获得期望的经济利益。但是乡村环境、文化氛围等资产是公有的，社区成员都有通过它们获利的权利。这样就会造成分配上的不均等，产生新的社会问题。

（九）生态环境负面影响

从长远和根本来说，乡村旅游有助于促进树立生态和环境保护的意识，进行污染治理和生态建设，提高生态环境的质量。由于经营者经营理念的落后以及市场需求的畸形，乡村旅游开发的早期难以避免地存在设施建设占用林地、农地、生态用地的现象，随意排放污水、

---

① 邹统钎：《中国乡村旅游发展模式研究——成都农家乐与北京民俗村的比较与对策分析》，《旅游学刊》2005 年第 3 期。

垃圾，大肆捕食野生动物，对旅游地的生态环境造成不同程度的破坏。

而旅游地的环境本来只需要承载本地居民，乡村旅游地往往又是生态脆弱地区，随着越来越多的旅游者涌入，常常会超过接待地的生态容量，水等资源不够使用，产生的污染物超过环境自净能力。

对此，既不能走先污染后治理的老路，也不能控制乡村旅游的发展，要把短期利益和长远利益结合起来，采取可持续的开发方式，尽可能减少对生态环境的负面影响。

第二章

浙江乡村旅游的典型案例

　　选择浙江省的三个乡村旅游点进行分析。选择的标准是：在浙江省范围内具有某种类型的代表性，对西部地区有较高借鉴价值。

　　"山沟沟"是公司主导、居民经营户参与的类型；梅家坞是自发兴起，地方政府规范和乡村集体组织管理类型；三石农庄是公司投资，封闭经营类型。①

一　公司主导、居民参与的"山沟沟"

（一）乡村旅游业缘起

　　山沟沟村位于杭州市西部余杭区的鸬鸟镇，总面积 2.3 万亩，其中林业用地 2.2 万亩，森林覆盖率 95%，是典型的山区农村。境内峰峦叠嶂，群山苍翠，山奇水秀，海拔 1096 米的杭州城区第一高峰窑头山和 1025 米的次高峰红桃山，分别为黑鹿和南方红豆杉两个省级重点自然保护小区，区内有国家一级珍稀动植物百余种，野生杜仲属

---

　　① "山沟沟"、三石农庄由本书作者实地调查。"山沟沟"的调查成果也体现在黄超超《浙江省乡村旅游内生式发展探讨——以"山沟沟"为案例的行动者网络构建》，浙江大学硕士学位论文，2007 年。梅家坞资料主要来源于池静、崔凤军《乡村旅游地发展过程中的"公地悲剧"研究》，《旅游学刊》2006 年第 7 期。

全省独有。

山沟沟村的经济曾经以林业为主，1983年山林实行家庭联产承包责任制后，为了脱贫致富，农民上山砍树、烧木炭、卖木材。短短几年间，森林覆盖率从95%下降到了90%，而农民的收入还不到500元，陷入了"山越砍越光、人越来越穷"的困境。由于大批天然林被破坏，水土流失、山体滑坡，自然地质灾害频发。1988年8月8日，洪水冲毁房屋32间、公路200米、桥梁2座、堰坝5条、渠200米、农田10余亩，损失达200余万元。

2003年9月之前的山沟沟，村民主要的收入来源为林业和外出打工，生活普遍比较贫困，2003年村民年人均纯收入不足5000元。

2003年9月，杭州双溪漂流公司在鸬鸟镇政府的支持下成立了杭州山沟沟旅游度假有限公司，全面启动山沟沟的旅游开发。一期投资3000万元，主要用于汤坑、茅塘两处景区和服务点建设，所占用的土地按竹林经济效益折算付给村民作为租用费用，由于镇政府的大力支持，景区的土地使用比较顺利，成本也比较低，公司投资的重点在景区设施建设方面。

（二）发展过程

2004年7月，余杭区政府发文设立杭州山沟沟风景名胜区。同年9月，中国人与自然生物圈国家委员会批准杭州山沟沟风景名胜区管理委员会为中国生物圈保护区网正式成员单位，山沟沟成为浙江省第三个获此称号的地区。也是在这一个月，鸬鸟镇进行了行政区划调整，将原山高、下余、篙村三个行政村合并为山沟沟行政村，茅塘、汤坑都在其中，在行政管理层面促进了山沟沟风景名胜区的保护和开发。

2004年到2005年是山沟沟乡村旅游取得突破性增长的一年，通过两年的品牌宣传和市场运作，到2005年，山沟沟的乡村旅游品牌已完成了初步的构建，并且在市场上得到普遍认可。2005年"五一"黄金周，山沟沟景区共接待游客25016人次，同比增长188.20%。村民的收入来源也由原来的林业逐渐转变为林业和旅游业并重，2005 年山沟沟人均收入超过 10000 元，其中 50% 来源于林业资源收入，45% 以上的来源于旅游。村民参与乡村旅游最为普遍的方式是开设农家乐旅社，以餐饮和住宿为主要的赢利点。另外旅游也带动了其他产业，如种养业、交通运输业、传统手工业的发展。

2005 年，山沟沟景区在区风景旅游局和区林水局的支持下申报国家森林公园，2007 年 1 月，国家林业局批准设立"杭州径山·山沟沟国家森林公园"，为山沟沟继续进行生态形象宣传奠定了良好的基础。山沟沟的农家乐到 2005 年后也得到了极其迅速的发展，但随之也产生了诸如农户拉客、违章建筑之类的不规范行为。在镇政府以及旅游公司的推动下，本着自愿加入的原则成立了杭州山沟沟农家乐合作协会，其主要目的就在于制定农家乐经营规范并监督规范的实施。

2006 年山沟沟乡村旅游持续发展，旅游人数和旅游收入在余杭区仅次于双溪漂流景区。2006 年山沟沟景区被评为浙江省三星级乡村旅游点，同年余杭区卫生监督所联合山沟沟旅游公司、农家乐合作协会对当地的农家乐进行了专项卫生整治，有 50 户农家乐通过验收成为规范经营单位。

（三）成就和不足

经过几年的发展，山沟沟已成为全国知名的乡村文化和文化景观旅游目的地型的乡村休闲度假区。

到 2007 年，山沟沟共有旅馆、饭店 72 家，客房 304 间，床位 888 张，每天就餐接待能力 4500 人次，每年直接产生经济效益 1000 多万元。山沟沟旅游公司共有员工 150 名，几乎都为当地村民，加上经营农家乐的村民，该地区直接参与到乡村旅游中的村民占到了总人口的 35%—40%，特别是解决了村内 40 岁左右妇女劳动力"盼转移、难离家"的矛盾，再考虑到间接参与乡村旅游的村民，可以认为这一地区村民参与乡村旅游的程度是比较高的。旅游对促进当地乡村经济发展、增加就业机会成效显著。

山沟沟村旅游产业的发展还带动了基础设施与服务设施的改变，在旅游景区的带动下，投入180余万元，建造了4座公共厕所和共8000平方米的4个健身点，安装路灯100多只，全村实施改水、河道整治和道路绿化美化，村庄面貌焕然一新。

乡村旅游给山沟沟带来的发展是显而易见的，但同时，随着开发的不断深入，有一些问题或者说隐患也逐渐开始威胁到持续发展。其一，污水处理问题。由于山沟沟村和大部分村庄一样没有下水管道，随着农家乐的兴旺而日益增多的污水不可避免地成为当地环保的一项隐患。为了解决这一问题，当地正在试点一种渗透排放厌氧处理的污水自净方法，但是这一方法是否能够成功推广其前景尚不明了。其二，农家乐的规范化经营问题。虽然山沟沟专门成立了农家乐协会来解决这一问题，但是由于农家乐协会自身组织和号召能力有限，这个问题还没能得到彻底的解决。事实上在动员农户的过程中，农家乐协会在相当程度上依赖着公司，因为公司掌握着当地团体游客市场的接待安排主动权，跟个体农户有足够的议价能力，而公司为了地区乡村旅游的发展也希望看到农家乐水平的提高，因此也乐于扶持农家乐协会。其三，村落传统风貌的改变。当地经济的发展和旅游的开发激发了村民对房屋的新建和翻建热情，但是由于缺乏有力而统一的规划，部分新建房屋和村落原有建筑风格不协调，影响了村庄的整体风貌。

（四）发展模式分析

1. 参与者角色

从旅游产品供应的角度来看，主要参与者包括山沟沟旅游公司、鸬鸟镇政府、余杭区政府主管部门（风景旅游局为主，还包括林水局、环境监督局等常与乡村旅游发生联系的部门）、山沟沟农家乐合作协会及开展农家乐的农户。每个参与者都有自身所专注的事务方向，同时参与者之间也存在着互相合作解决某些问题的倾向。

山沟沟旅游公司。山沟沟旅游公司是景区的建设者，景区的启动建设源于地方政府与企业，并没有太多的来自国家的资助，前期大量的开发资金基本是由山沟沟旅游公司出资。从公司的发展经营战略来看，其投资目的是实现地区的发展、与村民共荣共富，而并非仅仅为了公司自身的利益。这种企业文化应该和公司控股人当地人的身份有很大的关联，公司除了景区门票的收入没有再拓展自身的产业链，而把餐饮、住宿、手工艺品这些方面的商机都留给了当地村民。山沟沟旅游公司在经营的最初两年不但没有赢利，反而一直亏损，这固然是由于前期投资巨大，同时也是因为初期游客量尚未上升到足以平衡收支的门槛，一直到 2006 年以后，随着景区的成熟和游客量的上升，公司才实现微赢利，如果照目前的发展势头，未来公司的预期利益还是可观的。

政府。鸬鸟镇政府向山沟沟旅游公司提供招商、土地、招工方面的优惠政策，对农户提供经营农家乐方面的简便手续。在 2005 年之前一直扮演着针对公司的乡村旅游支持者的角色，积极实行了很多优惠政策，到最近两年，随着对景区规划以及村庄规划的重视，又向规划控制者的角色偏移。余杭区旅游局是在当地乡村旅游发展到一定程度以后才进入的，它的角色更像一名景区档次提升的推动者，不遗余力地支持并协助山沟沟景区对外申请各项与旅游开发相关的资格或称号，包括最初的山沟沟风景区的批准，接着是"中国生物圈保护区"和"国家级森林公园"的申请。

农家乐经营户。农户创办、经营基本上使用自有资金，包括翻新房屋、增加设备等。经营农家乐以后，农户实现了致富的目标，由在家伐木、出外打工转变成为自己当老板，甚至拥有雇工，经济生活水平以及社会地位都有显著提高。

农家乐协会在 2005 年开始介入当地的乡村旅游发展过程，目前角色越来越向农家乐规范化管理偏移。

2. 主导者替代

主导者替代现象。2003 年，山沟沟旅游公司应镇政府的号召而成立，在最初的参与者中，公司和镇政府同为主导者，而其他诸如农家乐协会、区旅游局尚未现身；到 2004 年，山沟沟的开发引起余杭区旅游局的注意，同年公司在旅游局的支持下申请设立了山沟沟风景名胜区并成为"中国生物圈保护区"的一员，在这一阶段，主导者为公司和区旅游局；2005 年，乡村旅游协会出现，但是影响力并不高，主导者只剩下公司，而镇政府和区旅游局所起作用仅次于公司。可以看出，在山沟沟最初三年的开发过程中，公司是最有力的参与者，而单个农户无论何时都是最弱势的参与者，未组织的村民必然只能被动地接受一切后果。主导者的替代在一定程度上预示了未来的发展趋势。

当地村民自治组织没有发挥出理论上的作用。在本案例中，当地村民自治组织的影响力一直被公司所盖过。村民自治组织和公司这两种参与者，如果就目标而言，村民自治组织更能保证地方的利益，但是公司就不易判定，作为外来投资者，公司有可能并无心与当地共享利益，而只是把地方当成赚钱的工具，如果公司是这么一种剥削当地的态度，那么当地的发展前途渺茫。但如果是类似山沟沟这种公司，公司本身与当地存在着丝丝缕缕的联系，企业愿以和当地互惠互利作为发展文化，那么当地的发展还是很有希望的，并且在目前当地组织发展尚不成熟的情况下，对于依靠内力难以启动发展的地方，适当地借助公司私营化力量，是一条更加可行的道路。

3. 成功的公司主导

杭州山沟沟风景名胜区是一个开放型、全民参与、企业经营的乡村旅游目的地。景区开发者是当地人，景区开发之初就确立了与当地村民共同发家致富的愿景。纵观该企业的整个发展过程，一直都在和当地的村民分享发展的利益，而不是与民争利，通过当地的乡村旅游开发，绝大部分的村民都享受到了来自收入、基础设施改善等方面的成果，虽然也出现了诸如污水处理方面的弊端，但总的来说还是利大于弊。山沟沟自开发以来，旅游人数、收入的快速增长，跟这种当地村民与旅游开发公司之间的良性互动不无关系。该地乡村旅游的开发在增加农民收入、增加就业机会、扩大农村剩余劳动力就业、解决劳力外流问题、吸引城市居民消费、减少城乡差异和缓解城乡贫富两极分化方面都产生了积极影响，对解决三农问题具有非常重要的现实意义。

山沟沟村乡村旅游为典型的公司主导型乡村旅游。乡村旅游发展到今天，很多旅游地已经度过了初期自由无序的发展阶段，下一步面临着通过提高组织化程度和经营水平的转型。虽然乡村旅游的开发很难有一个放之四海而皆准的成功模式，但是通过研究山沟沟这种通过公司主导当地乡村旅游发展的案例，至少能够为那些正处于向公司主导型转型或是有意往公司主导型转型的乡村旅游地区提供一些有益的经验。

二　农户经营、集体管理的梅家坞

（一）发展阶段

杭州梅家坞茶文化村是一个有 500 多户居民的自然村落，位于杭州西湖区，距市区 6 公里，是杭州最大的正宗龙井茶生产基地。近 5 公里长的峡谷遍坡茶园，山水俊秀，拥有清幽的环境、浓郁的茶乡风情与朴实的民风，开发条件得天独厚，是典型的郊区乡村游憩型旅游地。梅家坞茶文化村的旅游发展经过了三个阶段：

1. 自主发展阶段（2000 年 5 月—2002 年 9 月）

梅家坞的发展始于 2000 年 5 月 1 日梅灵隧道开通，从此这个封闭山坞里的小茶村与主城区的车程不过半小时，游客开始登门。无意中第一个开农家茶馆的村民，第一个月就有了 1500 元的净收益，全年净收益更是达到了 5.6 万元。这让只知埋头耕作、采茶卖茶的村民看到了巨大的商机，之后当地的茶馆便呈现跳跃式的增长，到 2002 年已经达到 100 多家。满眼绿意、空气清新、正宗龙井茶、现买现做的新鲜农家菜等吸引了杭州、上海、苏南及周边其他城市的自驾车游客，梅家坞成了距杭州市中心最近、最具原生态特征的乡村休闲区。此时梅家坞是适逢机遇的自主发展，主要是村民分散自主经营，他们对发展乡村旅游没有任何经验与知识准备。在缺乏相应机制管理下，农户之间展开了无序的公共资源争夺和使用，给这个原本基础设施条件就相当薄弱的自然村落带来了严重的环境污染，违章建筑随意搭建。当地村落风貌失范，乡村性受到严重侵害。

2. 政府主导阶段（2002 年 10 月—2003 年 10 月）

2002 年 9 月，杭州市改革西湖风景名胜区的管理体制，市政府成立了具有政府职能的西湖风景名胜区管委会，调整了行政区划。梅家坞也被纳入到该管理体系中，从此梅家坞开始实施政府主导型乡村旅游发展模式。杭州市政府从 2002 年 10 月起，按照"积极保护、民办公助"的原则，累计补贴 4200 万元用于梅家坞环境整治和景区建设。在政府的大力投入与有力的约束机制下，前一阶段的环境污染问题基本上得到了解决。集中整治中，政府共拆除 4200 平方米违法建筑，提供补贴按统一标准整治沿街房屋立面，电信、移动、电力杆线"上改下"，铺设排污干管和自来水管网，村民自己掏钱改造、装修房子。政府还设立了一系列约束机制，对公共区域内的市容环境卫生与绿化、公共秩序与交通安全、公共设施、商业经营等进行日常监督管理。建立沿街地段、停车场的收费制度，杜绝了汽车乱停乱放、抢车位等事件的发生；建立环境卫生保洁制度，除了修建公共设施，还由专人负责公共卫生的维持，控制了环境污染；建立经营检查制度，对违规经营采取不定时检查。梅家坞在全国的知名度也大大提高。

3. 自主管理阶段（2003 年 11 月以来）

2003 年，政府出于职能转变等方面的考虑，认为后续的发展主要还是应当依靠村委会与村民的自主管理与经营。但是虽然梅家坞村知名度在 2003 年 10 月整治正式结束后的强势宣传中得到了很大的提升，生意陡增，而自主管理机制却没有成形，特别是激励机制和约束机制的欠缺，使得梅家坞出现了新的危机。这主要表现在："飞地化"现象对梅家坞乡村旅游品牌产生了侵害。从 2003 年起，梅家坞吸引了许多外来承租者，据不完全统计，目前外来经营者承包的农家茶馆已达 60%—70%，租金在 6 万—10 万元不等，租期一般为三年左右。以一套租价为 8 万的农家茶室为例，分摊到每天的租金、税费、水电费、雇工费等成本共需 400 多元，而外来承租者只能从农家菜上得到收益。乡村茶室冷热分明，只有周末和节假日客人比较多，在这样的压力下，承租者势必产生不规范行为。

（二）体制演变过程

1. 初期全民参与个体经营

发展初期，梅家坞茶文化村是一个敞开式、全民参与型、个体经营为主的乡村旅游地。主要的客源市场为杭州、上海、苏南及周边其他城市的自驾车游客，主要吸引物为龙井茶、农家菜、秀丽山色，由于临近杭州市区，生态性和茶休闲特色明显，一时梅家坞在乡村旅游市场迅速崛起，成为浙江知名的乡村旅游点之一。

迅速发展中的梅家坞 2002 年遭遇了首次发展瓶颈，主要表现为两个方面：首先是生态环境的破坏，茶楼中的生活污水随处排放、垃圾遍地、溪沟变成了臭水沟；其次是乡村风貌的丧失，违章建筑随意搭建、车辆在公用地上随处停放、民居点呈现严重的城镇化趋势。许多慕名而来的游客大失所望，改造呼声日益高涨。

2. 向政府主导转型

2002 年 9 月，梅家坞开始实施政府主导型乡村旅游发展模式。在西湖综合保护工程中，把梅家坞改造纳入 2003 年三大工程中，实施公助民办政策，政府负责规划、环境整治、基础设施建设、旅游秩序管理、宣传促销等，农户在政府统一管理下继续从事个体经营。2003 年 10 月整治完成后，梅家坞的生态环境得到了非常大的改观，溪沟面貌一新，沿溪、沿街基本上都是典型的江南粉墙黛瓦。各种清雅的茶市、茶庄遍布村中，"小桥流水人家"的诗情画意及杭州最大的茶文化中心形象凸显出来。

2003 年，全村接待人数为 30 万左右，服务收入 2380 万元，总收入 3389 万元（受前期施工影响），几年来黄金周日平均流量都在 8000 人以上，平时周末一般都座无虚席。普通家庭茶室的年净收益都在七八万元左右，多的甚至达到 20 多万，户均收入由原来的 6000 多元猛增至 15 万元。

梅家坞被誉为政府主导与农民主体、茶文化遗产保护与旅游经济利用成功结合的"梅家坞现象"。

3. 再次遭遇发展瓶颈

从 2003 年起，梅家坞再次遭遇发展瓶颈，主要表现为"飞地化"现象。梅家坞鹊起的声名和丰厚的利润吸引了许多外来承租者，承租者抬高菜价、延揽客源，竭力控制成本，在市场的争夺上更为激烈，手段也更为商业化，当地甚至衍生了"拉客经济"，多数农家茶馆都雇佣了一两名"专业拉客"。

重要的是，作为当地"茶文化"载体的当地居民集体淡出，使"茶文化"品牌仅仅成为一张标签，乡村旅游品牌价值慢慢流失，梅家坞的商业氛围越来越为人们所诟病。再加上其他诸如茅家埠、龙坞等同质化乡村旅游地的崛起，梅家坞目前的经营状况正处于相对衰退的状态。

但是对于乡村旅游发展的主导者——政府而言，农户出租自己的房屋是其对私有产权的法定权益，政府无法干涉农户的行为，因此也就无法针对目前的"空巢"现象制定有约束力的政策。

（三）体制演变解析

梅家坞的发展历程对乡村旅游发展有着深刻的借鉴意义。政府的推动，可以迅速提升乡村旅游目的地的硬件条件，是乡村旅游发展必不可少的基础，但是民众的参与和组织管理的健全是乡村旅游可持续性发展所不可缺少的因素。乡村旅游的发展必须明确政府、企业、社区和民众在乡村旅游中的不同作用，加强组织建设和对农民的培训引导，通过一定的引导和管理机制来保障村民参与和维护整体利益，促进乡村旅游的健康发展。

梅家坞农家乐的兴起，初期以农户的自发行为为主，随着开发规模的扩大，诸如环境等公共性问题越来越凸显，整个村庄对旅游根本没有进行开发和管理，只有传统的农村管理制度，主要是由村民委员会作为自治组织对村民日常公共事务进行管理。无论是村委会还是农户，对于发展乡村旅游没有任何经验和预见，权责与乡村旅游发展情势也无法匹配，缺乏管理所需资金、相应权力与能力，无力充任利益协调者和资源调配者。

在缺乏相应机制管束下，农户之间展开了无序的公共资源争夺和使用，形成了发展的首轮瓶颈，直到政府介入，以强制性规范约束农户的行为，并以大量公共资金注入基础设施的建设和乡村风貌的维护以后，才真正解决这方面的问题。然而新一轮"飞地化"问题随之而至，政府对此却缺乏有力的对策。

梅家坞的这一段发展历程，首先验证了政府在乡村旅游开发中规范者和扶持者这一重要角色，同时也体现出仅仅规范和扶持，并不能让村民完全参与到乡村旅游开发的利益分配中来，村民作为竞争失败者的退出或是"承租者"的退让，是涉及地方诸多层面的产业链问题，此问题的解决，还有待继续观察、思考。

三 公司封闭经营的三石农庄

（一）人文积淀及地理环境

三石农庄在宁波奉化市溪口镇辖区内，是宁波市国家级溪口风景名胜区旁一处由个人投资兴建的乡村旅游点，因位于三石村旁而得名。

三石农庄所在的溪口是一个人文积淀深厚、山川秀美之地，溪口风景区被誉为宁波的后花园。辖区内的雪窦山山形秀丽，古木参天，奇石遍地，形态各异的瀑布或隐藏于幽谷深壑，或从千仞绝壁上飞洒而下。发源于新昌县的剡溪，河水清澈，河道曲曲折折，被称为"九曲剡溪"。在历史长河中这里孕育出了众多名人雅士，如北宋户部尚书陈显、南宋刑部尚书侍郎陈瑜和工部尚书陈德刚、南宋被誉为"东南文章大家"的戴表元、清代书法大家毛玉佩以及当代著名人物蒋介石、蒋经国和红帮裁缝先驱者王才运等。秀美的山水吸引了历代众多诗人名士的探访，如唐代的白居易、贾岛、孟郊、贯休、皮日休、陆龟蒙，宋代的梅尧臣、曾巩、王安石，元代的陈基、邓牧学，明代的王阳明、陈澜，清代的黄宗羲等等，其足迹所至，无不留下诗文墨宝，给溪口带来了浓浓的文化气息。而书圣王羲之隐居于剡溪，晋穆帝六次下诏而不赴，更是留下了千古佳话。雪窦山上的雪窦寺始建于唐代，盛于宋代，是我国佛教禅宗十刹之一，弥勒佛的化身布袋和尚常于此说法布道，使雪窦山成为弥勒道场，也成就了溪口渊远流长的佛教文化，为其深厚的人文积淀增添了丰富的内涵。

三石农庄交通十分便捷，距甬金高速溪口西的班溪出口仅三公里，省道江拔线横贯西东。在江拔线旁的三石村转上乡村公路，前行一公里左右就到了三石农庄。这里空气清新，青山相伴，绿水相依，小桥流水，草亭茅舍，环境清幽，远离都市的喧嚣，恍如世外桃源。剡溪第五曲在此形成的三万多平方米的五曲碧湖，更成为农庄最靓丽的自然景观。

（二）旅游发展过程及取得的成就

三石农庄是在外经商的三石村人为反哺家乡父老，租用三石村土地而兴建的乡村旅游点，于 2006 年 12 月开始经营，被当地新闻媒体称为"宁波版刘老根"。到目前为止，农庄先后投入资金六七百万元用于整治和美化环境，修筑从江拔线通往农庄的水泥路，修建土菜馆、农家客栈、游泳池、茅草亭、小桥，开辟骑马小道、稻草乐园，购置竹筏、小游艇，培训员工，建立网站。

在旅游开发中，农庄特别注重与三石村村民的合作。农庄与村民达成协议，利用村民现有的竹林、果园、茶场、菜地、稻田开展一系列耕种、采摘等农事参观、体验活动，同时也作为农庄餐饮蔬菜主要供应基地，农庄和村民形成了双方互惠互利的双赢局面。2007 年，农庄整合了一千余亩耕地辟为"锄禾谷"农耕体验区，成立了三石农庄乡村俱乐部，成为城里人体验农村生活的场所。

在政府没有投入一分钱的情况下，2007 年农庄总收入 200 万元以上，上缴税金 30 多万元，预计 2008 年总收入和创造的税收都将有所提高。

三石村村民也从农庄的旅游开发中获得了一定的实惠。农庄雇用了30多名村民为固定员工，周末和黄金周还大量雇用临时工。固定员工在不影响家里农活的情况下年收入达到2万元左右，并且雇用的员工多为妇女，而农庄利用村民的土地开展的农事体验活动所获得的经济收益也归村民所有。因此三石村村民可以从租金、务工、农事体验旅游项目三方面得到直接的好处。

（三）旅游产品与客源市场

1. 旅游产品

三石农庄是典型的城郊游憩型乡村旅游点，目前已经开发的旅游产品有：

品尝农家土菜。农家土菜的特色在于原料和烹饪手法。首先是原料，蔬菜主要由农庄无公害基地培育、种植，游客可以自己采摘，既新鲜又健康。农庄的招牌菜土鸡，都是以天然谷物为食，在山林中放养，肉质醇香、筋道，是城市里很难吃到的美食。清澈的剡溪出产鱼虾，游客还可以吃到自己捕获的新鲜鱼虾。其次是烹饪，农庄特地聘请了有名的厨师和地道的农家大嫂，用传统的烹制工具和烹饪手法烹调出地道的农家土菜。此外，用乡村地道传统方法制作的特色农家小点，如芝麻大馅饼、土烤番薯、土家米鸭蛋等也是农庄的特色饮食。现在农庄还推出了极具本地特色的剡溪系列菜谱。

休憩游乐活动。农家客栈有棋牌室，还设置室外游泳池、野外烧烤场；专门开辟的古道有骑马项目；在"稻草乐园"有箭射稻草人的游戏，游客还可在此跟村民学习编草鞋、扎草绳、做稻草动物，从玩乐中了解稻草文化；利用剡溪开展的水上项目有：坐竹筏或小游艇游览水上风光、溪边垂钓、在浅水区域摸鱼捞虾、水上拔河等。游兴浓的游客还可以游览三石村和农庄周围的山水。

农耕体验活动。游客在"锄禾谷"可以采摘蔬菜水果、挖竹笋、采茶叶，看农民耕种。2007年成立的乡村俱乐部针对都市游客推出了菜园认养、家禽领养、果树认养等项目，游客可以亲身体验农事劳动。报名参加俱乐部的会员可以使用农庄免费赠送耕种的一垄土地，自己决定种植何种农作物，农庄负责平时的管理。俱乐部每个月都组织相应的农事体验活动。

现在农庄每个周末还推出一系列农家乐活动，如打年糕、做青团、包米鸭蛋等。农家客栈还有客房，可满足游客的住宿需要。

餐饮和住宿是农庄的主要赢利点。农庄最多可同时接待1000人用餐，但最佳接待人数是600人。餐饮消费不含酒水，每人每餐50元左右。住宿方面，农家客栈目前共有40个普通标间和带棋牌设施的标间，房价120元至150元不等。

2. 客源市场

从地域看，客源市场基本分布在长三角的各大城市，其中上海游客约占1/5，宁波和浙江其他城市，如绍兴、杭州，各占2/5。从出行方式看，多为自驾游。从出游目的看，主要有单位组织活动、公务接待、朋友聚会、家庭休闲度假几种。单位组织和公务接待的回头客较多，常会提前预订。

周末和"黄金周"是高峰，特别是"黄金周"，如果需要过夜至少要提前一周预订，如2008年9月30号之前整个"黄金周"期间的客房已全部订满。桃花盛开和桃子成熟期间也形成了一个高峰。冬季相对比较冷清。但全年接待量受天气影响比较大，刮风下雨的时候游客会很少，尤其是受台风影响较大，碰到大的台风，出于安全考虑，政府会要求台风影响地区所有旅游场所停止营业。

由于前期宣传到位，农庄已形成较稳定的客源市场，除冬季和恶劣天气外，周末基本住满，目前的接待能力已接近饱和，偶尔还会遇到"大兵压境"式的游客量，所以农庄现在没有条件拓展长三角之外的市场。

（四）经营与管理

1. 各利益主体良好的关系

三石农庄是通过租赁农民土地投资创办的旅游点，处于乡村环境，产品多与乡村特有的活动有关，员工基本为奉化市本地人，并且有超过一半的固定员工是三石村村民，临时雇用人员也多是三石村村民。

在农庄所租赁的土地范围内的旅游项目经营收入归农庄所有，如餐饮、住宿、烧烤、骑马、水上活动。农事体验这部分的收入主要归村民，农庄对与此相关的旅游项目，如采摘、家禽、菜园、果树认养起组织协调作用。

农庄按照一般民营企业的管理模式，从管理人员到普通员工都是统一招聘。目前农庄共有50多名固定员工，其中管理人员20名左右。普通员工基本招收三石村村民，全部经过培训后上岗。另外还接纳部分宁波城市学院的学生做兼职导游。

农庄作为一家民营企业，从创意、投资、产品设计、宣传促销到日常经营管理都由农庄主导，卫生、安全、质量等问题则由奉化市政府各部门归口管理，农庄照章纳税，奉化市和溪口镇也将三石农庄纳入政府总体的旅游宣传中（列入奉化市旅游指南的，类似于三石农庄的乡村休闲度假旅游地还有十来处）。

从政府和农庄的关系看，政府营造良好的投资和经营环境，农庄为政府贡献税收，二者关系良好。从农庄和三石村的关系看，农庄主要接纳三石村村民成为正式员工，餐饮原料大量采用产自村里的农副产品，通过设计旅游项目增加村民的农业收入；三石村为农庄提供乡村环境和稳定的劳动力市场，因此农庄和三石村也形成了良性互动关系。

2. 三石农庄的经验

三石农庄从筹备、兴建到经营，只用了短短几年时间就成为奉化市最知名的乡村旅游点，可以说是东部地区乡村旅游开发较成功的一个案例。成功的主要原因除了企业积极丰富旅游产品、善于经营外，还有两点相对于中西部地区得天独厚的优势：一是优越的区位。奉化位于长三角核心地区，高速路已联网成片，交通十分便捷；宁绍平原是浙江最富裕的地区之一，居民购买力强，出游热情高，并且同样具有极强购买力的上海、杭州，距离奉化的车程也在三小时左右，属于近程旅游。由此，三石农庄成为长三角地区人们释放购买力的理想选择之一。二是当地较成熟的市场经济。长三角地区历来是我国经济文化最发达的地区之一，也是最早沐浴改革春风的地区之一。经过近30年的改革开放，这里的市场经济已经较为成熟。政府的办事效率较高，服务意识较强，从而营造了较好的投资经营氛围。人们的视野普遍较广，思想开放，经济实力也较强，因而有能力创办企业，并使企业迅速成长，而不需政府过多扶持。

同时也应清醒地看到，三石农庄对于奉化市范围内其他旅游景点，在客源市场、旅游资源上没有任何明显优势，并且奉化市有一定规模的乡村旅游点有十多家，三石农庄面临同质产品的激烈竞争。因此三石农庄要在激烈的市场竞争中立于不败之地并不断发展壮大，扩大市场份额，就必须继续丰富产品内容，让游客常游常新，同时在服务理念上不断创新，在经营管理上更加完善。

第三章

浙江乡村旅游的经验

一 概貌和实绩[①]

浙江是中国经济发达省份和传统旅游大省，自 20 世纪 90 年代以来，乡村旅游作为一种新的旅游样式蓬勃发展，取得了显著的成效。

由于不少地方在实际工作中仍然按习惯不太严谨地把乡村旅游称为"农家乐"，本章在作这些地方的案例分析时，为了和引用材料表述一致，有时也用"农家乐"泛指整个乡村旅游。

(一) 认识和政策

浙江省充分认识到乡村旅游的重要性和必要性，制定有力政策，为乡村旅游发展创造了良好条件。

1. 高度认识乡村旅游对解决三农问题的重要性

把发展乡村旅游视为解决三农问题的重要民生工程，浙江省省委、省政府作出了"积极发展农村服务业和农家乐乡村休闲旅游业"的决策。农村劳动力就业是三农问题的关键所在，乡村旅游不仅能够

---

① 本节资料主要来源于"浙江旅游网·旅游资料·旅游参阅"（http://www.tourzj.gov.cn/zww/lyzl/lycy）。

带动特色种养业、绿色农产品加工流通业、旅游商品加工业、交通运输业、餐饮业等相关产业的发展，而且能够吸引更多工商企业投资创业，增加农村就业岗位和就业机会，解决农村剩余劳动力的就业难题，切实提高农民的经济收入和生活质量。

发展乡村旅游已不是简单地增加旅游消费，而是承担着利用农业资源开拓新功能，帮助农民创业增收，促进城乡和谐的多重意义。利用农村、农业资源开展乡村旅游投入少，见效快，是农民创业的有效途径。浙江省省旅游局已把发展乡村旅游作为重点工作之一，从旅游职能出发，启动了"以旅助农、以旅富农、以旅兴农"为主题的"旅游惠农送服务"活动。

2. 发展乡村旅游实现旅游业创新发展

浙江已位于全国旅游强省行列，要层楼更上，就必须有创新发展，实现产品、业态、模式的新突破。乡村旅游是顺应市场需求而产生的旅游新业态，是传统旅游和新农村建设相融合的一个新兴产物，对当前及今后一个时期旅游产业结构调整起到积极作用。对乡村文化、乡村景观的开辟、保护和延续也将起到巨大的推动作用。特别是随着城市居民生活水平的不断提高，消费需求的不断扩大，加上法定节假日的调整和带薪休假制度的实行，到乡村去休闲、度假、养生、体验田园风情已经成为都市人的生活组成部分，这为进一步做大、做强乡村旅游市场奠定了非常好的基础。

3. 政策扶持

领导重视，加大扶持力度。近年来，浙江省省委、省政府先后在湖州、衢州、象山召开了全省农家乐休闲旅游工作经验交流会和乡村旅游工作会议，省委、省政府主要领导亲自到农村开展乡村旅游调研，指导工作。

2007 年，浙江省人民政府办公厅以 1 号文件下发了《关于加快发展农家乐休闲旅游业的意见》，对发展乡村旅游提出了明确的工作要求。

省政府加大了对乡村旅游特别是欠发达地区乡村旅游的资金扶持、市场开发、工作指导的力度，积极协调交通、文化、农业、林业、渔业等部门做好乡村旅游服务工作。制定了《浙江省农家乐休闲旅游发展资金管理办法》，省财政自 2006 年至 2010 年设立农家乐休闲旅游发展资金，对工作成绩显著的县（市、区）发展农家乐和全省农家乐休闲旅游品牌的统一宣传进行补助。

各市也把开发农村旅游资源，发展乡村旅游，帮助农民致富作为一项重要工作来抓。如杭州、湖州、衢州、金华等地已经出台促进农家乐发展的实施意见，加大了政府财政扶持力度；温州市落实了农家乐专项资金；湖州市把农家乐旅游项目和休闲农业景区建设列入社会主义新农村建设实验示范区的重点建设项目。

4. 科学规划

浙江省旅游局组织编制了《浙江省乡村旅游发展规划》，对全省乡村旅游发展的目标战略、空间布局、产品特色、市场开发等方面加强指导。

各地根据当地的山村、渔村特色，因地制宜，把旅游发展规划与村庄建设规划、人口集聚、新村建设、土地利用和生态环境保护等有机结合起来，彰显乡村特色。如宁波市制定了乡村旅游发展总体规划，嘉兴市在发展总规中明确了乡村旅游业的发展重点；舟山市确定农家乐重点启动性项目；普陀区按照"一岛一特色，一村一品位"的原则，编制了渔农家乐休闲旅游"十一五"发展规划以及旅游特色村的建设项目规划；衢州市把农家乐休闲旅游业发展规划与村庄整治规划有机结合起来，优先将具有发展农家乐条件的村庄列入整治建设的对象，统筹规划和建设乡村基础设施及旅游配套服务设施等等。

5. 规范管理

为进一步规范乡村旅游运行，浙江省旅游局、省农办、省质监局联合制定了《浙江省省级农家乐特色村（点）认定办法》、《浙江省特色旅游村检查标准》、《浙江省农家乐经营户（点）旅游服务质量星级划分与评定》、《浙江省农家乐服务质量星级评定标准（试行）》等规章制度。通过标准的认定和推广，有效地提高了乡村旅游景区（点）建设品质和管理水平。

湖州市及长兴县等地相继出台了《关于促进农家乐发展的若干政

策意见》、《农家乐管理暂行办法》等规范性文件，规范提升农家乐服务质量，使原来自发、盲目的发展状况得到有序管理。

开展培训，提升服务。浙江省旅游局和各地高度重视乡村旅游经营户和服务人员的技能培训，与"千万农村劳动力素质工程"有机结合起来，注重旅游管理知识、文化、烹饪、接待礼节等方面的培训，提高了乡村旅游的服务档次。

（二）产业实绩

浙江乡村旅游经过十几年的发展已具有较大规模，成为全省农村经济的新产业、旅游发展的新亮点、农（渔）民致富的新途径、县域经济新的增长点。杭州、湖州、宁波等先发地区已进入规范服务，提升品质，打造精品阶段；金华、衢州、丽水等地区近年迅速起步，显现出强劲的发展势头。

到 2007 年底，浙江全省已累计发展农家乐休闲旅游村（点）2710 个（同比增长 30%），经营农户 14565 户，直接从业人员 81334 人（同比增长 12%），共接待游客 5621.3 万人次（同比增长 44%），营业收入 30.4 亿元（同比增长 24%）。全省累计已认定 122 个"浙江省农家乐特色村"、108 个"浙江省农家乐特色点"，评定了浙江省首批高星级农家乐经营户（点）76 家、休闲渔业示范基地 15 家、星级乡村旅游点 37 家。

乡村旅游总体上健康、快速发展，实现规模效益双增长。解决三农问题的实绩主要表现在四个方面：

一是促进农业生产结构调整，推动农村一产同三产的结合，使农民就地转移就业，直接增收。如温州瓯海区泽雅镇下庵村 40 家农家乐，吸纳劳动力就业 200 多人；衢州市农家乐接待游客 118 万人次，从业人员人均增收 8000 多元，吸纳农村劳动力 1729 人。

二是有利于整治村容、村貌。各地把发展乡村旅游与旅游强镇和特色旅游村建设有机结合，带动了城市基础设施向农村延伸、城市公共服务向农村覆盖，加快了城乡一体化进程和社会主义新农村建设。

三是促进农耕、民俗文化的保护和挖掘，自然生态环境也得到了保护。原生态的地方文化如建筑、表演、民间习俗等得到整理、修复和传承，增强了村民保护自然环境和传统文化就是保护生财之道的意识。

四是促进了城乡文化交流。乡村旅游的兴起丰富了城市居民的生活，同时也给乡村带来现代文明的生活信息，促进农民提高文明素质。[①]

（三）下一步发展设想

整体而言，浙江省乡村旅游仍处于发展和提升阶段，还存在着布局不尽合理、设施比较简陋、特色不够鲜明、服务尚欠规范、卫生状况有待改善等问题，下一步，将重点抓好以下几项工作。

1. 加大乡村旅游开发建设力度

开展旅游"十百千"工程，创建 10 个以上旅游经济强县，重点培育 100 个旅游强镇和 1000 个特色旅游村，构建旅游经济强省的支撑体系。发展乡村旅游是开展旅游"十百千"创建活动的基础，旅游"十百千"是乡村旅游的提炼，要把乡村旅游工作与旅游"十百千"工程的创建有机结合起来，加大宣传、调研和整合力度，切实将乡村旅游的发展纳入建设旅游经济强省的工作体系中。以创建标准为要求，以创建目标为动力，旅游惠农活动为载体，加强指导和帮扶，积极推动乡村旅游进一步朝着特色化、规范化、规模化、市场化方向健康发展。

2. 完善规划改进产品

全面落实各地乡村旅游的规划编制工作。

提高规划水平，提升可持续发展能力。按照"因地制宜、突出特色、合理布局、和谐发展"的要求，挖掘"一村一品"、"一户一特"

---

① 朱红炜：《认真落实科学发展观，促进乡村旅游健康发展》，浙江旅游网（http：//www. tourzj. gov. cn），2008 年 9 月 21 日。

的特点，避免同质化；突出乡村旅游点的乡村性、文化性、生态性，尽量保留乡村或农户的原址原貌，充分展示当地的乡土特色和农耕文化，体现乡村原生态文化、民俗风情和古朴的农家生活；避免贪大求洋过分修饰等城市化的倾向；注意避免盲目开发、一哄而上、遍地开花的倾向，明确发展重点和发展时序；尤其注重生态环境的保护，避免资源过度开发，不以牺牲生态环境为代价获取短期利益。

抓好资源开发，加大精品培育力度。推广乡村旅游区（点）质量等级划分与评定标准，提升乡村旅游区（点）的质量和服务水平，完善乡村基础配套设施。进一步挖掘乡土农耕文化、民俗文化资源，建设特色乡村旅游产品。针对各地乡村建筑设计缺乏特色的现状，编制《浙江省乡村旅游景观与建筑设计指导性方案》，设计适合不同地域单元的乡村旅游景观与建筑，为各地开发乡村旅游地提供参考性的建设模板。编制《浙江省乡村旅游服务接待指导手册》，进一步规范经营管理，提高服务水平。

3. 加强营销

加强宣传，营造声势。在全国、全省的旅游交易会上展示浙江乡村旅游的建设成果，重点宣传推销乡村休闲旅游产品。浙江省旅游局牵头组织编印《浙江省乡村旅游精品 100 村》等宣传材料；组织省内外媒体记者赴重点乡村旅游点开展以"感受浙江新农村，体验浙江乡村游"为主题的乡村旅游宣传活动；会同有关部门联合开展"创业富民"乡村旅游巡礼活动。

充分利用电视台、广播、杂志、报纸、互联网、电信黄页等载体，开辟专题、专栏，广泛深入地开展乡村游宣传活动，力争促销活动的多元化发展，进一步扩大浙江省乡村旅游的知名度和美誉度。

积极引导相关旅行社、旅游集散中心推出乡村旅游精品线路，组织开展百万游客体验乡村旅游活动。在 12301、96118 全省旅游服务热线中增设乡村旅游咨询、预订服务功能。

4. 提升人才软实力

抓好人才培养，提高从业人员技能。省旅游局牵头组织优秀专业教师到乡村开展送培训服务活动，不定期为各地乡村旅游有关负责人和经营业主进行免费旅游业务培训，培养一批高素质的乡村旅游经营管理和服务人员。各地市旅游局多渠道地为经营户开展培训活动，重点培训菜肴烹饪、餐饮住宿、接待礼仪、食品卫生等方面的知识和技能，形成定期培训机制，促进从业人员提高服务水平和服务质量。

二　优势和不足

浙江省乡村旅游创造出明显优势，也表现出种种不足。

（一）实现农村全面小康的动力产业

浙江省乡村旅游的产业作用主要体现为作为地方特色产业、后续产业，维持可持续发展和发挥综合的社会经济影响。更多的是其他产业完成积累后的投资，企业投入较多，为农村开辟可持续发展的新路子。从全省来看，虽然浙西南的部分地区仍然比较贫穷，但扶贫要求比欠发达地区低得多，产业发展的主要作用是全面建设小康，远远超出了脱贫。

省和市、县出台了许多支持乡村旅游发展的政策，政策的直接扶持均以奖励为主，鼓励创业、鼓励做强做大，同样也超越了扶贫阶段。

1. 实现农村全面小康的形势

浙江地理环境优越，是我国传统的经济发达地区，改革开放以来，经济和各项社会事业发展迅速，经济社会发展水平居于全国前列。

1992 年，浙江省衡量经济发展水平的重要指标人均 GDP 超过总体小康标准值 2500 元，达到 2940 元（按 1990 年价格计算）。1993 年，实现了人均国内生产总值比 1980 年翻两番，农村居民人均纯收入和城镇居民人均可支配收入分别于 1992 年和 1993 年达到小康标准，全省人民的物质生活水平比全国早 7 年达到总体小康目标。1995

年小康实现程度达到 95% 以上，基本实现总体小康。到 1999 年，浙江省实现最后一个指标，即居民用于文化教育娱乐支出占消费支出的比重达到小康标准值，全省全部 16 个指标均达到了小康标准值，总体小康实现程度达到 100%。

作为沿海发达地区，浙江省提出了到 2010 年基本实现全面小康社会，到 2020 年率先基本实现现代化的奋斗目标。全面小康社会建设最艰巨的任务在农村，进入新世纪，浙江新农村建设迅速推进，至 2005 年，农村全面小康社会的实现程度达 64.0%，比全国快 35.8 个百分点；2006 年，农村居民人均纯收入为 7335 元，人均可支配收入达 6208 元，超越农村全面小康社会标准，农村全面小康社会的实现程度达 68.1%，连续三年居全国各省市区第四位，全国各省区第一位。

浙江省地区之间以及农村居民内部均存在一定的贫富差距，不利于推进农村全面小康社会实现进程及和谐社会建设。2006 年，11 个市的农村全面小康社会实现进程，前三名的宁波、嘉兴、杭州和后三名的金华、衢州和丽水的实现程度分别为 83.2%、78.2%、78.0%、68.1%、56.4% 和 50.4%，首末位差距 32.8 个百分点。

农村地区目前也存在农业生产资料价格上涨、农户间收入差距较大以及农村居民家庭经营第二产业收入增势减弱等问题。

狠抓多种形式的农村经济，继续保持农村居民收入的稳定增长，使新农村建设有序推进，事关整个农村经济社会的持续稳定发展，事关城乡统筹、区域统筹发展大业。①

2. 寻求新的经济增长点

浙江乡村旅游主要是为了寻求新的致富渠道和投资途径，多数是具备了基本经济能力后的扩大再生产，投入模式大致有三类：

家庭和家族投入型。这是目前乡村旅游接待点投入的主要模式。农民以自家积蓄和借款的方式解决初期投入的资金问题，吸纳家族内

---

① 数据来源于国家统计局网站（http://www.stats.gov.cn）和浙江统计信息网（http://www.zj.stats.gov.cn）。

部人员解决用工问题。在发展初期，也出现过兄弟合股或亲属合作经营的情况，但在发展过程中往往由于经营理念等方面的矛盾而导致分手，主要以独家经营为主。

工商资本注入型。如安吉的中南百草园是安吉中南大酒店投资，现已投资 1.2 亿元，占地面积达到 3000 多亩；南浔获狄港的渔家乐由本地一油脂厂投资兴办，目前用于土地租用、鱼塘整理等的资金投入已达 300 多万元；南浔青腾绿色农庄由青腾绿色农业开发公司和金华一企业家合作，总投入将达到 5000 多万元；余杭"山沟沟"由双溪漂流景区投资 4000 多万元。各种"农庄"、"渔村"多由小型工商资本投入。乡村旅游已成为各种工商资本竞相投资的热土，据不完全统计，2007 年浙江全省乡村旅游投资规模已达到 76 亿元。[①]

大户资助型。如湖州吴兴区妙西镇肇村是一个经济相对薄弱的村，2004 年 6 月在镇政府的支持下请浙江大学编制了白鹭谷湖旅游规划，并组织村民到安吉和杭州梅家坞参观学习，鼓起了村民发展"农家乐"的信心，但农户因缺乏资金难以启动。9 月，当地一位企业家急乡亲之所急，对有发展"农家乐"意向的农户每户资助 1 万元的装修费，到 10 月，有三户农户完成装修并开始对外营业，至次年 4 月上旬已接待游客 3500 多人，最大一户已发展到六个包厢，可同时接待游客 60 多人。[②]

（二）经营管理模式多样

从乡村旅游地的经营管理模式上看，浙江各地都能根据当地情况积极探索，寻找适合自己的模式。现有的乡村旅游经营管理模式大体可以划分为以下几种类型。

---

① 朱红炜：《认真落实科学发展观，促进乡村旅游健康发展》，浙江旅游网（http：//www. tourzj. gov. cn），2008 年 9 月 21 日。

② 湖州市委农办、湖州市旅游局联合调查组：《关于湖州"农家乐"发展的调查与思考》，浙江旅游网（http：//www. tourzj. gov. cn），2007 年 11 月 25 日。

1. 农户和企业自主经营模式

农户自主经营。利用自家的庭院和承包的果园、茶园、树林（竹林）、鱼塘、菜园等开展自主经营。

企业投资自主经营。如安吉剑山生态休闲农庄，设有农家菜肴、客房、会议室、歌舞厅、垂钓区，有野外烧烤、果园自摘自选等多种农趣活动；奉化的三石农庄，集农耕体验、乡村户外休闲活动于一体，属于休闲农业；三门的三特渔村，属于休闲渔业。企业投资自主经营，普遍形成农庄、山庄、渔村等形式的庄园，规模一般要远大于农户自主经营。

三特渔村。位于三门县城以东八公里的鲍家村，三面环山，北邻旗门港。2005 年三门三特水产养殖有限公司投资 300 万元开发，招聘了专业管理人员，雇用当地村民 20 多人担任服务员和渔工。渔村规划总面积 1000 余亩，分为加工区块、水产养殖区块、果蔬种植区块、服务区块等，其中加工面积 30 亩、水产养殖面积 80 亩、果蔬种植 180 亩、宾馆面积 30 亩、山林 700 亩。开发了海产品加工展示、咸淡水鱼塘垂钓捕捞、渔村环境的游乐等休闲项目，"横行世界"的三门青蟹捕捉、烹饪、品尝是一大特色。营业以来，吸引县城乃至周边县市的游客到此观光休闲，不但取得了较好经济效益，而且打响了休闲渔业的品牌，成为三门假日新的旅游休闲地和省级休闲渔业示范基地、星级乡村旅游点、"美丽乡村"浙江最佳农业（渔业）体验村。渔村编制了总体规划，计划在五年内投资 2000 万元左右，建成内容丰富的渔业休闲基地。

2. 政府、集体主导下的自主经营模式

在一些乡村旅游聚集区，政府或村委会主导公共产品的提供，经营户自主经营。

有在政府主导下自主经营的。如杭州梅家坞，基本上以每家每户自主经营为主，有不少外来租房的个体经营户，基础设施、环境治理、景观建设、秩序维护由政府负责，2004 年以后，主要依靠村委会自主管理。

有在村民自治组织主导下自主经营的。如杭州西湖区龙坞茶村。

龙坞。是以青山、小溪、山林、村落为背景，集茶园、竹园、菜园、农居庭院为一体的，敞开式、个体经营为主的乡村旅游地。它是在梅家坞等同类乡村旅游地的商业化程度不断发展，游客急需分流的情况下推出的，从一开始就确立了"政府补贴、统一规划、自主实施"的开发方针，由村委会直接管理的"龙坞茶村游客服务中心"作为经营实体，全面承担茶村的旅游信息管理、培训、监督、咨询、宣传等方面的职能，希望通过游客服务中心的组织来为各个农户分配游客，避免农户间对客源的无序争夺，保持茶村自然、淳朴的特色，预防过度商业化。从 2005 年 4 月 2 日借"2005 西湖龙井开茶节"举办之际启动开村以后，发展势头如火如荼。4 月份 18 户农户共接待游客 4351 人，5 月份接待游客 6502 人次。但令人始料未及的是，"轰动效应"之后未及三个月，龙坞的接待量直转而下。在部分村民获得经济效益的同时，其他村民的"攀比"之风日盛，村民擅自搭建违章建筑、毁茶建楼的"公地悲剧"问题不断凸显，直接影响了村委会的正常运行，导致旅游开发建设、宣传促销的各项工作进展缓慢甚至停滞下来。[①]

以上两例都遭遇到发展的困境，政府主导维护了秩序，却产生了"飞地化"现象；村民自治组织主导，由于村委会缺乏有效的管理手段，经营秩序和乡村风貌保护逐渐失控，二者都面临着转型。

3. 协会模式

金华市婺城区安地镇农家乐服务中心是典型的协会制管理模式，

---

① 参见池静、崔凤军《乡村旅游地发展过程中的"公地悲剧"研究》，《旅游学刊》2006 年第 7 期。

衢州市柯城区七里乡黄土岭村也属于行业协会管理模式。

行业协会一可填补政府的宏观管理和经营者的微观经营之间的管理真空，通过行业自律的方式规范经营秩序；二可服务经营者，协调解决一家一户所解决不了的问题；三可服务游客，提高服务质量，满足预订、投诉等需要。服务中心和合作社的成立得到了经营户的拥护和游客的欢迎。

安地。依托仙源湖旅游度假区，金华婺城安地镇沿仙源峡已发展出农家乐经营户 15 家，累计投资 900 余万元，年接待游客 10 多万人次，营业收入达 300 余万元，是安地镇经济发展的新增长点。在农家乐发展过程中，暴露了没有品牌意识、忽视环境保护、游客停车难等问题。为了解决这些问题，在安地镇党委政府的指导下，15 家农家乐经营户发起成立了安地镇农家乐服务中心，来服务、规范、监督安地镇农家乐经营活动。服务中心章程规定：服务中心是由安地镇农家乐经营户自愿组成的，从事非营利性社会服务活动的社会组织。服务中心的职能是帮助农家乐经营户代办工商、税务、卫生、消防等执照；对农家乐经营户进行业务培训；统一农家乐经营户品牌形象、规范经营行为；组织、调配客源；处理协调游客反映的问题。

安地镇农家乐服务中心并非经济实体，是在民政局登记，成员自愿加入，靠章程运作的行业协会性组织。

黄土岭。衢州柯城七里乡黄土岭村农家乐合作社是在乡农家乐服务中心的倡导和组织下成立的，设立会员大会和理事会等机构，农家乐经营户加入成为社员，理事会为社员大会的执行机构。合作社组织开展培训和技术指导，统一对外营销和对内分配客源，统一收费标准和餐饮原料采购配送。合作社接受政府的扶持资金，向社员收取 20 元/月的会费，从社员的接待收入中提取 0.5—10.5 元/客的卫生费，用于村庄整治、基础设施建设和保洁工作。黄土岭村已成为省级农家乐特色示范村。①

黄土岭村农家乐合作社实际并不是劳动者的劳动联合形成的合作性质的经济组织,也属于行业协会。

4. 景区—经营户模式

景区统一管理,景区内经营户自主经营。

山沟沟。外来资本进入成立的山沟沟旅游度假有限公司负责景区建设,享有门票收益权,景区内的农户自主经营。

舟山普陀区蚂蚁岛。蚂蚁岛位于舟山群岛东南部,与沈家门渔港相距6.5海里,以岛建乡,人口4000多人。乡政府成立了舟山圣岛文化旅游开发公司,公司负责公共设施建设,统一收取上岛门票,统一对外宣传,统一接待登记,统一内部安排,统一受理投诉,形成了统一的品牌。渔家乐经营户,包括近几年来岛上群众相继开办的22家渔家休闲客栈和休闲渔船自主经营,开展"住渔家屋、吃渔家饭、干渔家活、享渔家乐"等"渔趣"盎然的涉渔休闲旅游项目和特色意境体验。在一个四面环海,面积只有2.64平方公里的小岛上,相当于统一管理的景区。岛内许多基础设施、绿化美化是游客和居民共享的,乡政府成立公司进行建设、管理和经营是适合的。蚂蚁岛已建成省级休闲渔业基地。②

5. 安吉模式

安吉县乡村旅游形成了一套完整的管理办法和经营模式,本书称其为"安吉模式"。

安吉模式是一种政府主导的特殊方式,服务中心在政府支持下获

---

① 参见蔡碧凡、夏盛民、俞益武《乡村旅游开发与管理》,中国林业出版社2007年版。

② 资料来源于蚂蚁岛旅游网 (http://www.mayidao.com)。

得了相当于行业协会又高于行业协会的行业管理职能。由于它的政府背景，在宏观调控上具有权威性，在外部采取一些具有强制效力的规范措施，同时又不干预经营户的微观经营行为。在市场力量相对弱小和市场秩序不完全规范的情况下，"服务中心"的强力推动是一种成功的经营管理模式。

安吉隶属于湖州市，地处浙江省西北部，邻近上海、杭州、南京、苏州等城市，这里"川原五十里、修竹半其间"，山清水秀、富饶安宁，是距离大都市最近的山区城市，被誉为"都市后花园"，是长江三角洲经济区内一颗璀璨的绿色明珠。

1998—2000年，为推动旅游经济快速发展，安吉县县委、县政府选择在大溪村开展农家乐试点。当时通过镇、村做工作，只有五户农民报名。通过政府引导和扶助，第一批经营农户开始尝到了甜头，迅速带动其他农户也干起了农家乐。1998年大溪村农家乐税收14万多元，2004年为90多万元，增长了5倍多。

现在，安吉乡村旅游按提供产品的不同分为农家旅舍、乡村餐馆和休闲农庄三类。2005年，乡村旅游直接从业人员近千人，接待游客40多万，农民人均增收500元。到2007年，安吉共有乡村旅游经营户500多户、6000余张床位，几占全县旅游业半壁江山。

曾经一段时间，由于游客的剧增，一些经营户只考虑眼前利益，随意抬高餐饮和住宿价格，同时其设施也开始向宾馆化发展，服务、收费等存在不规范现象，一些社会饭店随意掺和农家乐，扰乱了经营秩序。

从2003年开始，通过深入调研，县相关部门提出了创建农家乐服务中心这一新思路。建立和完善县农家乐规范管理协调小组、乡（镇）农家乐服务中心、村农家乐服务站（或农家乐协会）三级管理体系，由当地乡镇干部或村分管干部担任服务中心、服务站负责人，实行专人专岗，并将工作列入干部年度考核内容。目前，已在山川乡、报福镇、昆铜乡、鄣吴镇、良朋镇、天荒坪乡等地建立了九个农户自愿加入的农家乐服务中心。一些有条件的农家乐还进行了集约化、股份制的尝试，创建了清风寨、果园农庄、水浒村等乡村农庄和休闲山庄，深化了农家乐休闲度假的内涵，提升了农家乐服务档次。

农家乐服务中心实行旅游主管部门业务指导、乡镇行政管理的办法，即固定人员、固定场所、固定配备必要的服务设施。服务中心主要履行四项职能：实行准入制，建立必要的审批程序，办理相关手续，授予农家乐标志牌，把农家乐与其他餐饮、客房服务机构区分开来；实行年检制，通过实行服务质量监督和执行年检制度，巩固和提高农家乐服务质量；实行中心指导价，根据不同季节、不同条件，实施不同价格，由中心制定所属农户统一指导价格；策划指导、培训教育和宣传促销。

农家乐服务中心把邻近的、一家一户的经营户捆绑起来，实行以中心带动下的"四统一"管理，即统一接团、统一标准、统一价格、统一促销，规范了服务，避免了恶性竞争。经过几年来的实践，服务中心在规范管理、有序发展上发挥了重要作用，有力地推动了乡村旅游业的发展，支持了三农问题的解决。[①]

衢州市柯城区七里乡，2005 年开始，以黄土岭村为试点，集中精力开发乡村旅游。2006 年，乡政府成立农家乐服务中心，主要职能类似于安吉各乡镇的农家乐服务中心，积极推动乡村旅游发展。到 2007 年，乡村旅游接待点从黄土岭村扩展到杨坞、大头等村，经营户发展到 50 多家，总计接待游客近 20 万人次，产生直接营业收入 500 余万元。七里乡"服务中心"不完全等同于安吉的"服务中心"，但主要机制是相同的。实践表明，安吉模式具有普遍意义。

（三）政府扶持、规制比较到位

浙江省乡村旅游扶持、规制的政策、规章已经基本做到了纵横体系化、具体化。

1. 制度全面

浙江省省政府和省直部门制定了一系列政策和规章，涉及旅游业

---

① 资料来源于安吉旅游网（http://www.travelanji.com）和安吉农家乐网（http://www.ajnjl.com.cn）。

的方方面面。并且有配套措施，通过检查、考核把工作落实到实处。

总体部署：《浙江省人民政府办公厅关于加快发展农家乐休闲旅游业的意见》、《浙江省农家乐休闲旅游工作考核办法（试行）》等。

扶持政策：《浙江省农家乐休闲旅游发展资金管理办法》、《浙江省旅游"十百千"工程实施办法》等。

产业规划：《浙江省乡村旅游发展规划》等。

行业规范：《浙江省省级农家乐特色村（点）认定办法》、《浙江省旅游经济强县检查标准》、《浙江省旅游强镇检查标准》、《浙江省特色旅游村检查标准》、《浙江省农家乐经营户（点）旅游服务质量星级划分与评定》、《浙江省农家乐服务质量星级评定标准（试行）》、《乡村旅游点质量等级划分与评定》、《浙江省省级农家乐休闲旅游示范点认定办法（试行）》等。

2. 上下配套

几年来，全省各地制定出台了80多个扶持旅游业发展的政策意见，把省级政策、规章具体化、可操作化，保障实施效果。如湖州市、安吉县、报福乡按照省市县镇行政序列配套成龙地制定了上下衔接或突出地方特色的政策和规章。

湖州市：《湖州市旅游管理办法》、《关于进一步加快旅游产业发展的实施意见》、《中共湖州市委湖州市人民政府关于加快全市旅游经济发展的若干意见》、《中共湖州市委办公室、湖州市人民政府办公室关于促进农家乐发展的若干政策意见》、《湖州市农家乐工作考核办法》、湖州市地方标准《农家乐服务质量通用要求》、《湖州市农家乐休闲旅游发展专项资金管理办法（试行）》、《湖州市农家乐卫生监督规范化管理试点工作方案》等。

安吉县：《安吉县"农家乐"管理办法（暂行）》以及《实施细则》、《安吉县鼓励旅游业发展优惠和奖励政策》、《安吉县"进农家"（旅馆）服务标准》、《安吉县农家乐服务质量通用要求》、《安吉县农家乐消防安全管理办法》、《安吉县农家乐消防安全技术标准》、《安吉县农家乐经营手册》。

报福镇：《报福镇农家乐行业规范》等。

政策贴近现实需求，解决实际问题；注重制度建设，及时制定规章；讲究上下一致，主动拾遗补阙，使浙江省对乡村旅游的扶持和规制都能落实到位，保证了乡村旅游业的健康、可持续发展。

（四）产品乡村意象淡化

随着城市的迅猛扩张和乡村城镇化水平的迅速提高，在整个东部地区，乡村旅游资源和产品都表现出乡村意象逐步淡化的趋势，向郊野休闲化方向发展。这种现象既有正常的一面，也说明乡村旅游产品特色不突出。

1. 乡村的城镇化和非农化

乡村的城镇化、非农化是一个不可遏止的趋势，传统的乡村文化景观和自然景观正在消失，对传统文化和地方特色的漠视加剧了这一进程。在发达地区，本来意义上的乡村越来越稀少。

城市化乡村一方面表明城乡差别正在缩小，这是积极的现象；另外一方面，也压缩了乡村旅游发展的空间。

滕头。滕头村紧靠奉化城区，是一个只有两平方公里土地、800多村民的小村子。20世纪60年代之前靠传统农业维持生计，1965年起进行了改土造田、旧村改造、兴办企业、发展第三产业等大动作，改革开放后大力发展村办企业。2007年，滕头村实现总产值30.21亿元、税收3.25亿元，村民人均收入2万元。从经济结构看，滕头村拥有60多家企业，雇用员工2万多人，以全国最大羊绒服饰出口生产基地爱伊美制衣有限公司为龙头的加工业创造产值19.63亿元，占生产总值的2/3，其次是房地产和园林绿化业，发展模式迥异于一般农村。农业形成融"精品、高效、创汇、生态、观光农业"于一体的高科技立体农业，直接从事农业的人数降至劳动力总数的8%，2007年农业产值1762万元，不到总产值的1%。旅游方面，滕头生态旅游区是一座带有户内及露天农耕民俗陈列、现代设施果园、耕作表演农田的大型园林，获得首批"4A"旅游景区称号，2007 年接待游客 95.2 万人次，门票收入 1810 万元。滕头村已完全城市化，只是从历史和居民户籍身份出发，把它看作"新农村"。

2. 开发误区

开发中的误区导致很多乡村旅游地和乡村旅游接待点丧失了乡村性。

基础设施贪大求洋。把旅游地建设误当作一般的村镇建设，着眼点在交通、水电等设施的改善，没有给旅游产品建设足够的关心。譬如村外过于宽阔平坦的公路，消减了山村的神秘感；村内的水泥路，抹去了历史的遗迹；按照一般村镇建设原则布局而违背了村寨的历史格局。常常是基础设施改善了，能够成为旅游资源的一些东西消失了。

乡村建筑丧失地方性。一是传统民居在建材、功能、式样上有种种弊端，村民从经济、实用、流行审美观角度考虑，选用了背离传统的现代建筑；二是乡村总是处于文化弱势，村民们盲目模仿外界，最典型的是到处乱贴瓷砖和黄琉璃瓦，认为"好看"，结果是千村一面。

服务规程没有乡土味。这里面有一些地方标准和服务规范的误导，乡村旅社和餐馆的标准从陈设、设施到服务方式简直就是简化版星级酒店标准。

轻视非物质文化遗产导致乡村氛围不浓。对民俗、工艺、民间艺术等非物质文化遗产不注意保留，乡村只剩下壳而没有实。

这些缺乏文化自觉的盲目开发，容易导致乡村旅游的低品位。

3. 乡村范围内的非乡村旅游产品

多数游客对自然风光的偏好超过社会旅游资源，新的郊野活动和郊区休闲产品比乡村旅游有更好的市场效果，乡村范围中的风光观光和郊野休闲逐渐兴起。

如建在郊区的庄园，与社区、农村毫无联系，里面有一些农事活动相当于园艺，在杭州、湖州各区县中比较常见。在城镇化和城乡一体化的大背景下，这是一个不可阻挡的趋势。

三 乡村旅游解决三农问题的动力机制

（一）扩大就业增加收入

1. 农村就业环境和农民收入提高的制约因素

相对于农村城市化加速推进的形势，农业人口的转移进程明显滞后。在短时期内，农村根本无法消化那么多的劳动力。在城市就业市场竞争中，即使与城镇失业人员相比，无论是文化素质，还是专业技能和工作经验，农村劳动力都是弱势群体，在就业竞争中处于极为不利的地位。20世纪80年代乡镇企业迅速崛起，90年代民营企业后来居上，吸纳了大量农村劳动力就业，但随着国际分工和经济结构的调整，这些企业难以继续大量吸纳劳动力。

长期以来，一些集体经济组织就业模式存在着明显的弊端：一是就业压力大，为了增加安置机会，集体经济组织在招商引资时，通常把安置一定数量的劳动力就业作为附加条件，结果是冗员增多；二是分配标准偏高，有的村集体经济分配标准远远高于劳动力实际创造的价值，部分租赁收入、补偿费甚至被用于当年收益分配，这种分配方式既不是按劳分配，也不是按资分配，成为农村劳动力缺乏自谋职业压力和动力的体制原因。

制约农民收入提高的因素有很多，主要有：城乡二元经济结构，国家产业结构的调整造成了农民就业机会减少，农民隐性失业严重，影响了农民的收入；国际国内经济环境的变化，加之乡镇企业正处于体制创新、结构调整的关键时期和自身素质普遍较低，农村劳动力转移受阻，农民非农业收入增幅下降；农村公共产品供给体制不合理，农村基础设施投资太少，直接影响了农民收入；土地产权制度界定不清，阻碍了农村经济的发展和农民收入水平的提高。

2. 乡村旅游促进农村就业机会的增加

乡村旅游和其他旅游活动一样具有极强服务性，由于它更多地利用乡村既有的人文、社会和自然资源以及农家的生活设施，因而资金投入较小，体现出更强的劳动密集型产业特征。乡村旅游的开展能对农村就业作出积极的贡献，具体表现在以下几个方面：

拓宽农村就业渠道。发展乡村旅游需要一系列配套的设施和服务人员，需要餐饮、导游、运输、零售、景区服务人员和管理人员。旅游业也是一个产业关联度极高的产业，根据世界旅游组织资料，旅游业每创造一个直接就业岗位，将产生另外3—5个关联的就业机会。开发乡村旅游资源，发展乡村旅游，所需大量的从业人员大多可以从当地农民中进行招聘，为农村剩余劳动力提供就业机会，聘用当地农民职工，可以减轻住房、交通等负担，降低乡村旅游经营成本。旅游带来的种植业、养殖业和农副产品加工业也能增加农村的就业机会。

转移农村剩余劳动力。农村劳动力结构变动，是农村产业之间在经济发展中产生的相对收入差距和市场对不同产业产品需求特征决定的：一是农业生产的特征限制了农业就业容量的扩大，有限的耕地所能吸收的劳动力是一定的，而随着农业劳动生产率的提高，同量土地所能吸收的劳动力还会不断减少；二是乡村旅游产品市场需求的逐步扩大决定了乡村旅游发展对劳动力的需求增加；三是由于乡村旅游能取得较高的附加价值，人们自然总是向高收入产业移动。

符合农村劳动力现状条件。旅游产业的行业门类和岗位层次很多，大量需求从事简单劳动的普通劳动力，能够有效提供多样化的就业机会，对于低技能的农村弱势群体的就业有着很好的包容性。

旅游淡旺季适合农村就业兼业的特点。乡村旅游发展带动劳动力转移，主要走兼业的道路，这是因为：第一，每户农民都有一块赖以生存的土地，从事旅游业时一般不会完全放弃土地，这是农民从事非农产业的一个风险保障；第二，没有经验，农民开始从事旅游业时不会马上放弃土地，而是先以农为主兼营旅游业，然后再向以旅游业为主的形式逐步转移；第三，欠发达地区农业积累资金有限，农民只能把资金投放到投资少、周转快、效益好的旅游业中去带动劳动力向旅游业转移。乡村旅游在促进就业的方式上显示出灵活性，由于旅游业淡旺季明显，对劳动力的需求也有较强的季节性，表现出较强的就业弹性、阶段性和流动性特征，对乡村旅游发展来说，旅游旺季时，农村劳动力可分出较大精力从事旅游经营活动，而平时从事农活，这样亦农亦旅、农旅结合，有利于农民就业。

提高劳动者素质，增强就业竞争力。由于乡村旅游需要一些专门的技能，农村居民由于经营的需要，会主动学习一些专业技能和知识，以提高服务水平吸引旅游者。当地政府、旅游协会以及农民自己开展的一些培训和宣传教育，也能提高农村居民在服务、卫生、消防、安全等方面的知识和技能。在与游客长期的接触和交流中，农村居民接受新的思想和观念，开阔了眼界，丰富了知识，更会激发他们的探索欲和学习欲。这些方面都能提高农村劳动者的素质，从而增强他们在其他领域的就业竞争力，增加了就业机会。

3. 乡村旅游促进农民收入的提高

乡村旅游的开展对提高农民收入起到了重要的促进作用，主要表现在以下几个方面：

繁荣农村经济，增加农民收入。较之其他产业，乡村旅游的初始资金投入较少，有山乡田园、农家庭院就可以发现题材、形成创意，有特色就能吸引生活在不同地方的消费者。乡村旅游活动，使一些原本自给自足的土特产成为商品，在市场交易中提高其附加值，自娱自乐的民俗生活方式成为可以创收的艺术表演形式，人与自然界和睦相处，或是迎接挑战的经历成为旅游者愿付费去追求的体验和感觉。发展乡村旅游，可以通过产品交易和提供劳务的方式最直接地给农民带来收益。

农民增收与建设和谐社会相互促进。农民安居乐业是农村社会稳定的基本条件，乡村旅游吸纳就业空间比较大，覆盖面比较广，就乡村旅游目前的发展阶段来说，多数岗位对从业人员的素质要求不是很高，能使那些没有受过专业培训、文化程度不高、身体较弱、无法远离庭院的妇女和老人找到相应的岗位，得到一定的劳动报酬。同时经营旅游项目可以使长期以来习惯分散经营的农民逐步沿产业链以诚信为基础建立起协作关系，经营者之间的分工合作和公平竞争可减少不必要的摩擦，消除不安定因素，促进农村社会稳定、协调发展。

通过提高农民素质增加农民收入。发展乡村旅游，一是使农民与时俱进地学习并掌握一种新的乡村旅游资源开发利用和经营保护方式，进一步增强其生态意识和环境保护观念；二是旅游业开放的经营方式和广泛的交流途径使农民在了解外界不同的生活方式、道德观念、价值标准，接受新东西的同时将本民族优秀的文化进行传播；三是生态旅游业的可持续发展将成为农民积极引进和传播现代科学技术、经营理念、管理手段和不断丰富服务内容、创新服务方式的内在动力，可促进农民科技水平和文化水平的提高，加速农民与现代社会的融合。

增加农民收入促进农村可持续发展。农村可持续发展有赖于农村的生态平衡、经济社会科技教育的协调发展和人们综合素质的不断提高。发展乡村旅游的基本要求是确保乡村旅游地生态的完整性，提高自然资源的利用效率，尊重当地传统文化习俗，创造多种就业机会，给旅游地居民带来经济收入，并为他们创造保护资源的经济动力和增强保护资源的经济实力，进一步加强对生态环境的监测，促进地区经济社会生态的协调发展。正确发展的乡村旅游强调对生态环境保护建设与农村可持续发展的要求一致，其活动目标与农村的可持续发展方向一致。

通过充分利用农村闲置资源提高农民收入。乡村旅游大部分可以利用闲置的房屋和生产资料进行经营，具有投资小、风险小、经营灵活等特点，有利于农民开发经营，就地增加劳动收入。而旅游产品大多数在当地销售，这就为各种农副产品带来新的送上门来的消费群体、消费市场，有效地解决农副产品找不到市场、"卖不出钱"的难题，也解决了部分农产品运销层次多的问题，避免经销商的中间盘剥，实际上等于增加了农家收入。同时农民不但能够在最短的时间内得到现金收入，还可以很直接地得到消费者的反馈，对产品进行开发或改进，实现增收。

4. 综合经济效益

乡村旅游对乡村社区最直接的影响就体现在经济方面。作为农业与旅游业、第一产业与第三产业相互渗透与融合所形成的一种新型旅游产业形式，其发展必然会带动农业及农村相关产业的发展，从而有利于综合开发与利用农村资源，调整和优化农业结构，增加就业机会，提高农民收入，促进乡村经济的发展。

乡村旅游发展吸引了部分青壮年农村劳动力，一定程度上改变了当前我国农村青壮年劳动力外出打工而只有老弱病幼留守农村的状况，客观上有利于农村社会的良性发展，也有利于农业经济的持续发展。

如湖州市，全市 3000 多家"农家乐"，吸纳农村劳动力万余人，全市农村劳动力转移率因此提高 1 个百分点。特别是为农村劳动力的就地转移探索了一条很好的路子。据 2006 年安吉对 267 户"农家乐"进行的统计，转移 40 岁左右农村妇女劳动力 937 人，其中最高收入达到 5 万元左右。安吉县 2004 年"农家乐"带来的收益，使全县农民人均纯收入增加 380 元，其中山川乡人均增收达到 500 多元。发展较早的安吉大溪村，净利最高的经营户达到 100 多万元。长兴县 70 多户"农家乐"，2007 年实现销售收入 2600 多万元，户均 30 多万元，收入最高的 100 万元，净利达到 20 多万元。据统计分析，平均每户"农家乐"的净收益在 4 万到 5 万元之间，人均净收入超过 1 万元。①

（二）改善基础设施

1. 对农村社区基础设施的改善机制

农村社区基础设施普遍比较薄弱。由于缺乏建设资金来源，当地政府也无足够财力支持，而农民自身无力也无意识承担基础设施的改善。开展乡村旅游后，由于发展旅游的需要，改善基础设施的必要性增强，农民改善基础设施的愿望增强，而随着旅游带来的收入的增加，改善基础设施的能力也在提高。

---

① 数据来源于浙江旅游网（http://www.tourzj.gov.cn）。

一般来说，农村社区公共基础设施可分为两个部分：生产性公共基础设施和非生产性公共基础设施。农业生产性公共基础设施是区域农民从事农业生产和其他生产以及从事产后储藏、销售等活动所必不可少的条件，主要包括农田水利基础设施、农村公路、农用机械和设备、农村供电设施等；农村非生产性公共基础设施是区域农民正常生活所必备的条件，主要包括路灯排水环卫等市政设施、邮电通信设施、医疗卫生设施、学校和培训设施、电力和燃料供给设施、养老院等福利设施、文化娱乐设施和必要的服务建筑设施等。乡村旅游对两部分农村社区基础设施的改善都有提高作用，而非生产性公共基础设施则是主要方面。

长期以来，基层政府虽然对农村生产性基础设施建设比较重视，把生产性基础设施建设视为增加农民收入的基本途径之一，思路的基本落脚点是农民增收就意味着农村居民生活水平的提高，但与生活密切相关的非生产性基础设施却跟不上，因此提高农村居民生活水平的效果大打折扣。

2. 对改善农村非生产性基础设施建设的促进

针对农村非生产性基础设施的薄弱环节，对照其产生的原因可以得出结论，开展乡村旅游对于改善农村非生产性基础设施已经发挥了巨大的作用。

第一，也是最重要的一点，乡村旅游的开展为农村社区改善非生产性基础设施开辟了资金来源。按现行体制，我国农村非生产性基础设施的投资责任主要在县乡两级政府，而县乡两级财政实力普遍贫弱，非生产性基础设施建设投入只能排在财政支出的次要位置。农民在收入有限的情况下，在自身生活还有困难的前提下，没有改善公共基础设施的动力与能力。乡村旅游的开展，产生一定税收，还可能有经营权转让、资源使用等收入，因此使地方政府的财政收入得到补充，使得政府有更多的资金来开展非生产性基础设施建设。由于乡村旅游的开展，农民收入有较大幅度的增长，农民个体有了多余的资金，因而也就有了改善公共基础设施的能力。

第二，乡村旅游的开展使得基层政府能更自主地安排农村非生产性基础设施的投入。近十年各级政府间财力分配上出现的矛盾是上级政府利用行政权力更多地从强化本级财力而非事权划分角度去划分财力，极大地削弱了县乡两级财力的扩张弹性。县乡两级财政只能靠本地的小税种收入来安排基本支出，缺口要等待上级的转移支付或依靠出售土地和扩大收费来弥补。显然，这种财力划分格局使得县乡两级政府不可能自主安排农村非生产性基础设施投入。乡村旅游的基础是农民，活力也来自于农民，因而这大大激发了农民的参与意识，各种乡村旅游协会的成立就是一个最好的证明。参与的增加形成自主意识，也增强了村委会等基础农村组织的自主权，改变了以往原本用于基础设施建设的资金去向偏离和使用效率不高的局面，使得使用更有针对性和效率。

第三，乡村旅游的开展增强了农民改善非生产性基础设施建设的愿望。虽然与自身的生活质量改善相关，但是在较少有国家财政支持的情况下，农村居民对于自己掏钱进行公共基础设施建设的接受程度不高。随着乡村旅游的开展，为提高乡村旅游的质量，吸引更多的游客，农村居民对改善基础设施建设的动力在增加，在投入产出比合适的情况下，集资甚至独资进行基础设施建设的接受程度也在增加，更乐意改善与自己的生活和经营密切相关的基础设施。

第四，乡村旅游的开展有利于存量公共基础设施的利用以及经营设施和生活设施共享。乡村旅游的开展除了提供资金来源进行新的公共基础项目的建设，同样也会提高现有公共基础设施的利用率。一些老旧的基础设施，由于缺乏维修保养，很多已经很少发挥作用甚至已经不能使用，但是这些经过长期使用的基础设施，正能体现农村的风貌，因而也是旅游吸引物之一。开展乡村旅游，维修和改良这些存量基础设施，重新利用现有存量基础设施中尚可使用的部分，不仅提高了使用效率，也节省了投资建设的资金。旅游的经营设施如市政设施、文化设施等也是生活设施，二者的共享既增加投资渠道又提高了使用效率。

第五，乡村旅游的开展使得各种渠道来源的资金真正用到基础设施建设的实处。在农村资金匮乏的情况下，县乡政府往往挤占大量包括农村非生产性公共基础设施在内的农村建设资金，村一级的支出更是普遍不规范，真正用于村民公益事业的支出都很有限。乡村旅游的开展培养了农民的民主意识，集体经济组织的成立也增强了自身力量及和政府的协调能力，因而农村居民对于基建资金的使用更有监督权，使得建设资金真正落实到基础设施的建设上来。

3. 对改善农村生产性基础设施建设的促进

除了改善非生产性基础设施建设，乡村旅游的开展对农村生产性基础设施的改善也有促进作用。保持农村社区原汁原味的风貌，将农村及农民的生产与生活展现在游客面前，这也是吸引游客的一个因素。因此在乡村旅游的发展中，为了增加吸引力，农村居民会改善农田水利建设、农用公路建设，以便于将农村的本来面貌展现在游客的面前。

乡村旅游的开展极大地促进了农村社区的基础设施建设，各地有不少实例。如浙江省临安市太湖源镇横渡村，从 2001 年起，村支部、村委在上级政府部门的积极引导下，利用自身拥有的旅游资源，引进了杭州神龙川文化有限公司进行旅游开发，取得了理想的经济效益。为了配合旅游事业发展，2003 年开始着重对乡村基础设施进行改造，进行了路面硬化，修建了乡级小公园和村子周围的绿化带，种上了观赏花木，并由村出资一次性改造农户的卫生设施，建起标准三格式卫生化粪池，从而防止了对水资源的污染，还安装了自来水、村道路灯，开通了机耕路。

安吉天荒坪镇白水湾村开办乡村旅游以来，集体、农户一起出资、出力，兴建了公共绿地和河滨公园，高水准绿化了过境公路，村内道路硬化率达到 100%，新建了垃圾中转站和污水管网、两座集中式净化池、一座分散式净化池，统一墙体立面粉刷 15000 平方米，统一规范广告牌近百块。村民接待游客时非常自豪。①

---

① 资料来源于临安旅游网（http：//www.linantravel.com）和安吉旅游网（http：//www.travelanji.com）。

（三）优化产业结构

发展乡村旅游能够促进农村产业结构的调整和农村产业化的发展。我国的农业仍然是以种植业为主的传统农业，农业结构不合理，农村中非农产业，尤其是第三产业还很弱小，农村经济效益和农民收入水平还比较低。乡村旅游因具有农业和旅游业的综合性，其兴起和发展必然会带动交通运输业、商业、服务业、加工业和建筑业等相关行业的发展，从而带动农村产业结构的调整，加速我国农村非农产业的发展。

1. 乡村旅游的发展能为农村产业结构调整提供资金来源

乡村旅游以传统乡村地区的自然环境、风景、物产及乡村生活为旅游吸引物，不过多依赖资本，较少使用专门接待服务设施，提供的旅游产品是传统、原生的乡村生活和环境，土地利用方式以农业、林业和自然占地为主，具有投资少、见效快的特点。乡村旅游发展能加速农村资金流转，在短期内有效缓解农村资金供给不足，为农村产业结构调整提供资金支持。

2. 发展乡村旅游可以使农村经济更好地适应市场

农业和农村产业结构调整，要以消费者的需求状况及未来变化趋势为基本依据，尤其在目前农产品总体相对过剩阶段，特定农产品的供求关系极易变化，农民获取市场信息的能力不强，使农业结构调整伴随着越来越大的不确定性和市场风险。乡村旅游可以引起物质信息在城乡之间的流动，为当地农民和外界游客的交流提供平台，从而帮助农民了解旅游者的消费偏好、消费倾向、消费心理和消费行为等，对消费和市场需求的变化趋势进行准确预测，把握不断变化的市场，把农业和农村产业结构的调整纳入市场化轨道，避免农村产业结构调整的盲目性，为产业结构调整指明方向。

3. 发展乡村旅游可以提高农产品销售效率

乡村旅游者以城市居民为主，他们对乡村的农副产品和土特产品往往情有独钟，会购买一些价格比市内便宜又新鲜的农副产品和有地方特色的手工艺品带回家。农民可以利用本地种植、养殖的农产品满足游客的这些需要，使新鲜蔬菜、土特产、水果、水产等农产品直接面对消费者，减少中间流通环节，降低经营成本。这既满足了游客的旅游需求，又有效缓解了农产品卖难的问题。游客的流动还带来广泛的口碑效应，扩大乡村产品的知名度，是高信度加高效率的软广告。因此，乡村旅游的发展能够实现农村资源与市场的直接对接，产品直接进入市场，给乡村的农副产品带来了广阔的销路，为农副产品及加工工业带来市场，为实现农业产业化提供了动力。

安吉乡村旅游以上海为主要客源市场，精明的上海人通过实地"考察"认识到了安吉农产品的优秀品质，在2008年"接轨上海活动周"湖州名特优农产品推介会上，达成供沪农产品协议金额9.07亿元，其中安吉白茶1.09亿元，竹笋0.69亿元，生产竹林鸡、花卉苗木等优质农产品的合作社或企业也都在上海掘金满满而归。安吉知道上海需要什么，"安吉在上海人眼里产出的农产品都是精品，都是名牌"。

4. 发展乡村旅游能使农村产业结构更加合理

旅游业是一个综合性的产业，旅游业的发展需要许多部门的支持与配合，反过来它又可以促进和带动许多部门和行业的发展。为了不断满足乡村旅游者在旅行期间的吃、住、行、游、购、娱等要求，就必须在乡村地区建立设施齐全的多功能村镇，促进乡村地区尽快建立健全农业社会化服务体系。因此，乡村旅游发展有助于将现代旅游业向传统农业延伸，打破传统种养产业的思维定式，带动乡村交通运输、商业服务、文化娱乐和地方工艺品制作等行业的发展，实现一、二、三产业发展的相互促进，由农业为主的产业结构转向农业和非农业共同发展的结构，从而改变乡村二、三产业弱小的局面。

安吉、长兴、德清的一些"农家乐"发展比较好的乡镇和村，已经开始涌现一批特色蔬菜生产户、特种畜禽养殖户，具有浓郁地方特色的土特产加工户以及旅游商品生产户，"农家乐"经营户定点收购，生产户定向供应，如顾渚村"农家乐"一年消费的土鸡超过15000只。安吉县鄣吴乡，地处偏远，为了吸引更多的游客，它们利用吴昌硕故里的知名品牌和当地制扇业发展基础，积极引进杭州王星记，发展特色旅游商品。随着"农家乐"经营户与生产户所构成的产业链和服务链的不断拓展和延伸，将农村产业结构的调整注入了新的活力，带来农村产业结构形态的深刻变化。[①]

（四）整治环境

1. 乡村生态环境建设滞后的主要原因

自然生态的破坏和环境的污染带来了巨大的危机，造成这种状况，原因主要在以下几个方面：

人口增长对环境、资源的压力越来越大；环境保护意识淡漠，没有树立可持续发展观；经济建设与生态建设的矛盾越来越突出，粗放型增长方式与有限的生态承载能力之间矛盾尖锐；环境保护和治理任务越来越艰巨，资金投入严重不足；能源结构、生产方式落后，预期经济增长带来新的环境压力；人多耕地少的国情给农业产量带来巨大增长压力，对化肥、农药、地膜等的过度依赖，造成了严重的环境污染。

2. 乡村旅游提高环境意识

自然生态环境是乡村旅游发展的基础，乡村旅游地一般都是在乡村生态环境良好的地区发展起来的。优美的自然生态环境、古朴的农耕文化、民俗文化是乡村旅游的核心吸引要素，维护这一要素是乡村旅游长盛不衰的根本，乡村旅游开发为保护和挖掘这些宝贵资源提供了可能。各地的发展经验表明，当乡村旅游发展到一定阶段，保护自然生态环境、对周边环境做综合治理就会成为当地政府和农民的自觉行为。乡村居民从旅游发展过程中受益，会逐渐意识到家园生态环境保护的重要性，促进退耕还林、退牧还草、退田还湖，治理污染，爱护水源和植被，爱护环境卫生，改善和美化乡村人居环境。

---

① 湖州市委农办、湖州市旅游局联合调查组：《关于湖州"农家乐"发展的调查与思考》，浙江旅游网（http：//www.tourzj.gov.cn），2007 年 11 月 25 日。

　　游客对绿色产品的需求，能够激发乡村居民生产绿色产品的积极性和主动性，在种植业和养殖业中减少化肥、农药和添加剂的使用量，促进农田的土壤改良，使农产品逐步达到无公害、绿色、有机的要求。同时，乡村旅游刺激了花木、有机肥等环保产品和园林、园艺等有益于环保的产业的发展。

　　游客到访乡村，是一种环境体验也是一种环境教育，游客对乡村环境的珍爱也能感染到乡村居民，增进主人和客人双方的环境意识。

　　乡村旅游对环境的影响是一柄双刃剑，妥善处理好设施建设和保护生态的冲突、治理好接待产生的生活污染，趋利避害，能产生良好的环境效益。

　　余杭山沟沟村旅游度假区开发后，当地农民开展农家乐经营，环境意识大大增强，停止了毛竹砍伐和无节制的挖笋，及时清运生活垃圾，自觉参与景观美化与环境整治，家家庭院栽花种草，人人动手美化村庄，游客对村庄生态的良好和环境的优美赞叹不已。

　　3. 乡村旅游是可持续发展的替代产业

　　乡村旅游业以它对环境的低影响力，在产业结构中一定程度上替代农业及其他产业后，能切实取得节能减排的效果，减轻对环境的压力和负面影响。

　　宁波宁海县白溪水库边上的王家染村，在白溪公司支持下开发乡村旅游后，村民不再伐木烧炭，并转而尝试无公害的蔬菜、花卉苗木、经济林种植，生活和养殖废水都经过沉淀池、氧化池处理后排放，农游结合，经监测，向水库中排放的污染物明显减少。

　　衢州市柯城区七里乡原有两个纸厂和1000多口土法造纸的毛竹腌塘，造纸废水严重污染了流经当地的衢江支流七里香溪，七里乡发展乡村旅游后，关停了纸厂，把腌塘改造为鱼塘、莲花池或填埋。纸厂工人和造纸农户转而经营乡村旅游，收入不降反升，七里香溪水质在消除主要污染源后得到根本改善。

（五）调整权力结构

1. 农村权力结构的构成要素及其关系

乡村旅游对于调整农村权力主体之间的关系，协调各个利益关系方之间的关系，界定基层政府、党支部和村委各自的权力和职责范围，提高村民的自治程度，都能起到较大的促进和改善作用。

农村权力结构的构成要素主要包括村民自治权、农村基层党组织的权力、乡镇政权以及宗族、农村新精英和黑恶势力等要素。

村民自治权是通过其村级组织与乡镇政权发生关系的，而村级组织主要是指村民委员会。根据《村民委员会组织法》的规定，乡镇政府与农村自治组织是"指导—协调"的关系，而实际上是"领导—服从"关系。

农村基层党组织在村民自治中发挥着政治领导与保障监督作用。但是由于种种原因，农村中的"两委"，即党支委和村委常常处于矛盾之中，主要表现为关系不明、职责不清。

当下农村权力结构出现了如下特征：在村党支部仍为权力核心的同时，村委会成了村落的权力组织之一；村干部群体"富人"化；非党员干部比例上升；企业管理层的地位和作用越来越突出；族长、宗教神职人物、没有职衔的富翁等非正式领军人物开始分割村落的一部分权力。这些特征表明，农村权力结构的复杂化与多元化趋势日益严重，村干部开始由本区域内一些有经济实力的人担任，经济能人在村内事务中的影响力越来越大。如果对多元化的权力方不加协调和疏导，必然会导致各种权力的矛盾冲突，造成权力组织运行效率的降低。

2. 乡村旅游对于农村社区权力结构的调整

乡村旅游对于农村社区权力结构的调整主要的动力来源是建立了各种形式的乡村旅游协会或组织，无论是政府引导成立还是村民自发成立的，作为代表村民利益的组织，都对现有的权力结构产生了影响。

村民委员会是村民自治组织，受乡政府领导和监督，对村民负责。由于乡政府对于村具体事务不甚了解，村级事务的处理主要依赖于村民的自治组织，村民与党和政府的沟通和协调主要是靠村民委员会等自治组织。然而由于体制和传统思想的影响，党和政府的力量常常过于巨大，村民委员会疲于执行行政命令而不能充分发挥应有的作用，因此村级事务常处于无序状态，指导和管理协调等职能没有得到体现。而且，党和政府影响到了村民委员会的人事任免，村委会成了党和政府在农村的代理人，村民代理人的角色发生了变化，村民利益没有直接的代言人。

乡村旅游协会等行业组织的成立，增强了村民自治组织的力量，提高了村民与政府等上级组织的协调能力，相对于村民委员会更能有针对性和高效率地开展工作。这对于维护村民利益，真正实现村民自治起到重要作用。在一些村委会偏离村民，不能代表村民利益的地方，行业协会增加了村民维护自身权利的渠道，对基层政府和一些变质的基层组织的腐败行为有一定的限制作用。这一点在村民自发形成行业组织的地方更加明显。而在由政府、村委会引导形成乡村旅游协会等行业协会的地方，乡村旅游的开展也能起到强化村民自治的作用。一些乡村村民委员会和旅游协会实际上是"两块牌子、一班人马"，虽然带头人没有变化，但是起到的作用却发生了变化。由于将经济职能放到了村委会职能的重要位置，村委会和旅游协会更加重视发展当地经济，而在经济优先的政策指导下，地方经济得到发展，村民收入得到提高，村民与村委会、政府的关系都能得到改善。另外，由于经济挂帅，村民中有经济头脑的经济精英地位不断提高，开始进入村委会，他们的带头作用将对地方经济起到推动作用。旅游协会等行业组织的成立，建立了村民参与公共事务和集体事务的现实渠道，增加了村民参与的机会，增强了村民的民主意识，对传统乡绅和宗族势力的负面影响起到了削弱和抵制作用。

第四章

贵州乡村旅游的不同模式

本书选择了贵州乡村旅游的三个典型案例进行深入剖析。三个案例都属于乡村目的地类型，代表了三种不同的区位条件和三种发展模式。三个案例都是被广为宣传，相对为大家熟知的旅游点。笔者对案例点长期跟踪调查，在探究规律的同时，也试图纠正一些以讹传讹的说法。

一　郎德上寨——从经典到古典

（一）村寨概况

1. 自然环境和村寨格局

郎德上寨是贵州省黔东南苗族侗族自治州雷山县郎德镇管辖下的一个自然村寨，坐落在苗岭主峰雷公山脚下的巴拉河畔，地处州府凯里市和雷山县城之间，距凯里 27 公里，距雷山县城丹江镇 16 公里。寨子坐南朝北、背山面水而建，背靠报吉山，东依养干山，西凭干容炸当山，寨前清澈见底、呈 S 状的望丰河将北边的干育山隔在了寨子对面，河谷两旁是宽宽窄窄的水田。望丰河上建有造型各异的汀步桥、独木桥、马凳桥、风雨桥。建于村口的风雨桥被命名为"杨大六桥"，2005 年竣工，桥身为钢筋混凝土结构，桥上建筑为木结构。小河两岸还建有众多水车、水碾、水渠、水笕（引水的竹管）等生产、生活设施。寨子处于群山环抱之中，农田相伴相依，僻静优美，宛如世外桃源。

寨内依山就势择地建房，鳞次栉比的吊脚楼从山脚排列到山腰，其中有多栋建于清朝。吊脚楼为典型的苗族民居建筑，木结构穿斗式，在二楼明间外廊上安装"美人靠"。同为吊脚楼，又因地势不同而建成不同的体量和形制，如有三开间、三开间带耳房、三开间带一迭落、三开间带两迭落、四开间、五开间带耳房等形制。寨子里的小路极有特点，路面用鹅卵石铺就，且都嵌成"人"字形，当地人称为"鱼骨头"，体现了苗族人对鲤鱼的崇拜。郎德上寨在几百年发展过程中，虽然不断修建新房子，但始终完好地保存了传统苗寨风貌。

寨中有前、中、后三个寨门，两个铜鼓坪和两个防火塘。老铜鼓坪位于寨中央，以鹅卵石铺墁，坪面中心呈圆形，半径 7 米多，始建于明代，后历经修补。1986 年在寨子中偏东处又新修了一个铜鼓坪，也以鹅卵石铺墁，仿古代铜鼓鼓面，嵌成十二道太阳光芒和飞奔的骏马，半径 11 米。两个铜鼓坪是村民集体活动的场所，老铜鼓坪虽然面积小，但过苗年、吃鼓藏等大型节日必须先在此举行"开踩"仪式才可移至新铜鼓坪继续活动。民居建筑材料基本为木制，容易着火，所以从建寨之初就修有防火塘，塘内一年四季蓄满清水。村民在塘的四周修建吊脚楼式粮仓。另外在寨子前的望丰河畔还有专门的斗牛场和游方场。

2. 历史沿革

郎德上寨建寨的年代没有确切记录，但根据村民至今仍在沿用的父子连名制来推断，寨子建于元末明初。相传郎德先民为便于躲避官兵和坏人，把寨子建在现在寨后的山梁上，后随着人口的增多，社会治安状况的好转，才由山上搬到了山麓居住。到清咸丰年间，已发展成为有 70 多户 200 多人的寨子。咸丰五年（1855 年），郎德人杨大六（原名陈腊略）参加了张秀眉领导的苗族抗清起义，并被推为"平杨王"。杨大六在其家乡郎德上寨修筑了战壕、围墙、隘门、马道、军火库等军事设施，现在遗迹尚存。1872 年起义失败，杨大六被俘牺牲，清军血洗郎德上寨，全村仅 15 人幸免于难，勉强组成四个家庭，后从凯里迁来吴姓苗民，与原来的陈姓苗民以兄弟相称，互不婚配。经过一百多年的发展，郎德上寨又焕发出勃勃生机，成为贵州著名苗寨。

郎德上寨由于保存完好的古建筑风貌和浓郁的民族风情，1986 年被贵州省文化厅列为民族村寨重点保护对象，1987 年又被命名为"上郎德民族村寨博物馆"，1995 年被文化部授予"中国民间艺术之乡"，1998 年被国家文物局列入"全国百座特色博物馆"，2001 年被国务院列为全国重点文物保护单位。这些荣誉和称号使郎德上寨作为苗族村寨在国内外赢得了越来越大的知名度。

3. 经济社会

雷山是苗族聚居地，国家级贫困县，郎德上寨所在的郎德镇总人口 9791 人，其中苗族 9766 人，另有侗族 13 人，水族 4 人，布依族 8 人。

郎德位于雷山县西北部，为高原山地地貌，道路交通不便，信息传递不灵，基础设施落后。由于海拔高，气候条件差，耕地少，发展农业先天条件不好，种养殖业投入大，收益小，基本是自产自销，商品率不高；经济作物播种面积小，质量不高，收益不好；受自然资源和地理位置所限，长期以来第三产业贫弱，工矿业基本空白。

由于受经济、地理、人文、传统等因素的影响，农民受教育的程度低。据调查，郎德镇 18—45 周岁劳动力中，高中仅占 11.26%，小学及以下占 34.5%。由于文化层次低，种植养殖的生产经营方式陈旧，接受新知识的能力相对较弱，劳动力转移输出困难。以上原因造成了"自然条件差—农民收入低—改变自然条件难—农民收入低"的恶性循环。

在全镇总人口 9791 人中，现有绝对贫困人口 1140 人，低收入贫困人口 3477 人。2006 年，全镇国民生产总值 1813 万元，农业总产值 1400 多万元，财政收入 9.8 万元，粮食总产量 3707.8 吨，人均粮食产量 387.8 斤，人均纯收入 1156 元，2007 年上升到 1732 元。可见，郎德是一个以农业为支撑的贫困乡镇。

郎德上寨总面积 5870 亩，目前共 132 户 547 人，耕地面积 289 亩，人均耕地面积 0.53 亩。其地理位置在郎德镇中较优，离镇政府所在地下郎德一公里左右，并有油路相通（但没有公共交通）。由于有旅游业支撑，郎德上寨的经济社会发展水平明显高于其他村寨：家家户户通自来水，有的家庭用上了液化气；村子卫生状况较好，村民不良的生活习惯、卫生习惯有了很大改变；外出打工者减少，家庭生活稳定；重视教育，孩子基本能接受九年义务教育，无辍学现象；村民较富裕，2007 年全寨人均纯收入 2756 元，比全镇人均纯收入高出 1000 多元。但现在全村并未完全脱贫，仍有 43 户贫困户，贫困人口 149 人。[①]

4. 民族文化

郎德上寨全为苗族人家，只有几个从外村嫁入的媳妇为别的民族，但已自觉"苗化"，会说苗语、唱苗歌、跳苗舞，融入了苗族文化的大海之中。

苗族文化在郎德上寨是绝对的强势文化，由于地处苗疆腹地，交通不便，对外交往困难，几百年来上郎德在语言、服饰、建筑、饮食、礼仪习俗等方面都固守着传统。

语言：郎德上寨无论男女老少都会说苗语，村民日常交往，村里开会都使用苗语，只有和外人打交道时才说汉语。

服饰：郎德苗族属苗族服饰中最艳丽华美的长裙苗，款式多样，制作技艺较高。女装可以粗略分为盛装和便装。年轻妇女的盛装，上装有贯首服、圆领服、无领服、高领服、低领服，或左衽或右衽，衣襟、袖子缀绣片，常常镶有银片、银泡、银铃；下装为长及脚踝的带裙或羽毛裙，带裙上一条条的带子以及上衣的绣片，为苗家妇女采用多种针法绣出，色彩绚丽，花纹图案丰富，且蕴涵各种象征意义。头戴银角、银冠或银花，颈挂银项圈、银链、银锁。老年妇女不戴银

---

① 部分数据来自共青团郎德镇委员会《郎德镇反贫困工作调研报告》，郎德镇政府调研报告，2008 年。

饰，也不穿带裙和羽毛裙，戴头巾，上装和下装常有绣片点缀，比青
年妇女的盛装朴素得多。便装为高领或低领上衣，袖子、胸口、肩膀
有刺绣图案，下装为裤子。着便装时不戴银饰，头发在头顶上挽成
髻，插花装饰。男装简单得多，为蓝色长袍，也可拴腰带，缠头巾，
传统的银项圈现在很少有人佩戴。妇女平时穿汉装或便装，节日穿盛
装；女孩子常穿便装上学；青壮年男人穿汉装。村民通常是在演出时
换上民族服装，因为常有演出，所以穿民族服装的时间很多。

　　饮食：逢年过节或接待客人，喜欢打糍粑，用鸡肉和大米或糯米
熬成的"鸡稀饭"是待客佳肴。最受外人称道的特色菜是"酸汤
鱼"，正宗的"酸汤鱼"要用稻田放养的鲤鱼。喜饮甜米酒，一年四
季家家户户都有甜酒，热天兑上新鲜泉水喝，冷天煮开喝。

　　礼俗：郎德上寨最有特色、最隆重的礼仪当推十二道拦路酒。遇
有贵客进寨，村民身着盛装在崎岖的田间小路上设置十二道拦路酒，
最后一道设于寨门口，敬酒的常为妇女。男人们则以莽筒、芦笙列队
迎接，场面非常隆重。此外，吃鼓藏、过苗年、婚恋等各种礼俗在郎
德也较好地保存了下来。

　　歌舞：苗族同胞有以歌舞、音乐来表达情绪述说情感的传统，孩
子从学走路就开始学跳舞，学说话就开始学唱歌，在歌舞的浸染中长
大。郎德传统的舞蹈主要有木鼓舞、铜鼓舞、芦笙舞、锦鸡舞等。[①]

（二）旅游发展历程

1. 发展历程

　　1986 年，郎德上寨被贵州省文化厅列为民族村寨重点保护对象
后，在文化厅资助下，开始整治寨容寨貌，修建新铜鼓坪，组织歌舞
表演和十二道拦路酒仪式，1987 年，以民族村寨博物馆的名义开门迎
客。之后政府各部门又陆续投入资金，重建了杨大六故居，修建了民
俗陈列室、风雨桥、旅游办公楼和接待楼，并改善了进村公路（1970

---

① 吴正光：《郎德上寨的苗文化》，贵州人民出版社 2004 年版。

年代通路，2003 年铺油）。同时陆续有居住条件好的村民在家里开展餐饮接待和住宿接待，还有村民向游客销售小工艺品。

2003 年，贵州省将"巴拉河乡村旅游国际示范项目"列为全省九个示范项目之一，并且获得了新西兰政府提供的旅游援助。项目区以凯里市三棵树镇的怀恩堡村为起点，沿巴拉河向南逆流而上 20 公里，直至雷山县境内，包括沿河两岸的南花、郎德、季刀、怀恩堡、猫猫河、南猛、脚猛七个村寨，这一区域定位为"世界苗族文化遗产保留地"。在项目的资助和推动下，从上郎德至下郎德沿望丰河畔修建了生态步道，重要景观设置了牌示。贵州省有关部门和雷山县政府也投入大量资金用于苗族文物的收集整理、民俗传承、民居改造，进行了"厨改"、"水改"、"厕改"和"电改"，改柴灶为沼气灶，改旱厕为水冲式厕所，接通了自来水，提高了供电负荷，安装了消防设施。为提高村民素质和接待水平，县团委、县旅游局等部门还组织有关人员上门免费对村民进行了歌舞、烹饪、导游等内容的培训。郎德上寨发展乡村旅游的硬件和软件都上了一个台阶。

在郎德上寨旅游发展的 20 年时间里，各级政府和部门利用各种渠道和途径进行对外宣传和促销，逐渐树立了郎德上寨"风情浓郁、文化独特、底蕴深厚、古色古香"的形象和旅游品牌，旅游市场快速扩大，旅游人数和旅游收入迅猛增长。详见下表：

郎德旅游接待统计表

年份	接待游客数量（人次）			收 入（元）			
	国内	国外	合计	表演收入	工艺品销售	餐饮住宿	总收入
1986	1070	113	1183	7095			7095
1987	1223	263	1486	8835			8835
1988	1694	438	2132	12788			12788
1989	1784	486	2270	13620			13620
1990	1750	441	2191	13148			13148

年份	接待游客数量（人次）			收　入（元）			
	国内	国外	合计	表演收入	工艺品销售	餐饮住宿	总收入
1991	1949	411	2360	18880			18880
1992	4211	828	5039	40310			40310
1993	2390	546	2936	26426			26426
1994	4808	783	5591	44720			44720
1995	6025	698	6723	58780	3361	2713	64854
1996	5074	803	5877	86295	2734	2430	91459
1997	6045	1146	7191	87045	3588	3013	93646
1998	6773	705	7478	89730	3738	3181	96649
1999	6461	1054	7515	90180	3750	3394	97324
2000	6988	1185	8173	98070	4000	3638	105708
2001	4448	1138	5586	83775	2793	3150	89718
2002	6825	2171	8996	102375	3413	3643	109431
2003	12003	2015	14018	210263	7000	8374	225637
2004	15753	2265	18018	307710	22009	25531	355250
2005	29791	2353	32145	489957	22568	33635	546160
2006	54187	4087	58274	793977	319900	152700	1266577
2007	61767	4316	66083	1084600	328700	183400	1596700

　　统计结果显示，20多年来，旅游收入持续快速增长，在农业生产活动照常进行的同时，以旅游业为龙头的第三产业已悄然兴起，成为郎德上寨增长最快、增收最明显的产业。[①]

---

　　① 数据来源于陈昌智《郎德上寨旅游发展现状分析》，郎德镇政府调研报告，2008年。

2. 旅游活动内容

郎德上寨的旅游活动主要有参观村容寨貌、杨大六故居、郎德上寨民俗陈列室；沿河边的生态步道欣赏自然风光和田园风光（这个内容只有少量散客参与）；购买工艺品（表演结束时村民开始销售工艺品）；品尝特色餐饮，如有尊贵客人或应旅行社要求，接待户主妇会在席间向客人敬酒，并唱起高亢的苗族飞歌；体验十二道拦路酒仪式；观看歌舞表演。

体验拦路酒仪式和观看歌舞表演是重头戏，一般是一个旅游团队安排一次拦路酒仪式和一场歌舞表演，散客购买门票（价格为 25 元/人）后进入寨子，如果碰上旅游团队就和团队一起看表演，如果没有团队，散客人数达到 10 人以上，旅游接待办公室也会安排表演。旅游团队不需购买门票，而是根据人数交纳观看表演的费用。现在根据人数的多少对团队的收费标准分别为每场 500 元、700 元和 1200 元。团队一般要提前预约，最迟要在到达寨子前一小时约好。团队到达寨子时如果前一场演出还未结束，需在寨门外等候。从拦路酒仪式到演出结束大概需用一个半小时。

郎德上寨的餐饮接待没有菜谱，接待户根据家里储备的原料和顾客的需要确定每人 25 元、20 元、15 元、10 元的用餐标准，如果需要特色饮食需提前预订。住宿不管是单人间还是双人间、多人间，一般都是每人每晚 10 元，并可任意挑选房间，但根据当地风俗，男女不能同住一个房间，即使夫妻也不行。

客源市场特点：第一，旅游团队比例高、国外游客有相当数量；第二，停留时间短、消费水平低；第三，淡旺季明显，3 月至 11 月底为旺季，其余三个月为淡季。

3. 经营项目

村集体经营的项目有：歌舞表演（含拦路酒仪式）、门票和村食堂，三项收入的比例为 70%、20% 和 10% 左右。旅游旺季每天都有演出，少则五六场，多则十来场。2003 年，根据"巴拉河乡村旅游国际示范项目"规划修建的乡村旅馆由村集体经营，由于过夜游客少，现在已没有住宿接待，只有餐饮，当地人称为"食堂"，有两位专职厨师。

村民个人经营的项目有：餐饮住宿、工艺品销售，收入全部归个人。本村农户只要经营场所卫生达到要求都可以成为经营户，目前全村注册的接待户有 10 余家，但实际经营的有 20 多家，业务范围包括提供早中晚餐和住宿，每户月收入 1000—1500 元不等。工艺品多为外来产品，工艺粗糙，缺乏特色，加之游客停留时间短，销售情况不好。

（三）旅游管理体制

1. 管理体制

村委会领导下的旅游接待办公室是村民参与旅游的自治机构，负责全村集体旅游项目的经营管理，目前由 21 个成员组成，由村民推举产生，并实行轮流制。担任党支书、村主任、会计等职务的村民能力强，不仅被推举为办公室成员而且成为核心人物，因此村委会和办公室在工作中能协调一致。同时老党员、寨老在涉及村民切身利益的重大问题上也能发挥较大影响。

旅游办公室制定了严格的管理制度，成员分工明确，各司其责。主要工作有：与旅行社或被接待方接洽，确定演出价格；接待时酒具、案几等用具的准备；通知和组织群众；工分牌发放和收回；工分登记、计算和分红；表演队排练；村寨卫生管理。

歌舞表演是郎德上寨的核心吸引物，也是集体创收最多的项目，所以表演队的工作至关重要也最难做。参加表演队没有门槛，对自己的才貌有信心的村民都可以参加，也可以随时退出。一般来说，容貌、舞姿不好的人不会参加表演队，即使参加，不久也会自动退出。队长是表演队的核心人物，负责节目的编排和日常排练，协调演员的演出场次，同时也是演出时的导演。

按规定，本寨小学四年级以上的在读学生及成年村民均可参加旅游接待并获得相应的报酬，因此在此范围内的村民都可以参加最后一个节目《民族大团圆》舞蹈的演出，所以歌舞表演不只是表演队的任务也是全村人的事，每场表演参与的村民，包括进场演出和聚集在铜鼓坪周围的，一般都达到全村村民的 80% 左右。

歌舞表演的组织接待程序如下：接受预约→广播通知全村（学生在课堂上由老师通知）→有演出任务的表演队演员半小时之内必须到位→第一次分发工分卡→开始表演→表演间隙第二次分发工分卡→表演结束最后一次分发工分卡→以户为单位对工分进行核算（每户有一个专门记录工分的本子）。一场一算，为应付多场演出连续进行，村委会同时准备了七八套工分卡。

村寨卫生采用村民和村集体分工负责制，各家各户实行门前"三包"，公共区域由村里专门的保洁员负责，保洁员领取工分。

村委会和旅游办公室对村民销售工艺品也进行了初步规范，主要有：给各户安排销售地点；规定只能在演出结束后销售；不能销售假冒伪劣商品；不能围堵游客，强买强卖。

召开村民大会是村民了解旅游的经营、分配、资金使用等情况的主要途径。村党支部和村委会对涉及村民切身利益的事务，要召开村民大会征求意见后才做决定，每年年底还要召开旅游总结大会。

2. 分配方式

村集体经营旅游项目收入的 25% 留归村集体，用于村里的公共事业，75% 用于个人分配。所有人都按"工分制"进行分配。

"工分制"由村委会和旅游接待办公室共同拟定一个总框架，然后通过村民代表大会确定下来。"工分制"的演进经历了三个阶段：第一阶段从 1987 年开始，当时为准确记录并支付表演者的酬劳，采取的方式是专人在表演开始和进行中登记表演者的姓名并记工分。但这种方法易产生的弊端是部分表演者得知自己的名字被登记后就中途离场，影响演出质量。第二阶段，针对上述弊端，从 20 世纪 90 年代开始改为演出结束后发放记录演出项目的条子，月底凭条子领取酬劳，但时常出现条子弄丢的情况，导致参加演出的人无法领取报酬，影响积极性。第三阶段，2007 年又出台了新的工分卡发放办法，为防演出者私自离场，工分卡在演出前、演出中、演出后由各村民组负责人分三次发放，演出结束后，各组负责人将工分卡收回，核对后把工分记录到各户的工分本上，之后交给会计汇总。会计要算出各户当月总工分，再算出当月全村总工分和当月可分配的金额总数，之后确定当月每个工分折合的现金数，最后算出各户所得金额。月底各户持工分本领取酬劳。

不同职位和不同工作的工分标准为：表演队队长22分，旅游接待办公室成员18分，厨师20分。会计由于计算量很大，除享受工分收入外，计算每本账还有3元的额外报酬。表演队男演员22分，女演员20分。群众演员根据穿着的服装给予不同的工分：银衣15分，盛装11分，长衣10分。为鼓励村民积极参与旅游接待，也是为了照顾因各种原因无法通过其他途径参与旅游活动的村民能从旅游业中获得经济收益，营造文化氛围和隆重场面，只要穿上民族服装站在铜鼓坪周围的都可以得到工分。打扫表演场地、为拦路酒仪式做准备也可以获得工分。[①]

（四）旅游扶贫成效

1. 经济较快增长

如前所述，雷山县是国家级贫困县，郎德镇的贫困人口和低收入人口仍占相当比例，扶贫是当地政府的重要工作。郎德上寨目前是郎德镇最富裕、贫困人口最少的村寨，其原因就是因为这里有旅游业的支撑，旅游扶贫成效显著。具体表现在：

第一，产业结构发生变化。下表显示，郎德上寨旅游总收入占全村经济总收入的比重从1986年到1989年缓慢上升，1989年到1992年上升速度加快，1992年到2001年上升速度减缓，并有波动，之后涨幅迅速提高（2003年"巴拉河流域乡村旅游示范项目"的启动是重要原因），说明郎德上寨旅游业的兴起使其产业结构发生了改变，旅游收入对总收入产生了越来越重要的影响。原来靠单一的种植业支

---

① 部分数据来源于罗永常《乡村旅游社区参与研究》，《贵州师范大学学报（自然科学版）》2005年第4期。

撑其发展的传统模式逐渐转变到以餐饮住宿接待、旅游表演和以养猪、鸡、鱼为主的养殖业等多种经营活动相结合的新的经济发展方式，以旅游业为龙头的第三产业收入成为农民增收的主要渠道，农村经济有了新的增长点，产业结构得到了调整优化。

郎德上寨经济收入结构变化表

年份	旅游收入占全村总收入比重（%）	人均旅游收入占人均纯收入比重（%）
1986	5.2	3.2
1989	6.6	4.5
1992	15.9	6.9
1995	19.5	12
1998	18.3	11.4
2001	15.2	9.4
2004	39.2	24.4
2007	56.5	48.9

第二，经济增长质量提高。上表人均旅游收入占人均纯收入比重的提高说明，郎德上寨通过旅游获得的收入对人均纯收入的贡献率大于进行其他生产活动的贡献率，并且随着旅游总收入的增加而不断提高。

2. 加速农村劳动力转移

旅游业的发展改变了郎德上寨劳动力的投向。"工分制"的实行使村民参与旅游的热情高涨，现在以不同方式参与旅游接待的人员达470余人，与1986年相比增加了200多人。假设一年全寨总劳动工时为Q，则 Q = 全寨劳动力数（L）×每日单位劳动力工作时间（T）×365天。按 T = 9.5 小时计算，Q = 392 人 × 9.5 小时/人·日 × 365 日 = 1359260 小时。据估算，一年用于从事旅游业的工时达 643860 小时以上，占全年总工时的 47.31%。说明劳动力就地转移效果明显，劳动力已经从单纯的农业转向了旅游，农民"离土"时间增长。

旅游业的发展也减少了外出打工者的数量。目前长年外出打工的村民有五六十人，据当地政府比较其他村寨的情况估计，如果没有旅游业，外出打工者将接近村民的半数，达到两百多人。外出打工者的减少意味着留守儿童的减少，这对于维护家庭稳定、保障儿童健康成长的环境所起的作用无疑是巨大的。

3. 基础设施不断完善

旅游业的发展壮大了村级集体经济，使得郎德上寨的生产生活条件和旅游经营环境、基础设施不断得到完善。在省、州、县政府部门的关怀下，寨子先后完成了村旅游办公接待楼及旅游餐厅综合服务楼、杨大六风雨桥、寨内步道改造、通村公路油化、游道沿线厕改、"三线"地埋、寨内消防系统等项目建设，基础设施明显改善，既方便了群众的生产生活，也为旅游业的发展提供了良好的条件，初步形成了基础设施建设—旅游业发展—经济实力壮大—基础设施完善的良性循环。

4. 促进村民思想意识进步

在从发展旅游业得到经济实惠的同时，村民的意识也在逐步更新，接受新事物的能力逐渐增强，特别是与外地游客的频繁接触，加速了村民思想的转化，一些新的观念和行为习惯融入了传统文化和观念当中，形成了具有时代特色又有传统文化底蕴的新的文化共识，科教育人、计划生育、商品经济、生态意识、文物保护等思想深入人心。村民逐渐摒弃陋习，封建迷信活动不再频繁，人们开始改厨、改厕、改圈，购置电器、摩托车、汽车，呈现一片文明、富裕与祥和的景象，享受到了来自城市的现代文明。

5. 为保护民族文化创造有利条件

旅游业壮大了郎德上寨的集体经济，增加了村级公共财政的积累，为文化资源的整理和进一步发掘、弘扬、保护以及文化设施的建设提供了经济上的可能和支持。而且在亲身参与旅游经营和服务的实践活动中，村民认识到鲜明的文化特色和秀美的山川同样都是宝贵的财富，尽管这种认识还很难说有多深入，但已经迈出了由被动保护到主动保护的第一步。

随着旅游业的兴起，文化的经济价值日益显现，使得有些面临失传的手工技艺、民间舞蹈和音乐等得到了重新认识和重视。村民为了发展旅游经济，不遗余力地挖掘传统文化，尽管这些行为的直接目的是经济利益，但是客观上也起到了恢复和传承文化的作用。随着乡村旅游的进一步发展，村民思想认识的进一步提升，将更加有利于传统文化的延续与发扬。

（五）旅游发展的局限

1. 单位时间经济效益难以提高

2007 年，虽然旅游收入占全村总收入的比重达 56.5%，但投入旅游的劳动工时也已达到 47.31%，说明较大的旅游收入贡献来源于较多的劳动时间投入，单位时间的经济效益仍然较低，减轻的只是劳动强度而不是劳动时间。因为郎德旅游的创收点主要是拦路酒仪式和歌舞表演，这种服务类产品不能复制也不能储存，而场地的限制和旅游活动的特点又不能使一次仪式和一场演出同时面对大量游客，因此接待规模极为有限。现在一天接待 12 批游客已经达到了接待能力的极限，在数量上已很难增加。产品的特点导致单位时间的经济效益难以提高。

2. 淳朴民风受到一定冲击

旅游的发展，对于当地的社会风气影响较大，特别是经济欠发达的农村，对于旅游者生活方式和价值观念带来的不利影响，抵御和净化能力较弱。由于经济利益的驱动，淳朴的村民学会了"宰客"，手段五花八门，甚至是强买强卖、坑蒙拐骗，引起游客的强烈不满；村民之间因游客买谁的东西和到谁家吃饭而引起的经济利益纠纷时有发生，原本淳朴的邻里关系也因此遭到破坏。

3. 保护与发展矛盾没有解决

一是文化保护与旅游发展的矛盾。从理论上说，文化保护与旅游发展是相辅相成的，但在实际工作中，旅游开发在为文化保护提供物质保障的同时也给文化保护带来一定的压力，"在保护中发展，在发展中保护"的原则容易确定，实施难度却很大，特别是在民族地区，乡村文化旅游发展到一定程度之后，这种压力会越来越大。最大的压力来自文化的不正常商品化，出于开发的需要，不得不将民俗节庆活动舞台化，这种人为的商业性加工，并大批量地生产，造成了乡村文化的失真和扭曲，使其失去原真性，其文化价值也就大打折扣，不仅使游客无法真正认识和理解乡村文化，而且长此以往，文化的拥有者对自我文化的认知也将越来越背离文化的本来意义。如一个演员每天表演少则四五场，多则十来场，长年累月的重复，舞蹈实际上成了一种机械的惯性动作，其内涵大概所剩无几了，尤其是在身体疲惫的时候。

二是文化保护与村民自身发展的矛盾。郎德上寨是全国重点文物保护单位，同时也是一个 500 多人居住的自然村寨，从文物保护的角度不能改变村寨原貌，不能改建、扩建原有建筑，但日益增多的人口使村寨土地和房屋越来越紧张，现在寨子的建筑已非常拥挤，很难找到空地建新房以满足需要。文化保护与村民改善居住条件、美化家园、提高生活质量的合理要求之间存在的矛盾没有得到解决。

4. 缺乏明确发展思路和长远眼光

由于郎德地处封闭落后的西部，村民接受信息和新生事物的能力不强，整体受教育程度比较低，文化素质不高，因而村民视野相对狭窄；同时也由于各级政府的长期扶持，造成了村民比较严重的依赖思想，如对于与旅游业关系密切的公共设施，村民没有任何出钱出力的热情，认为这应该是政府的事情。因此 20 多年的旅游业基本属于被动的自然发展，主要是外界市场拉动而不是主动进取。

村集体在产品策划与更新、市场开拓、人才培养等方面缺乏明确发展思路。从村干部到普通村民尽管对提高服务质量、提升产品层次的意识很强烈，但在具体做法上又很迷茫，缺少长远发展的眼光。村民也缺少主人翁意识，自由散漫，管理困难。

5. 正确认识旅游业的作用

如前所述，在矿产资源缺乏、农业条件差、远离都市、没有工业基础的郎德，保存完好并以村落格局、民居、服饰、语言、歌舞、礼仪风俗、节庆活动、生产劳动等方式表现出来的苗族传统文化是其优势资源。郎德上寨所取得的成就充分说明，利用这一资源开展乡村旅游，是促进农民增收、优化产业结构、改善农村生活环境行之有效的方法。但是，对发展乡村旅游所起的作用必须要有清醒的认识，应该认识到不同类型的乡村旅游创收方式、增长方式不一样，其生产力总量不一样，因而对于推动当地经济发展的作用也不一样。特别是像郎德上寨这样以文化资源为主要依托的乡村旅游，根据其资源特点设计开发的迎宾仪式、歌舞表演等主要产品形式必须要通过与游客面对面的重复劳动才能创造经济价值，因而生产力总量是有限的。

郎德上寨乡村旅游的核心吸引力在于对当地传统文化的体验，而这种文化又是以农耕文明为基础的。保持原来的生产生活方式、社会形态，传统文化才有生存的土壤，旅游才能可持续发展。一个抛弃农耕生活，全民皆商的郎德最终也将被旅游者抛弃。而且目前郎德的旅游生产活动与传统农耕生产活动没有形成矛盾，大多数村民从事旅游业的时间并没有过多挤压农业生产的时间。没有旅游团队的时候，村民该下地的下地，该喂猪的喂猪，需要接待时，半个小时左右就能变换角色，旅游生产活动和传统农耕生产劳动基本互不干扰。今后的产品策划与更新也应该围绕传统文化进行，休闲度假不应该是郎德上寨乡村旅游今后的主要发展方向。

认识郎德发展旅游业作用有限性的意义在于，要把旅游业的发展放在一个合适的位置上。郎德上寨以前是、现在是，今后也应该是一个以农耕为主的传统苗寨，种植业、养殖业仍然是其重要的产业，不能因发展旅游业而放弃传统的农副业，应该保持农耕生产方式，保持村民农民、旅游业从业者的两栖身份，这也是郎德旅游可持续发展的重要保证。

（六）发展模式分析

1. 郎德旅游发展的特点

政府起主导作用。这一点与后面将说到的镇山颇为相似。由于都是缘起于政府的文化项目，因此旅游发展过程中政府在基础设施建设、文物维护、宣传促销、财税扶持等方面起主导作用。但是各级政府对郎德旅游的支持力度都超过了镇山，如基础设施，不仅获得各级政府、各种款项的支持，还获得国际援助；再如税收，政府发展旅游的目的很明确，就是为了富民，所以对歌舞表演和餐饮经营户基本不征税，默许经营户给游客开收据而不开发票的做法。

自主管理、自主经营。村集体和以家庭为单位的个体是郎德的经营主体，没有任何外来经营者和外来经营资金，而且村民对外来经营者和外来商业投资普遍持排斥态度。村委会和旅游接待办公室在村集体的经营管理、村集体旅游收入分配、工艺品销售规范（因为已经影响到游客正常观看演出）、村寨公共场所的卫生维护等方面起着关键作用。

旅游产品文化特色突出，居民广泛参与。郎德上寨是贵州东线黔东南苗侗风情民俗体验游的重要景点，在"巴拉河乡村旅游国际示范项目"七个苗族旅游村寨中发展最早，名气最大，其苗族文化特色突出，同时极具参与性、观赏性的拦路酒仪式和歌舞表演作为村寨旅游的核心吸引物在贵州属首创。由于提倡、鼓励全民参与，因此在举行仪式和表演过程中呈现出的热烈、隆重场面也成为郎德乡村旅游的显著特点。同为"巴拉河乡村旅游国际示范项目"，旅游发展也较快较好，产品与郎德具有较大相似性的南花村，村民参与程度远远不如郎德。

2. "郎德模式"的创造

郎德旅游发展形成了以村寨为旅游产品载体，以民族歌舞为核心吸引物，村集体组织，全民参与，"工分制"分配的"郎德模式"。

村委会和旅游接待办公室组织下的"工分制"是"郎德模式"的

核心，它既是一种分配方式，也是一种准产业组织模式和经济形式，形成于无意识中，在全国具有独特性。

在郎德，"工分制"至少在以下方面体现出优越性：

第一，有利于旅游可持续发展。郎德上寨是典型的苗族聚居村寨，具有较强的自治性，寨老在公共事务的决策上有一定权威，宗族意识和平均主义意识强，这正是苗族文化生存的土壤和根基。"工分制"和郎德这种社会结构形态非常吻合，不仅可以有效协调村寨中各种关系，维护社会的稳定与和谐，而且可以有效保护文化赖以生存的土壤。同时其本身所体现出的较原始的合作劳动方式，从意识层面也正好反映郎德上寨的原始和淳朴，构成郎德的一个吸引要素。如果改变"工分制"，将会引起经济形态的改变，进而改变社会结构，由此引起文化面貌的改变，而文化面貌一旦改变，郎德乡村旅游的根基也将不复存在。郎德要实现旅游可持续发展，就必须既要有效组织旅游运作，又要维护其文化传统，"工分制"恰好能进行产业运行和传承文化，是一种可持续发展的准产业组织模式和旅游经济运行形式。

第二，有利于旅游活动的有效组织。郎德上寨的核心吸引力是浓郁的苗族文化氛围，核心旅游产品是进寨拦路酒仪式和铜鼓坪歌舞表演。氛围的营造、活动的开展需要几乎全村人的共同参与才能完成，"工分制"体现出的只要参与就有报酬的分配特点，不仅激发了村民的参与热情，而且也保证了村民参与的稳定性。

第三，有利于弱势群体参与旅游利益分配。一方面，郎德特有的旅游文化资源属于所有的郎德人，而不仅属于歌舞表演的组织者、编排者、演出者，因此每个郎德人都有从发展旅游业获取利益分配的权利。另一方面，旅游活动的开展，旅游者的到来，打乱了村民的正常农耕生活，给村寨带来了嘈杂和污染，因此每一个村民都有获得补偿的权利。

本着"所有人都为村寨的建设和保护出过力，应该家家都受益"的原则制定出来的"工分制"，保证了所有村民能享有这一权利。作为本寨村民，不需要任何技能，也不需付出任何体力劳动，只要穿上民族服装围聚在铜鼓坪周围就能得到工分，这一规定使得弱势群体也有机会参与旅游利益的分配，体现了公平性。

郎德上寨的拦路酒迎宾仪式和歌舞表演有效地组织了20多年，并且参与人数越来越多，场面越来越隆重热烈，大有长盛不衰之势，这不能不说是得益于"工分制"的有效实施。由此可见，"工分制"是在相对封闭、传统的苗族社区开展乡村旅游较为理想的产业组织模式和分配方式。2003年之后陆续兴起的黔东南巴拉河流域村寨旅游都或多或少借鉴了"工分制"。

3. "郎德模式"的完善

判断一种产业的发展模式和经济组织形式优劣的标准不在于是否现代和是否"与国际接轨"，而在于是否符合当地经济社会状况，能否推动经济社会的良性发展，只有经济社会良性发展才符合科学发展观。"工分制"无疑是郎德发展乡村旅游较为理想的准产业组织模式和经济形式，但并不是完美的模式，有进行调整和完善的必要。

"工分制"最大的弊病在于不能充分调动有歌舞才艺的村民的积极性，具体表现在：第一，留不住人。歌舞表演是郎德主要创收点，也是"技术含量"最高的工作，从游客审美的角度，需要才貌俱佳的青壮年担任演员。尽管按"工分制"给予演员的工分是较高的，但和他们对旅游创收的贡献相比尚有较大差距，没有充分体现按劳分配的原则，"工分制"更多关注村民的参与性及非演员村民的利益，而忽略了演员的利益。由于才貌俱佳这部分村民也较容易在外面找到较好的工作，因此不少优秀的"演员"常年在外从事歌舞表演或教授歌舞，这在一定程度上影响了郎德的表演质量。第二，对演出质量无法进行管理。"工分制"是按出勤发工分，只要到岗就有工分，演好演差都一样，所以对于一些人表演时"出工不出力"，只能批评、规劝，如果无效也不能在经济上有所制裁，更不能开除。针对上述情况，应给予演员更高的工分，工分还应与演出质量挂钩。

"工分制"另一个弊病是效率不高，突出表现在烦琐的工分卡发放、登记、计算上，尤其是计算工分，占用大量人力。所以应进一步探寻出既科学又简便的新的"工分制"。

村委会要承担更多责任。目前村委会与旅游相关的所有工作基本就是如何分配旅游收入，在维护村容寨貌、村寨环境卫生等公共事务，以及建设公共设施等方面没有太多热情，对政府的依赖思想比较严重。如"陈列室"在20世纪80年代由省文化厅帮助建成后，村里一直没有维护，现在的"陈列室"房屋破旧，展品损坏，一副破败之相，与热烈的歌舞表演形成巨大反差。又如村寨整体的环境卫生也没有纳入日常管理，只是对铜鼓坪等公共区域比较重视，因此村寨整体卫生状况常常不尽如人意。对水、电等公共设施的建设及维护更被看成政府的事情。在村集体经济不断壮大的情况下，村委会应更好地履行公共职责，不能一味依靠政府，尤其在文物保护、村貌维护、卫生管理等具体事务上要与政府"断奶"，有步骤、有计划地拿出资金用于文物保护、村貌维护以及信息、牌示系统等公共服务的完善上面。

4. 郎德旅游发展展望

"郎德模式"形成后，许多与郎德具有相似社会和旅游资源条件的民族村寨都仿效办起了乡村旅游，甚至连歌舞都悄悄地学习郎德，郎德俨然成为一个乡村旅游的经典。

二十年如一日，比较丽江等地旅游业的巨大经济效益，旅游带给郎德的经济效益远未达到人们的期望值。对郎德旅游（尤其是"工分制"）的诟病日渐增多，由经典到古典，郎德被看作一个过去的榜样。我们认为，在一个资源、空间有限的旅游地，旅游生产力是有限的，郎德在无意识和不自觉中已然形成了一幅美妙的景象，每一个环节都固守着民族的本分，抗拒着现代商业社会的渗透，顽强地延续着自己的文化，保守着旅游发展的核心竞争力。将来，一些快速发展的村寨可能因为文化的变异而成为旅游"废村"，被游客抛弃而不得不放弃旅游寻找新的经济增长点的时候，古老的郎德，依然能够让人们体验和谐、天真的古典风貌。

郎德不应该是被模仿和推广的，但郎德应该是永存的。这是一个古典。

二　镇山——需要凤凰涅槃

（一）村庄概况

1. 自然环境

镇山民族文化保护村位于贵阳市花溪区石板镇境内，距石板镇1.7 公里、花溪城区 11 公里、贵阳市区 21 公里。

镇山自然景色秀美，三面环水，一面连山，形若半岛。花溪水库至此形成湖湾，水面平如明镜，波光粼粼，陡峭入云、山势雄奇的半边山倒映水中。

镇山处于花溪风景区和天河潭风景区之间，从水路顺流而东三公里，可达花溪水库大坝；往西北逆水而行两公里，可到国家 4A 级旅游景区天河潭，陆路和水路均可连通。

村寨地处亚热带季风性湿润气候区，雨水适中，日照充足，冬无严寒（很少出现零下的温度），夏无酷暑（很少有 30℃ 以上），四季无风沙，空气不干燥。最热的气候是 7 月下旬，平均气温 24℃。最冷是 1 月上旬，平均气温 4.6℃，无霜期 180 天到 190 天。

2. 历史沿革

镇山旧名半山村，因村旁的半边山而得名，土改后改为镇山村，含镇山、关口、李村三个自然村，1958 年建花溪水库，把位于水库南岸的李村划出。现在镇山包括镇山、关口两个自然村，作为文化保护村的镇山不包括关口。

镇山始建于 420 多年前。明万历二十八年朝廷"平播"，江西吉安府庐陵县协镇李仁宇奉命以军务入黔，屯兵安顺，后携家眷移至石板哨建堡屯兵，其妻因水土不服病逝，李仁宇入赘半山，与布依族班氏联姻，生二子，长子姓李，次子姓班，形成班、李同宗异姓家族，至今已传到 17 代，因此镇山村村民以布依族为主，且以班李二姓为多。镇山村始祖李仁宇将军及两个儿子的墓在李村。

具有 400 多年历史的镇山，村寨建筑独特，民族风情浓郁，为了保护和抢救镇山民族文化遗产，合理利用旅游资源，1993 年 8 月，贵州省省政府批准镇山为贵州省民族文化保护村；1994 年 11 月建立露天民俗博物馆；1995 年 7 月，列为省级文物保护单位；1998 年 10 月，镇山又被列为中挪文化合作项目的贵州生态博物馆群之一，1999 年 12 月 9 日，贵州省人民政府批准建立贵州花溪镇山布依族生态博物馆，2002 年 7 月博物馆正式挂牌成立。

博物馆由文化遗产区、博物馆资料信息中心、村民新区、传统农业耕作区四个功能区组成。文化遗产区以镇山自然村寨为载体，保存村寨的原始格局、特色民居和生活习俗，是全馆的核心区域。资料信息中心建筑面积 1650 平方米，用于收藏布依族文物，整理和研究布依族的历史文化。

3. 经济社会发展水平

镇山现有 141 户人家，其中 70% 以上为李、班门宗布依族，另有苗族 30 多户，汉族 1 户，共 600 多人口。

生产方面：镇山村是典型的农业村落，全村所有家庭都有人从事农业生产。目前全村人均耕地面积 1.5 亩，水田、旱地基本各半。村子依水而居，水源条件好，气候宜于农作物生长，加之不断引进优良品种和先进的耕作方式，因此收成自给有余。除农业外，旅游业是村民参与较多的行业。目前全村有 41 户旅游接待户，98% 的农户加入了村里的游船协会，此外村民还可以在村里的主干道旁和河边出售时鲜的农副产品或小吃。因此全村农户或多或少都能从旅游业中获得收益。由于村子农业条件较好，又有旅游业作为副业，所以村民外出打工积极性不高，外出打工人员长期以来维持在 30 人上下，而且工种都比较好，收入较高。

文化教育方面：由于经济条件较好，村民普遍有能力接受九年义务教育，没有辍学现象，也有条件上高中考大学，历年来有数十人考上大学，但毕业后无人回村工作。由于地处汉文化包围之中，又离贵阳市区不远，长期以来受到汉文化和都市文化的影响，在语言和服饰上汉化较明显，汉语基本是村民间交往时使用的唯一语言，大部分村民日常生活中已经完全放弃了对民族传统服饰的选择。但村里的布依族村民对布依文化仍有较强认同感和自豪感，愿意保持自己的民族传统，如每年的六月六歌会，村民热情很高，而且多为自发组织。村民接受新生事物的能力普遍较强，如对计划生育政策的认识，现在的年轻夫妇基本上只有一个孩子，而按政策可以生育两个子女。

卫生与治安状况：镇山有下水系统，基础设施较好，村民也具有良好的卫生习惯，村容村貌卫生整洁。旅游接待户基本都有冲水厕所。村里治安状况良好，民风淳朴，邻里之间很少发生大的矛盾冲突，近十年来也未发生严重治安案件。

4. 村落格局

镇山村是典型布依族村寨，依山势而建，呈"马蹄"形，屯墙环绕全村，从村寨布局上体现出明显的战争防御特征。以屯墙为界，分上下两寨。村里除近年新建的少数几幢房子外，所有老房子的房顶、场院、围墙、基脚都用灰白色的石板、石礅铺砌而成，是名副其实的"石板房"，并以木构架和木装修为主，古色古香。

上寨面积约 3 公顷，保存古屯堡建筑原貌，有一道基本完好、高 3 米、周长约 700 米的古屯墙，有南北两个城门，门洞均保存完好。屯墙根据村寨依山傍水的地形建造，前临陡崖为屏障，后靠大山为依托，和山体、河流共同组成一个封闭的防御体系。寨内地势比较平坦，从北门到南门有长约 120 米、宽 3 米多的干道，东西向有石台阶、巷道通至各户。民居庭院空间完整，分布错落有致，形成丰富的建筑轮廓线。古屯墙遗址与自成体系的封闭式三合或四合院相套，正是当年镇山村作为一个防御外敌、保护生产的屯堡村寨的历史见证。

下寨面积约 1.1 公顷，民居呈梯形状布局，分布在四级台地上，并向两侧延伸，是 1958 年修花溪水库从河边搬迁至此逐步发展起来的。整个下寨形成向湖面围合的凹形空间，呈"椅子"形，景观视线良好。另外，在下寨东南设有游船码头，是村寨的水路交通枢纽，承担镇山与李村的日常联系以及旅游交通。

5. 发展旅游业的条件

资源条件：镇山背靠半边山，面邻花溪水库，自然景色优美，气候宜人，是夏天避暑纳凉的胜地。同时镇山作为布依族生态博物馆，村寨的建筑和村民的生活本身形成了有形和无形的文化资源。而山中的野菜，湖中的水产，布依族的特色饮食和家常菜，如米酒、魔芋、腊肉、香肠、野菜、糯米花、血豆腐、熏豆腐干、折耳根、地米星、老南瓜、泡萝卜、酸辣椒、小豆酸汤、荫辣椒、油炸黑糯米饭等，也成为镇山旅游重要的吸引因素。建于村旁的生态博物馆资料信息中心，有贵州最全的布依族文化陈列。镇山旅游资源具有复合型特点。

区位优势：镇山位于贵阳市的旅游区花溪区，是离贵阳市区较近的乡村旅游目的地，拥有庞大的稳定的基础客源市场；紧靠天河潭景区，易于进行线路组合。

（二）旅游发展历程与现状

1. 发展历程

1993 年，镇山成为贵州省民族文化保护村后，陆续有游客到来，镇山旅游开始起步。1994 年，花溪旅游公司将花溪河串起的四个独立景区花溪公园、花溪小三峡、镇山、天河潭组合成"四点一线"旅游线路推向市场。但由于景区之间景观相对平常，各景区管理体制各不相同，相互间协调困难，又没有找到合适的旅途串联交通工具，因此"四点"难成"一线"，"四点"更多作为独立景区各自发展，"四点一线"作为线路很快衰落，但镇山却借此获得了名气，聚集了人气。

为了使镇山旅游有序发展，花溪区旅游局在对经营环境和能力、卫生条件等进行考察的基础上，指定十家农户为旅游餐饮接待户，对从业人员进行培训上岗。后随着需求量的增加，接待户自然增多，经营项目也增加了卡拉 OK、棋牌、住宿等内容，村委会制定了《镇山村旅游餐饮接待制度》。目前全村共有 41 家接待户（2008 年有两户因找到比经营旅游接待收入更高的工作退出了这一行业），其中有五家有住宿接待能力，有四家为定点接待户，负责接待境外游客。

随着省民族文化保护村的确立，"四点一线"的推出，镇山逐渐成为贵阳市民周末休闲度假地，来镇山游泳、打麻将、吃农家饭的市民不断增多，村里也增加了拦路酒仪式、歌舞表演、游船等项目，并于 1999 年开始旅游住宿接待。

2002 年 7 月，镇山布依族生态博物馆成立，同年在贵阳市举办镇山布依族文化旅游专场推介会，镇山旅游人数逐年走高，旅游收入不断增加，2005 年达到最高峰。见下表。

镇山旅游接待情况统计表

年份	接待人次			收入（万元）			
	国内	入境	合计	门票和停车费	餐饮接待	游船及其他	总收入
2003	47080	0	47080	9.42	10.42	41.65	61.49
2004	40621	119	40740	13.45	18.12	60.54	92.11
2005	46660	0	46660	9.4	71.02	283.5	355.1
2006	84440	140	84580	12.47	78.24	190.33	281.04
2007	62872	20	62892	12.02	81.26	231.76	325.04

资料来源：贵州省贵阳市花溪区旅游局。

资料显示，2005 年旅游总收入最高，旅游创收能力最强；2006 年旅游人数最多，但人均消费锐减；2007 年旅游人数相对于 2006 年大幅减少，而旅游总收入却增加了 40 多万，表明 2007 年的旅游创收能力有所增强。

在实地调查中了解到，餐饮、小吃以及游船从 2006 年开始经营越来越困难，回头客少了很多。其中有一家接待户提供了这样的数据，2007 年自己一家一年旅游经营的人均纯收入为 3000 元左右，不到 2003 年至 2004 年 7000 元的一半。另据调查，贵阳游客普遍认为，尽管自然风光秀美的镇山仍然是一个不错的乡村旅游休闲地，但村寨建筑风貌受到了较大破坏，背离了自己原来对镇山作为布依族生态博物馆的认知，经营秩序也难尽人意，吸引力已不如以前。由此可见，镇山旅游业实际上从 2006 年已开始出现下滑趋势。

镇山作为一个生态博物馆由村民居住区（文化遗产区，即核心区)、村民生产区(传统农业耕作区)、居民新区(现代生活区)和资料信息中心组成。设置新区的目的一是为了解决核心区的人口压力,防止在核心区为了改善居住条件新建、扩建、翻建住房,破坏建筑原貌;二是为了减弱核心区的商业气息,将餐饮接待向新区转移。但由于没能有效解决新区所在地原来土地使用者的要求,在政策的制定以及各种利益、矛盾协调上存在问题,导致新区工程至今没有实施,核心区违章建筑越建越多。

2. 管理体制

发展旅游的初始阶段,与旅游有关的各项工作在区文化局、旅游局的指导下基本由村委会组织、管理。1994年,在村委会的组织和区文物管理所具体指导下成立了歌舞表演队,但表演队后来由于人才断层和"四点一线"线路的衰落而自然解体。2000年,由区海事局牵头、村委会组织,成立了股份合作制性质的游船协会;在村两委会组织下制定了《镇山村旅游餐饮接待制度》、《镇山村游船管理暂行办法》,与游船经营户签订《镇山村村委会游船管理协议书》等。游船协会在游船规范化经营管理中发挥主要作用,制定了《镇山村游船协会章程》,并负责船员培训、游船统一定价、购买保险、环保监测等工作,现在98%的村民加入了该协会。

在村旅游管理所成立之前,门票由村委会负责收取,收入列入村集体所有。

1998年,石板镇镇政府为了加强对石板镇旅游业的统一管理,成立了石板镇镇山村旅游管理所,聘请了五个工作人员,门票、停车费由管理所统收统管,村里的环境卫生、治安、接待户接待排队等工作由管理所负责。

镇山旅游缘起于政府的文化项目,政府在旅游发展过程中仍然体现出主导作用:第一,基础设施(包括道路、停车场、自来水、排污系统等)全部由政府各部门投入,如通往各户道路的修整、停车场和码头的建设,均由省文化厅投入;旅游公厕由建设厅投资建设。第二,作为生态博物馆,村落和民俗文化是主要旅游吸引物,政府承担了全部旅游吸引物的维护工作,包括有形的如武庙、城墙等文物古迹的维修和信息中心的建立和维护，无形的如组织村民学习民族歌舞、民间工艺等。第三，从开展旅游活动以来，镇山的旅游宣传促销都由文化部门和旅游部门"包办"。第四，政府对于旅游经营也给予了相当的扶持，包括补贴餐饮接待户改厕，餐饮、游船只收取低额定额税，出售小吃和农副产品未收税，帮助整顿经营秩序、成立游船协会等。

3. 经营方式

镇山村的经营分三大部分，一是门票和停车场，收入全部收归石板镇旅游管理所。二是餐饮、小吃、农副产品和少量住宿，经营者全为本村村民，散户经营。三是游船，本村人以家庭为单位自愿合资购买游船，并加入协会经营，协会实际实行的是股份合作制。

游客进入镇山原需买 2 元钱的门票，现废除。停车费无论车子大小一律每辆 5 元，时间不限，但如果过夜，车辆管理由接待户负责。

餐饮住宿以家庭为单位经营。镇山的家庭结构多为三代同堂，一般由夫妻承担主要工作，一个老人打下手，孩子周末和假期帮忙。一般每个家庭可以容纳 10 桌 100 人左右同时进餐，三个主要劳动力加上另一位老人和孩子临时帮忙能把活做下来，不需要雇人。如果实在忙不过来就请亲戚帮忙，极少聘请临时工。餐饮多为农家菜、野味，每桌价格 120 元到 500 元之间，60%—80% 的原料自产或产自本村及附近的村子，米酒也产自村里的小酒坊。接待户需交纳的费用很少，一是每月 120 元的定额税，二是每年 100 多元的卫生费和健康体检费，因此餐饮纯利润达到 50% 以上。客房是利用自家多余的房间改建而成的，除最初的投资外，经营成本很低。由于下寨濒临水面，风景好，因此接待户除一户外都在下寨。

目前村里有 23 条游船，每条船每年上缴 300 元的定额税。游船协会统一经营，出资户轮流划船，利润除支付划船人的工资外，出资户按股分红。现在每条船按每小时 50 元收费，游船一般划到对岸，登"一线天"。"一线天"是在与镇山村隔水相对的山崖上人工开凿出来的由水边通往李村的山道，狭窄陡峭，绿树交荫，景观效果好，目前是组合在游船中的一个项目，但由于游船是按时间收费的，因此游"一线天"一般只有20分钟。节假日游船有时会出现供不应求的情况，但总体来说闲置的时候较多，特别是从2007年开始，由于游客锐减，游船生意清淡，很多出资户已不参与划船。

小吃有烤小豆腐、土豆、小鱼虾，其中尤以小豆腐为主，小豆腐从花溪市场批发而来，土豆和小鱼虾产自本地。卖小吃生意好的时候收入超过接待户，但不稳定。

农副产品是"原汁原味"出售，附加值很低，市场小且不稳定。

4. 旅游活动和市场特点

旅游活动主要有参观村庄，欣赏自然风光；坐游船在水面游览；品尝以烤小豆腐为主的小吃；在接待户吃农家饭、烧烤、打麻将、唱卡拉OK；购买时鲜农副产品等。游客可根据需要预约接待户免费组织拦路酒仪式。

1996年至1998年，游客达到一定数量（20人以上）可观看歌舞表演。现在有村民尝试搞农业生态园，设计开发小块土地认领项目，但还没有打开市场。

淡旺季明显。镇山主要作为都市周末休闲度假地，气候和天气是游客较多考虑的因素，因此从11月天气变冷后逐渐转入淡季，但春节黄金周有个小高峰，来年4月份开始逐渐进入旺季。

周末休闲游为主。以贵阳市民为主的散客占镇山游客2/3左右，其余1/3为旅游团队，外省为主，境外游客极少。游客结构形成了镇山旅游以周末休闲游为主、重游率高的特点。

人均消费不高。由于产品单一，游客停留时间短（旅游团队一般只停留40分钟左右，浏览一下村容村貌即离开），导致人均消费低，目前人均消费50元左右。

（三）旅游发展成效

除土地外镇山没有其他资源，农业是村民赖以生存的基础，因而当1958年因修建水库导致耕地面积减少后，镇山曾经是石板镇最穷的村子之一，而发展旅游业之后却逐渐成为最富的村子之一。镇山是贵州依靠发展乡村旅游解决三农问题最成功的典型之一。

1. 村民增收

1993 年旅游开发之前，镇山人均年收入在 500 元以下，1994 年年人均收入不足 600 元，而 2001 年以后年人均收入均保持在 4000 元以上。现在镇山有 98% 的家庭能从旅游业获得或多或少的经济效益。旅游接待户经营状况最好的 2003 年至 2004 年，直接从事旅游业得到的纯收入达到人均 7000 元，由此可见旅游促进农民增收的作用是很明显的。

镇山餐饮为农家饭，各接待户平均 70%—80% 的原料来自本地，旅游对促进农产品就地销售也起到了很大作用。

2. 产业结构优化

开发旅游以后，旅游接待成为村民生产活动的主要部分，农活占用的劳动时间除农忙季节外很少（当然也有耕地少和科技进步的原因）；旅游收入成为农户的重要经济来源。据调查，接待户旅游收入占其家庭总收入的 70% 左右，非接待户占 30% 左右。

接待户和非接待户形成了初步分工，下寨主要为餐饮接待，上寨主要经营游船、小吃和提供农家饭的原料。旅游旺季恰好又是农忙时节，因此接待户 60% 的农活需聘请临近村子的务工人员完成，形成了较稳定的劳动力供求市场。

镇山旅游业尽管经济体量不大，但已成为镇山除农业之外唯一的产业，为剩余劳动力就地就业提供了条件，为人多地少的镇山村寻求产业支撑、脱贫致富提供了现实路径。

3. 基础设施改善

发展乡村旅游使镇山基础设施有很大改善。

柏油路已通到村口，花溪城区到村口有定线小巴，交通便捷。村口修建了停车场，可以同时停放将近 100 辆车。石板铺砌的小路从村口通往各家各户，古朴整洁。

村里家家户户通自来水，有较完善的污水管网收集系统和集中污水处理设施，在排污设施方面远远领先于贵阳市郊其他未发展乡村旅游的村寨。村民做饭主要用罐装液化气和电，多数人家有固定电话，移动电话信号良好，有线电视网通到村里每一户。

博物馆资料信息中心具有研究和会议接待功能，拥有十间按星级饭店标准修建的标准客房。

4. 传统文化保护

由于从旅游开发中获得了实实在在的实惠，村民清醒地认识到传统文化的意义，对其提高民族自信心和自豪感有很大作用。在不损害自身利益的前提下，村民保护传统文化的积极性有一定程度的提高，如主动学唱山歌、学布依话、在传统节日主动穿民族服装，在拥有民族服装上甚至形成了攀比心理。

5. 生态环境保护

由于旅游业在镇山相当程度上成为农业和养殖业的替代产业，因而减少了种植业带来的化肥、农药，养殖业带来的粪便、寄生虫的污染。特别是镇山位于水源保护区，减少面源污染的意义尤为重要。当然发展旅游业也会带来污染，增加环境压力，但旅游污染是生活污染、点源污染，相对于面源污染容易控制和治理。

随着旅游业的兴起和发展，村民环境意识逐渐增强，村寨环境得到了绿化、美化。

（四）旅游业存在的问题

1. 管理体制缺陷

一方面，政府作为不到位：

第一是公共资源维护和公共事务管理方面力度不够。总体规划不完善且执行差，形象定位、宣传促销、产品总体把握、线路组合、文物保护、村容寨貌维护、新村建设等应由政府承担的职责完成得不好。

第二是旅游行业管理两不够。一是规制不够，目前镇山在经营秩序、卫生标准、服务质量、价格等方面仍存在不足，政府至今没有寻找到合理、有效的手段进行管理，往往是不管很乱，一管就死。二是对村民的教育培训、对人才的培养不够，政府的重视、扶持养成了村民的惰性，村民不愿意为公众利益出钱出力，也缺乏市场开拓、产品建设的能力和主动性。在落后地区，政府有责任帮助村民进行能力建设，包括帮助建立符合实际的经营组织。政府在这方面作用的缺失不能不说是镇山旅游业经过十几年发展却仍未壮大的重要因素。

第三是政府部门不协调。建设、文化、旅游、环保、海事、卫生等部门各自为政，项目经费分散使用，规划、标准各家不同，投资出力不少，见效相对不大。

另一方面，村民自治组织软弱无力：

发展旅游业直接的核心领导是村委会，但镇山村村委会在发展旅游业的十几年中只起到执行上级政府指示的作用，没有大的作为。尽管村民对旅游业普遍持积极态度，但囿于自身素质与经济能力所限很难产生"领头羊"，因而镇山旅游基本属于被动发展。

2. 经营组织缺陷

镇山旅游业由最初政府指定的十家接待户发展而来，但至今餐饮仍为一家一户小规模分散经营，没有成立相关的行业协会。游船尽管成立了股份合作制性质的游船协会，但与其他旅游项目基本不发生联系。小吃经营和时鲜农副产品的出售更是散兵游勇。而这种经营状态使村委会难以发挥作用。经营管理组织存在的明显缺陷导致了镇山旅游业发展缓慢，主要表现如下：

第一，在产品创新，提高服务质量，提升旅游业品质上难有作为。因为这只能依靠经营管理组织才能做到，所以这也直接导致镇山的旅游产品十几年来基本没有变化和发展，服务质量和服务水平始终没有大的提高。

第二，产业初级，经济体量小，没有形成旅游产业链，离规模经营尚有相当距离，旅游对整个乡村经济的关联带动作用非常有限。

第三，未形成应对市场变化的能力。面对从2006年开始的旅游收入下滑局面，在经营策略、产品调整上基本没有采取任何措施，一些接待户和游船经营户只能选择退出市场。

3. 传统文化保护的矛盾

扩张的压力和保护的压力无法协调。核心区是镇山作为生态博物馆的精华所在，同时也是最佳观景地，因此旅游扩张的压力和村寨保护的压力成为核心区难以调和的矛盾。相当长一段时期里，村民为了扩大经营场所和改善居住条件，大兴土木扩建、加高自己原来的住宅，村庄风貌遭到了较大破坏，现在的村子和十几年前相比已面目全非。村民也深知保护的重要性，认识到古村落风貌和传统文化是镇山旅游赖以发展的基础，但无法处理个人利益和公共利益、眼前利益和长远利益的矛盾，我保护的是大家的利益，而我破坏则我得到个人利益，造成公地悲剧。

强势文化的影响。镇山作为贵阳市郊的布依族村寨，长期以来不断受到外来强势文化的影响，文化传统难以保存。

以上两方面的结果是危害核心吸引力，导致文化吸引力弱化。目前已遭到较大破坏的村落布局和建筑，并不突出的布依族民族风情，对于主要客源市场的贵阳普通市民已很难形成吸引力，"生态博物馆"更多起的是"招牌"作用，村子几乎沦为与遍及贵阳周边普通"农家乐"一模一样的周末休闲度假地。

4. 村民利益分配的纠纷

餐饮是镇山旅游经济效益最好的创收点，餐饮接待户与非接待户旅游收入分别占家庭总收入的70%和30%左右，差距有一倍多，也就是说相当比例的旅游收入为目前39家接待户所获，其他102户获利不多，甚至无利可获。能否成为接待户，村里没有设置任何经营门槛，只要家里的经营场所和卫生条件达到相关要求，村民就可以到工商部门办理手续成为旅游接待户。这种做法表面上看很公平，但实际上存在着不公平。因为只有那些近面水、视野好的人家才具备成为接待户的前提条件，所以接待户基本都在靠近水库的下寨。但镇山吸引游客的核心因素是包括自然风光、村落建筑和格局、居民生活方式在内的整体风貌，镇山是所有村民的镇山，因此每个镇山人都有从旅游业获利的权利而不仅是旅游接待户。目前修建违章建筑，破坏村寨风貌的恰恰也是从旅游业获利最多的接待户，而那些位置不好、不具备经营条件的家庭反而使传统建筑保存了下来，成为维护古村寨风貌的功臣。

接待户和非接待户之间由于旅游收入的悬殊以及实际上存在的利益分配不平等，已经产生了矛盾，如非接待户故意不维护村寨的卫生，对接待户在维护村寨的环境卫生方面没有承担更多责任有意见等。但由于 70% 的村民为同门宗室，出于社会交往的心理需要，这些矛盾没有表面化，没有形成激烈的冲突。但如果发展旅游业所带来的利益分配不公平的问题得不到解决，无疑将会阻碍镇山旅游业的进一步发展。

（五）　实现旅游可持续发展的途径

以上问题的存在使镇山旅游业逐渐失去发展后劲，陷入了困境。如何摆脱困境，实现乡村旅游的可持续发展，需要大的变革，凤凰涅槃，浴火重生。

1. 政府职能转型

西部落后地区开展乡村旅游的初始阶段，由于村委会和村民在对外界和信息的了解、资金、经营手段、市场经验、管理能力上存在的先天不足，因此政府在基础设施、宣传促销、经营的具体帮助、税收扶持等方面提供支持是必要的，但当经营主体积累了一定的经验，具备了一定自我发展能力之后，政府职能应该转型。

镇山旅游业经过十几年的发展，已经形成了较好的基础和经济实力，并且由于地处市郊，社会经济整体发展水平较高，村民较见多识广，个人素质较好，政府管理能力也较强，因此镇山旅游业要获得进一步发展，应该建立一个符合社会经济发展状况的管理体制。从政府的角度而言，应从原来大包大揽的角色转入到对以下问题的关注：

第一，进行宏观管理。具体而言，完善总体规划并监督执行；加大公共资源维护和公共事务管理力度；相关各部门各司其职，但应建立一个由旅游部门牵头的协调机制，避免多头管理和真空管理的状况（这与东部发达地区不一样，东部常态管理即可达到，但西部必须有一个在一定时期起特别作用的机制）。

第二，仍要采取相关扶持政策和措施。尽管镇山旅游业具备了一定的经济实力和自我发展能力，但整体仍然很弱小，抵御风险的能力仍然很差，因而政府依然要在如基础设施建设上采取倾斜政策，在税收上继续让利于民，采取低定额税即实际上减免税的措施，为镇山旅游业的发展壮大保驾护航。

各部门要在各自主管的领域采取一些必要措施，不仅是检查执法，还要具体指导帮助解决实际困难。如卫生部门，除了对接待户的食品卫生是否达标、环境卫生是否合格、从业人员是否做健康体检等做常规检查外，还应指导接待户如何在原料的采购、储存、加工等环节中保证食品达到卫生标准，辅导建立台账以保证食品安全等。旅游部门和文化部门应加强对村民的各种培训。

第三，营销上发挥作用。要把对镇山的旅游宣传和营销纳入区域营销的内容。

2. 切实加强村委会的能力建设

村委会作为最基层的组织，应具备对村民自治体和社区履行管理职责的能力，不能把一切责任推给政府。

首先，应在维护公共资源、提供公共产品上发挥切实有效的作用。目前镇山在这方面最为欠缺，文物保护、村貌维护、卫生管理等理应由村委会负责的具体事务却由上级政府越位承担；在公共设施（如水、电）建设及维护和公共服务（如信息、牌示系统）提供上也没有什么作为。这应是镇山村委会能力建设的重要内容。

其次，针对目前镇山旅游业分散经营，不利于发展壮大的局面，村委会应有能力牵头成立一个产业组织，并有能力针对目前存在的村民旅游利益分配不公平的状况，从代表全体村民利益的角度出发，制定相关政策措施，保障村民均等的参与机会与利益的公平分配。

3. 建立适合的产业组织

镇山目前松散的产业组织已存在明显弊端，建立新的、适合的产业组织势在必行。所谓适合的产业组织是指与镇山经济水平、社会结构、文化传统、旅游业发展状况相适应的产业组织。

不同的乡村地区，其经济发展水平、离客源地远近不同，居民的文化知识水平、了解掌握外界信息的能力不同，商品意识、对市场反应的灵敏度不同；而同一地区的乡村旅游，发展的阶段不同，特点也不同。这些都是一个地方发展乡村旅游在确立产业组织结构时应考虑的重要因素。

尽管镇山乡村旅游从总体看呈现出向前发展趋势，但以散户经营为主的松散产业模式造成的发展后劲不足的弊病也日益显现，因此镇山只有建立一个新的集体性质的产业组织才能谋求进一步的发展。

根据镇山目前的社会经济发展水平，西部都市近郊的区位特点，旅游业开发十几年没有公司进入，一直是散户经营、产业组织化程度低、村委会作用有限的发展现状，我们认为由村委会牵头建立股份合作制企业或行业协会可能是镇山最适合的产业组织，原因如下：

第一，能有效保障乡村社区居民真正成为当地旅游开发的主人，他们作为产业组织的成员，直接参与乡村旅游的开发决策、生产经营活动和利益分配。而目前镇山的社会经济发展水平和旅游业基础，使村民有能力、有资金、有资源进行股份合作制经营。

第二，能较有效克服目前散户经营存在的没有主体进行旅游形象、旅游产品的宣传营销，而个体的能力和作用又极其有限的缺陷；克服村里在经营秩序维持、公共资源（如环境卫生、村容村貌等）维护等方面存在的管理缺失。

对于现在备受人们赞誉的公司整体经营的"天龙模式"，也许对镇山来说并不适合。天龙是贵州省安顺市平坝县一个明代遗存的典型古村落，天龙旅游开发投资经营有限责任公司与镇政府、村委会达成协议，公司获得村寨旅游总体经营权。镇山乡村旅游则起步于散户的餐饮接待，十几年的发展历程表明镇山缺乏产生本土公司的土壤，而引入外来公司，将遭遇以下困难并难以解决：首先，把镇山作为一个封闭式的景区进行经营和管理，吸引力显然不够，通过丰富产品内容，使其具备成为景区的条件，公司对于已形成相当规模的经营散户也很难进行有效管理。其次，村民得利多，公司无利可图，公司将难以生存；反之，公司获利多，容易形成抽血机制，乡村旅游将难以可持续发展，实现双赢。因此公司与社区共同发展的平衡点很难找到。

4. 提升旅游产品

建立产品体系。应针对不同的细分市场，由多种类型组成产品体系。第一，文化体验：集中展示古村风貌、传统民俗、农事活动、工艺制作；丰富信息资料中心内容，使其发挥旅游吸引物的作用，而不仅是一种装饰。总之要把镇山整体打造为布依族文化深度体验类产品。第二，山水游憩：自然风光一直是镇山重要的吸引要素，但秀美的自然风光在镇山旅游中更多体现为背景价值，产品化不够，在今后的发展中应强化其产品作用，特别要利用"一线天"设计户外活动内容，还可增加农业观光内容。第三，避暑度假：目前已有少量游客到镇山避暑度假，下一步应利用贵阳避暑之都的形象宣传，完善避暑度假产品。针对银发市场，特别是双退休人员开发具有养老性质的产品；针对工薪族完善周末休闲度假产品；针对青少年开发暑期度假产品等。

线路组合。加强区域内旅游合作，组合成内涵更丰富、体量足够大、吸引力更强的旅游线路，如与天河潭的组合、与青岩古镇的组合等。

5. 完善公共服务

解说系统。包括网络、牌示系统的制作，出版物的编制，任用地道本地人员为导游员和解说员，这既改善了经营环境，也强化了文化特色，增强了旅游吸引力。

信息资料中心的陈列，要有更加本地化、更接近于当地村民真实生活的内容，这既是公共服务，又是旅游产品。

开拓市场也是公共服务，但也是经营户们所无法完成的。布依族是贵州世居民族，全国超过97%的布依族人口都分布在贵州，从这一角度而言，布依族是最具贵州特色的少数民族。目前苗侗风情已成为贵州少数民族在全国的名片，在海外也有一定影响，而较成熟的布依族文化旅游产品不多，全国知名的还没有。镇山是贵州唯一的布依族生态博物馆和省布依族文化保护村，这一身份和优势使镇山不适宜也不应该仅仅开发为实际上已形成的城郊农家乐型旅游地，不能只盯着周末休闲市场，短程游客，而应该把周边省市，甚至长三角、珠三角、环渤海纳入目标市场范围，关注海外的特殊兴趣市场，并把镇山作为布依族文化深度体验的旅游形象纳入政府宣传促销的内容，切实搞好市场营销。

6. 传承文化

文化的保护和传承是镇山旅游业进一步发展的前提，是可持续发展的条件，文化的异化或消融意味着失去了发展动力。

要贯彻生态博物馆理念。生态博物馆是一种由全新的博物馆理念带来的全新的博物馆形态。生态博物馆注重保存地方知识、本土记忆，要求生态博物馆社区在原来的文化生态下，沿着原来的轨迹发展，保留文化的特质，保持自己的文化个性。生态博物馆进入中国，必然要发生中国化的改造，与它在发源地欧洲是有所差别的。

在西方世界，建立生态博物馆的社区已经比较发达，人们是在物质需求已经得到满足或基本满足的前提下产生的一种文化的自觉，社区的居民真正地热爱、关怀自己文化的过去和未来，他们不指望利用生态博物馆这种形式来实现经济目的，虽然生态博物馆也能带来经济收益。而且，由于受教育程度高，基层社会自治制度、组织完善，生态博物馆都是以社区自我管理为主，成为所在地居民真正的精神家园。而在中国，所有生态博物馆都建立在落后社区，甚至是极端贫困的社区，这样的国情决定了生态博物馆不仅有文化保护和传承的责任，而且也要承担促进社区经济发展的使命，忽视生态博物馆的经济使命在中国太脱离实际。因此生态博物馆当然可以开发旅游；旅游当然可以利用生态博物馆，但要珍惜它，同时寻找更合适的可持续发展的民族文化旅游开发方式。民族文化的旅游开发与保护是一个世界性的难题，也是无法回避的难题。我们认为，一方面要通过文化产品化，用文化产品促进文化保护；另一方面要通过对包括村落格局、特色民居、传统生产生活方式在内的保护，将文化整体出售，达到旅游开发的目的。这是目前解决开发与保护这对矛盾较好的一种方式，当然也是镇山贯彻生态博物馆理念，促进乡村旅游业发展的较好方式。

7. 新区建设释放发展的压力

镇山村村民为了扩大接待规模和改善居住条件，修建了大量违章建筑，村寨风貌严重改变，成为镇山旅游可持续发展的最大障碍，因此通过新区建设释放保护和发展压力势在必行。

政府要把新区建设纳入镇山旅游业发展的范围，并严格按照新区为商业区、核心区为游览区的功能区分建设。要下决心协调好新区规划用地与原有土地使用者之间存在的矛盾，使新区建设规划得以顺利实施。在此基础上制定切实可行的优惠政策，鼓励餐饮、住宿、娱乐向新区转移，同时限制核心区的商业行为，使其逐步向游览区功能转化。

三　天龙——期待层楼更上

（一）天龙屯堡概况

1. 屯堡文化

屯堡是明代耕战经济在贵州安顺的历史遗存。明初朱元璋为加强对西南地区的统治，派遣 30 万大军来到安顺一带戍边屯垦，称为"调北"。同时为提高这里的经济实力，又推行民屯制度，大批移民由江南来到贵州，称为"填南"，无论是"调北"还是"填南"，他们的后代都在安顺一带生活下来。几百年来，由于他们较为固守原来的生活习惯和文化习俗，因而形成了一个既有别于现代汉族又异于周围少数民族的群体，被人们称为"凤头苗"、"屯堡人"、"老汉族"、"（南）京族"。在 600 年的发展过程中，屯堡人特有的民居、服饰、语言、文化生活组成了独具特色的屯堡文化，形成了以安顺为中心，东起平坝县城以西及长顺县西北部，南迄紫云县界，西抵镇宁县城，北达普定县城，方圆万余平方公里的屯堡文化圈。

民居：屯堡村寨由当年屯军营寨演变而来，因而民居仍然带有军事色彩。典型的屯堡村寨往往是整个村落由围墙围成一个整体，进寨门后，一条主街引向深处，通过一条条弯弯曲曲的小巷把各户串联起来，小巷的两侧是高大的石墙，具有明显的防御功能。房屋全由石头建造，外筑高墙，几个院落一组，有门相通。一些村寨民居的院角还筑有高层碉楼，既能射击又能了望，同时也是主人炫耀财富的一种方式。屋顶覆盖的是出自本地的石板，而住宅院门上雕琢精美的垂花门罩和隔扇门窗则具有明代江南民居的特点，高墙、小巷、碉楼、石墙、石瓦、灰白色、精美木雕是屯堡民居的典型符号。

服饰发型：妇女服饰是屯堡文化最明显的特征之一。被称为"凤阳汉装"的女装，具有明代服饰的显著特点：大开襟的长袍，两边开叉，长及小腿，一尺来宽的大袖子的袖口和襟边有滚花绣纹。"凤阳汉装"配上锦丝腰带、绑腿、高帮绣花凤头布鞋，完全是明代妇女打扮。已婚妇女的发饰也很有特点，先将头发梳成三绺，再在脑后挽成圆髻，用梅花管簪固定，前额到圆髻下部用蓝色或白色布帕缠成一圈。

地戏：600 年前伴随明代大军进入贵州的还有一种兼具祭神与娱乐功能的傩戏，因开始时流行于军队中，又是一种练兵习武活动，所以称"军傩"，后逐渐演变成带有宗教色彩的民间娱乐活动，因不搭戏台，在平地表演，所以称"地戏"；因有宗教色彩，又称"跳神"。地戏表演需戴面具，俗称"脸子"，每一个面具都代表一尊神，因此地戏演出前要举行神圣而神秘的祭拜仪式，"请"出"脸子"。

木雕：以傩面具和地戏面具为代表的木雕是屯堡文化的有形载体。在木雕艺术几百年的传承过程中，形成了"西屯齐二派"、"周官胡氏派"和"下苑吴氏派"三大风格各异、个性鲜明的派别，地戏面具已形成武将、道人、丑角、动物四类成熟的造型体系。屯堡木雕是一种非常成熟的民间工艺，不仅是贵州木雕工艺品的代表，也是国内罕见的雕刻造型艺术。

2. 天龙屯堡沿革

天龙是贵州省安顺市平坝县一个著名古镇，天龙村位于镇内，所谓的天龙屯堡即指天龙村。

天龙地处滇黔古驿道上，元末至明末这里被称为饭笼驿，清朝实行改土归流后改称饭笼铺，民国时期因一些乡绅觉得"饭笼"二字不雅，于是取附近天台山和龙眼山的首字合为"天龙"，作为村寨之名沿用至今。

天龙是安顺屯堡文化圈的重要代表点，是一个比较大的屯堡村寨。现居住在这里的居民大部分是张、陈、郑、沈四姓明代屯军的后裔。四大姓始祖同一时期从江南"调北"入黔，征战结束后又奉旨屯田戍边，从此远离故土，在此定居，至今已有 20 多代。

天龙因靠近公路发展很快，新发展的区域基本都是与传统屯堡村寨有明显区别的建筑，并且和老街区被安顺至平坝公路、老滇黔路至天台山公路自然分隔开。西边几百米处还有另一个屯堡村寨石板房，属于安顺市西秀区，但现在石板房和天龙已连成一片。开发旅游后被保护起来的是原来的天龙老街区。

位于天龙村东面 1.7 公里处的天台山为贵州名山，高百余米，为一座孤峰，四面均为悬崖绝壁，如突兀田中的一根石茎。山上郁郁葱葱，古木参天，有植物 3000 余种，其中珍稀品种 20 余种，植被为典型的喀斯特山地原始生态植被群落。但真正让天台山扬名黔中的还是在山巅依山顺势修建的伍龙寺。寺建于明代，结构严谨，气势雄伟，造型奇特，远看如一座古城堡，为国内罕见的半军事化城堡式古刹，素有"深山明珠"之称。

天龙所处的平坝县属亚热带季风湿润气候，年平均气温 14℃，春秋冬三季长，夏季短，是典型的高原山地气候。冬季平均气温 5℃，夏季平均气温 21.6℃，可谓冬暖夏凉。

3. 经济社会状况

天龙位于交通干线滇黔公路和 G60 高速公路（沪昆高速）旁，对外交通便利，社会整体发展水平较高。

天龙村为汉族屯堡古村落，现有 1215 户人家，4320 人，80% 的村民的先祖来自南京。人均耕地面积 0.7 亩。发展旅游业之前，农业是天龙的经济命脉，90% 以上的劳动力从事农业生产。村民的现金收入主要来自养殖、农产品出售。由于土地贫瘠、耕地少，村民增收缓慢。旅游开发后越来越多的劳动力转到旅游业，到 2003 年，从事农业和服务业的比例分别为 58% 和 42%。而从事服务业的人中，有

70%从事旅游业。[①]

天龙中年以上的妇女仍穿着传统服饰，腰系织锦带，宽衣大袖的屯堡妇女成了天龙一道亮丽的风景线。但年轻姑娘多半已改穿现代汉装。

对传统节日仍然很重视，尤其是祭祀祖先的清明节和"七月半"。春节期间表演地戏的习俗以及表演前的祭祀活动在天龙也沿袭了下来。腊肉、香肠、血豆腐、酸辣椒、干菜、泡菜是天龙的特色饮食，携带方便、利于储存，具有军旅食品的特点。

天龙屯堡人有重视教育的传统，曾出现过"一门三举人、一进士、一大儒"。以清道光年间饭笼铺义学为基础创办的天龙小学为贵州名校，在学校管理、教书育人等方面得到了社会各界的广泛赞誉。

目前天龙已普及九年义务教育，历年来有很多人考上了大学。村民接受新生事物的能力普遍较强，商业意识也较强。

4. 发展乡村旅游的条件

老街区和其他屯堡村寨一样，是一座纯粹的石头城，从上往下俯视，是一片银灰色的石头世界。南边是主"街道"，其余小巷四通八达。一座座院落具有全封闭四合院的布局特点。院落式的民居建筑由朝门、正房、厢房三部分组成，朝门门头往往有精美的木雕。"筒子楼"建筑，为一楼一底，单体小巧，其中有三道坎的"筒子楼"已成为天龙的标志。天龙民居具有明显军事色彩，民居、巷道、寨子形成点、线、面相结合的防御体系。天龙屯堡区别于别的屯堡村寨的还有一条渠，该渠自西向东穿寨而过，用石板铺底、砌岸，河水清澈见底，有数座石桥连接两岸，再现了江南小桥流水人家的景象。

村里石板房屋基本保持完好。镇政府和天龙小学是不同于传统的具有民国时期建筑特点的"新"建筑。小学为木板墙或料石墙，盖石瓦，与村庄浑然一体，现辟为屯堡文化陈列馆，成为天龙一景。镇政府青瓦白墙，与村寨建筑基本协调。

---

① 部分数据来源于陈云《平坝天龙屯堡开展"乡村旅游"情况介绍》，贵州国际乡村旅游论坛交流材料，2004 年。

资源优势体现在以下几个方面：第一，屯堡文化在全国具有唯一性。据史料记载，明初"调北填南"的地方除安顺外，还有贵州省内的贵阳、毕节、黔南、黔东南，以及云南与贵州交界处，但这些地方的屯兵和移民已被时间所消融，难以找到 600 年前的痕迹，而只有安顺形成了特有的屯堡文化。第二，与自然景观形成互补。安顺市是改革开放后贵州旅游开发最早的地区，以秀美神奇的喀斯特景观闻名于世。屯堡文化的挖掘和开发，对以自然景观见长的安顺旅游是极为有益的补充。第三，便于产品化。屯堡文化的有形载体，如地戏、以面具为核心的屯堡木雕等较易于旅游产品化。

交通和区位优势。天龙距贵阳市区 67 公里、安顺市区 28 公里、平坝县城 12 公里，有沪昆高速公路、黔滇公路、贵昆铁路从境内通过，是贵阳至安顺的必经之地，是屯堡文化圈交通最便捷的村寨，进入性、通达性很强。天龙距黄果树大瀑布 100 公里、龙宫 50 公里，处于贵阳至这两个景区的必经之地，并且在资源上形成互补，因而在线路组合上具有很强优势。

（二）旅游发展历程和成就

1. 天龙旅游的缘起

对屯堡文化的关注，始于 1902 年日本人类学家鸟居龙藏在饭笼塘（即天龙）考察时对屯堡妇女服饰的描绘，以及后来对"凤头苗"汉族身份的确定。长期以来，专家学者都是从人类学、民俗学、民族学的角度对屯堡文化进行研究，从 20 世纪 90 年代开始，人们才逐渐认识到屯堡文化所具有的旅游价值。敏锐的天龙人意识到这是盘活屯堡文化资源，通过旅游开发发展村级经济，增加农民收入的良好机遇。同时天龙人也清醒地认识到，单靠既无资金又无旅游开发和经营经验的本村人很难闯出旅游发展的路子。于是，他们积极寻求精明能干的带头人和外来资金支持。这时原在县供销社工作后下海经商的陈先生也有回乡开发旅游的打算，与村干部的想法不谋而合。因此在 1999 年，陈先生组建了屯堡文化民间资料收集整理办公室和旅游开发筹备组，开始进行资源调查和市场调研，在此基础上提出了可行性研究报告和商业计划书，通过反复论证后正式组织实施天龙屯堡乡村旅游计划。

2001 年 5 月，陈先生、平坝人郑先生及贵州风情旅行社负责人吴先生，分别以个人和旅行社法人身份作为股东，共同投资 100 万元成立了"天龙旅游开发投资经营有限责任公司"（下简称"公司"或"天龙公司"）。经平坝县政府同意，公司与镇政府、村委会达成协议，对天龙承包经营 50 年；镇政府、村委组建"屯堡文化保护与开发办公室"，作为行政管理机构进行管理，镇政府出资修建了游客中心。

2. 成长历程

2001 年 9 月 15 日，随着"贵州天龙屯堡文化旅游区"首游式的举行，天龙乡村旅游正式启动。由此贵州首次出现了全部由公司投资，对乡村旅游地进行整体承包，景区式经营的乡村旅游开发模式。

2003 年 2 月，在政府扶持下，天龙又成立了农民旅游协会，根据自愿原则，以户为单位，每户出一人参加协会，会费 10 元（首次收取之后没有再收会费，协会活动经费由公司承担），现在全村基本都加入了该协会。

随着到天龙的游客特别是旅游团队的逐渐增多，公司开始租用游客中心和老镇政府办公楼用作旅游接待餐厅。

在"景区"内一些好的地段，村民利用自己的住宅做商铺，或在门口出售旅游商品，后又有外来户租用村民的房屋用于开办旅社、手工艺品作坊、销售旅游商品。公司对这两类经营户虽然没有管理权，但为规范经营，维护村容村貌，公司给摆摊的农户统一制作了简易的铁质小货架。这些经营户后来自发组织了"旅游商品经营户从业协会"、"兰花协会"等行业协会，由协会负责协调经营户之间、经营户和公司、经营户和村委会等方面的关系。

为丰富"景区"活动内容，公司租用原天龙小学辟为"屯堡文化陈列馆"，组织了地戏队。地戏队在村里的"演武堂"为游客表演地戏，费用含在门票内，公司按月给演员支付工资。同时还开发了驿茶品尝项目。

从 2001 年至今，天龙旅游飞速发展，已成为安顺屯堡文化旅游的领头羊，与黄果树大瀑布、龙宫组成了贵州西部新的黄金旅游线，旅游接待人次和旅游收入都呈上升趋势。以下是 2005—2007 年天龙旅游接待统计情况：

天龙旅游接待统计情况表

年份	接待总人次	海外人数	总收入（万元）
2005	278912	50003	1502.09
2006	338978	40416	2970.19
2007	537850		4555.43

数据来源：贵州省安顺市平坝县旅游局。

数据显示，2006 年接待人次同比增长 21.5%，收入同比增长却达到了 97%，呈现出强劲的创收能力。2007 年接待人次同比增长 59%，收入同比增长 72%，收入增长速度仍超过了接待人次增长速度，体现出强劲的发展潜力。

3. 旅游活动和市场特点

"景区"实行一票制，在"景区"内游览村容村貌，入户参观具有代表性的民居，在演武堂观看地戏表演（包括表演前的祭祀活动），品尝"驿茶"等活动都包含在门票中。另外，观看特色工艺品的制作、购买旅游商品、品尝特色饮食也是重要旅游活动。

成为贵州西线旅游线重要景点。以屯堡文化为核心吸引力，与黄果树大瀑布景区组合形成贵州西线黄金旅游线路，并弥补了西线旅游文化产品不足的缺陷。

旅游活动文化体验为主。通过参观民居和工艺品的制作、游览村容村貌、欣赏地戏、品尝驿茶和屯堡特色饮食，全面体验屯堡文化。

屯堡文化是天龙旅游的核心吸引物，对国内远、中、近市场及国际市场都有吸引力，有相当数量的国内远、中程游客，旅游团队与散客比例高达 8∶2。

与贵州全省一样，形成明显淡旺季，3 月至 11 月底为旺季，其余三个月为淡季。

4. 对解决三农问题的促进

天龙尽管地处交通要道，但由于受贵州总体经济水平的限制，农业长期以来是天龙的经济命脉，其他副业收入不多。而人多地少（人均耕地面积仅为 0.7 亩），土地贫瘠的自然条件使天龙难以依靠农业脱贫致富，因此天龙与贵州大多数落后村寨一样，长期以来人均收入低，村集体积累少，村里卫生条件差。天龙开展乡村旅游以来所取得的成效，充分展现了乡村旅游在扶贫中的综合效益，在促进解决三农问题上具有突出贡献。

农民增收。目前老街有 300 多户人家直接从旅游业获得经济收益，其中包括十几家房屋出租户和二百多家旅游经营户。据调查，这些出租户和经营户平均旅游收入比例占家庭总收入的 35% 左右。

村级经济实力增强。旅游开发前，村委会没有积累，而开发旅游后依照协议，村集体每年可以获得公司门票现金收入的 4% 用于村里的公共事务。

农民就业机会增多。目前天龙公司有 170 名员工，其中 80% 是天龙人，员工中有近一半为导游，基本是妇女。而三百多户经营户也吸纳了相当数量的劳动力。旅游业的发展对劳动力转移就业有较大作用。另外还有一个可喜的现象，有的年轻人由于有在公司工作的经历，素质和能力得到了较大提高，为外出就业打下了良好基础，在外面易于找到好工作。

产业结构优化。旅游开发前，村里从事农业的劳动力占 90% 以上，第三产业不到 10%，旅游开发后，这一比例调整为 58% 和 42%。第三产业中，占 70% 左右的劳动力从事旅游经营。而且天龙旅游还带动了周边村寨旅游商品的开发和生产，如天台村的糟辣椒、周官村的木雕。

村寨环境美化。由于公司对村寨采用的是景区式经营管理，因而特别重视对村寨环境的美化和卫生的维护。几年来，政府和公司先后投入了 1000 多万元，改建、扩建了部分道路和 12 座小型石拱桥，对街道进行了绿化并安装了路灯，对河道污水进行了治理，在各街巷设置了垃圾箱，每家门前摆放垃圾筐，由公司负责清运垃圾。天龙村的生活环境较之旅游开发前有了质的提高。

目前全村实现了"五个 100%"（电视入户率 100%、自来水入户率 100%、入学儿童参加意外伤害保险率 100%、计划生育率 100%、参加医疗保险率 100%）。大多数农户安装了程控电话，移动通信基本普及，有些农户还接通了宽带网络，可在家中上网。

村里治安状况良好，村民和睦相处，呈现出积极向上的精神面貌。

5. 对屯堡文化保护的贡献

未开发旅游之前，村内无规划，村民随意乱搭乱建，屯堡古村落风貌遭到相当程度的破坏。旅游开发后，村民对石板房等文化资源的价值认识提高了，在不损害自身利益的前提下保护传统文化的积极性有了一定程度的增强。几年来，镇、村、公司、农户共投入改造、维护、整修资金上百万元，恢复石头路面 11600 平方米，恢复石桥 12 座、门楼 13 座、房屋 98 栋、陈列室（馆）4 栋和茶站、作坊、食坊 19 处。经过整修，屯堡古村落风貌得到了一定程度的恢复。①

（三）"天龙模式"解析

1. 旅游经营的主体

目前天龙旅游经营主体有两类：

第一是天龙旅游公司。公司下设办公室、财务部、销售部、导游部、餐饮部、卫生组、民俗馆、天台山管理组 8 个部门，管理人员 20 多人。

经营收入主要是门票，现在门票为 25 元。另有餐饮接待，但主

---

① 部分数据来源于陈云《平坝天龙屯堡开展"乡村旅游"情况介绍》，贵州国际乡村旅游论坛交流材料，2004 年。

要是旅游团队的配套服务，基本不赢利。在门票收入上公司必须支出的成本费用有：按营业额缴纳地方税（没有享受税收优惠）；公司员工工资；付给村委会每月3000元的工资，村集体每年占门票实际收入4%的旅游销售补助；天龙村和山背后村（天台山也是公司承包开发的一个景点，在山背后村行政范围内）6000多人每人每年20元的农村合作医疗保险。另外公司还经常赞助村委会逢年过节组织的集体活动、整修活动场所、村里有关人员外出考察学习等。

第二是经营户。有300余户，包括本村房屋出租户和外来租赁经营户，其中外来户近百家。主要经营项目是销售木雕、屯堡银饰、小工艺品、特色食品等旅游商品，其中木雕和屯堡银饰有一些产销合一的店铺进行带表演性的现场制作。其他的还有住宿、餐饮、照相、现场书法作品出售等项目。这是独立于公司之外的自主经营户，经营者向地方缴纳定额税。2007年总的销售收入达1000万元以上，本村经营户和房屋出租户是天龙直接从旅游业获利最多的农户。

公司除了对租用公共场地的照相、现场书法作品出售的经营者收取少量租金外，对其他经营户没有管理权，外来经营户直接与房主签订租赁协议。

2. "天龙模式"的创造

从上面关于天龙旅游业发展历程和现状的介绍可以看出，天龙旅游从创意、投资到经营管理都由民营公司主导。

天龙旅游创造了由公司投资，对乡村旅游地进行整体承包，以及公司对旅游地实行景区式统一经营管理和"景区"内经营项目散户自主经营相结合的产业模式，这种开发模式和产业模式我们称为"天龙模式"。

县、镇两级政府对个人投资开发天龙旅游持支持态度，因而在基础设施建设、协调各方关系（如交通管制）等方面提供具体帮助，从而为天龙营造了良好的投资氛围。

"景区"内的经营户虽然与公司是两个经营主体，但二者实际上形成了一个利益共同体，具有互惠互利的关系。一方面公司对村子的整体开发和公共事务的管理为经营户创造了经营机会，提供了良好环境；另一方面经营户的经营活动，特别是那些带表演性的工艺品现场制作并出售的方式，又丰富了"景区"的活动内容。

投资商为本村人，在协调公司与村委会、村民的关系上具有天然优势，公司也愿意在村集体活动中承担更多义务，因此公司的经营得到多数村民的支持，尤其是经营户的支持。投资商的本土背景，使他们更愿意在企业发展过程中服务乡里，带领乡亲致富，而不是仅仅兑现合同规定，这也是许多地方仿照天龙模式但运行起来却困难重重的原因。

农民旅游协会，代表成员在公司与村民间起协调作用。它的功能与村委会部分重叠，但更"民间"。行业协会由经营户自发组成，作用正逐渐强化。

从总体看，这种模式经营正常，各方没有出现尖锐冲突，公司、经营户、村民、村集体、地方财政、有业务联系的旅行社的效益都能得到保障并逐渐提高，游客反映较好，公司也能不断开创一些新的旅游项目，整个社区，包括内部的治安状态、经营秩序、公共事务管理、设施维护等总体处于可控状况。由此可见，这是一种成功的乡村旅游开发、经营、管理模式。

这种模式的意义还在于：在欠发达、欠开发的贵州，不少乡村旅游起步于政府的文化项目，如郎德苗寨、镇山布依村，政府在旅游开发中起主导作用，而天龙旅游从创意到投资建设、经营管理都由投资商主导，靠商业运作发展成贵州著名乡村旅游地，因而具有很强的现实意义，起到了很好的示范带动作用。如同属屯堡文化区的云山屯、本寨的开发就是沿用"天龙模式"。

3. "天龙模式"辨析

需要特别说明的是，我们通过调查发现，广受赞誉的"政府+公司+旅行社+农民旅游协会"的"天龙模式"，实际是一种误读和人云亦云、以讹传讹。由于"天龙模式"的广泛影响，因此有必要在此一一辨析和澄清。

第一，经营主体。

所谓"政府+公司+旅行社+农民旅游协会"模式的概括，容易给人造成误解，认为这是一种由政府、公司、旅行社、协会四方共同参与开发、经营和管理的乡村旅游模式，而相当多的交流报告、专著、论文对"天龙模式"的阐述正是如此。通常研究者对上述四个经营主体的职责分工阐述如下。政府：负责对旅游开发和环境保护作统一规划，为公司的经营和发展创造良好的投资开发环境。公司：负责景区的经营管理，包括统一收取门票，并依据各方职责对门票收入进行再分配。旅行社：负责编制线路、客源市场营销、组织旅游团队、组织团队游览。农民旅游协会：主要负责处理村民参与旅游开发的各项事务，如组织地戏演出、组织村民参加各种培训；反映村民的意见和建议；纠正村民违规建房，并对村民进行素质教育和行为管理；负责维护村寨的社会治安和环境卫生等。并且认为这种模式在管理体制上既能发挥政府的指导、协调作用，又能充分利用社会力量解决资金、经营管理等具体问题；各利益主体在发挥各自所长的同时，也获得相应的利益分配，使责、权、利统一，因而在各利益主体追求价值目标存在一定差异的前提下，能较为有效地避免旅游的过度商业化，从而为旅游业的可持续发展奠定基础。

　　这种认知和评述与实际调查结果存在很大偏差。我们的调查结果是：政府，在基础设施建设、各方关系协调、项目引导、村寨规划和保护等方面行使公共权力。这是地方政府，尤其是在西部落后地区地方政府在发展旅游业过程中应起的职能作用。政府在天龙发展乡村旅游中并没有显示出有别于其他地方的特殊作用，如果把政府列为一方，政府就会无处不在、无事不在，就没有意义了。旅行社，在天龙乡村旅游的开发经营管理中始终没有旅行社作为一方介入，所谓"政府＋公司＋旅行社＋农民旅游协会"四方中，"旅行社"并不存在，这也许是因为股东之一是旅行社给人造成的误解，作为股东的旅行社只扮演了出资人的角色，公司与许多旅行社在天龙旅游的经营上存在正常的业务合作关系。农民协会，只是一个协调机构，在公司与村民间起协调作用，其所起作用与村委会的职能相似，并没有过深涉入行业。协会在前期发挥较大作用后，随着与旅游业有直接联系的"旅游商品经营户从业协会"的自发成立，农民旅游协会的作用在逐渐弱化。由此可见,公司是天龙旅游整体产品设计与实施、"景区"经营与管理(包括"景区"内的公共设施的整治、环境卫生的维护等)唯一的投资主体。公司之外,还有利用自家住房或租用农房经营旅游商品、住宿、餐饮等的农户或外来经营户。

第二,分配方式。

误传为,公司依据各方职责对门票收入进行再分配,比例是,政府11%、村委会10%、协会及村民14%、旅行社11%、公司54%。

实际情况是,公司通过纳税为地方财政作贡献,同时以补助村委会工资、每年交给村集体4%的门票收入、负责管理村子公共环境卫生等方式支付承租天龙的费用。公司还在协议外为全体村民交纳医疗保险、赞助村委会组织集体活动。公司除了按营业额缴纳地方税之外,对门票收入没有以其他形式给任何一级政府进行分配,税收不应该理解为公司给政府的分成,而是公司作为经济实体应尽的义务。

第三,村民住房入股。

还有一种误解认为,村民住房以位置和景观价值入股,按股分红。而实际情况只是公司向选作游览点的民居支付费用,这些民居免费向游客开放,相当于公司以门票提成的方式,为游客统一购买这些供人们参观的民居的门票。

尽管人们对"天龙模式"的认识存在以上误区,但不能抹杀真实状态的"天龙模式"在乡村旅游开发中所取得的成就,以及它对其他地方的借鉴作用和示范作用。

4. 公司存在的问题

权力不够。公司是对天龙村作整体承包经营的企业,实际上承担着对村子的村容风貌、环境卫生、治安秩序等公共事务的管理,但作为一个企业,公司又没有足够的权力管理村里的公共事务,更多时候只能用钱摆平,对于用钱无法解决的问题,公司无能为力。如村民违规建房,按规定公司承包经营的范围内不允许建新房,但2008年有户村民在未经任何一级政府批准的情况下在主街区修建了一栋房子,并且安装的是与古村风貌极不协调的铝合金窗子,公司以每年支付2万元的条件要求房主拆除建筑,但遭拒绝,公司只能听之任之。又如村里的狗患已影响到游客安全，但公司无权采取有效措施解决这一问题。

能力不足。公司从主观上说非常重视对传统文化的保护和古村风貌的维护，重视挖掘屯堡文化，以丰富旅游活动的内容，但在实际操作中，由于缺少专家的具体指导，以及客观条件的限制，存在不少缺陷和问题，不利于天龙旅游的可持续发展。如村里的路灯采用的是欧式铁艺，与中国古村落的传统风格格格不入。再如，由于公司有效利用村里各种屯堡文化资源（如特色饮食、民间工艺等）以丰富游览、体验、服务等活动内容不够，因此，一方面造成公司自身创收点少，另一方面给村民的无序参与留下了空间，使天龙逐渐变成了与贵阳青岩古镇相似的买卖一条街，丧失了屯堡古村风貌和文化特色。青岩本来就是工商业古镇，家庭作坊、商铺林立本身就是青岩古镇的特点，而天龙是由军屯演变而成的古村落，高高的围墙和弯曲的小巷才是天龙屯堡古村风貌的特点，熙熙攘攘的商贸街显然不是真正的屯堡村落。

5. 政府管理不到位

虽然主管部门编制了《天龙镇文化街区保护与整治规划》，该规划确定了天龙屯堡文化保护与整治的内容和范围，而政府有责任监督规划的实施和执行，以保护传统文化，维护古村落风貌。但政府没能建立起长效机制，没有责任到人，执行过程中松一阵紧一阵。如违章建筑的问题，有时执行的非常及时有效，如有一农户为方便自家进出，晚上在村中的小河上违章建了一座小桥，很快就被有关部门强行拆除。有时执行又很松，如上面所举的在村中显眼位置修建的违规民房至今仍未拆除。

对于那些公司无法协调和解决的有关公共事务管理的问题，政府有时也没有尽到应尽的责任。如上面提到的狗患问题，政府也曾经组织过人员集中打狗，但打过之后就算处理完了，没过多久又死灰复燃。因为没有相关法规和责任人员的监督，狗患问题一直没能得到有效解决。

6. 村委会的作为缺位

村委会是村民自我管理、自我教育、自我服务的基层群众性自治组织。办理本村的公共事务和公益事业，调解民间纠纷，协助维护社会治安；支持和组织村民依法发展各种形式的合作经济和其他经济，承担本村生产的服务和协调工作是村委会的法定职责。因此组织村民有序参与旅游经营和旅游项目活动、协调公司与村民的利益关系、协助公司营造良好经营氛围、维护村容村貌是天龙村委会应该履行的天然职能，但这些职能最初由农民旅游协会承担，当后来协会的作用弱化之后，实际造成了村一级组织在旅游管理上的缺失。这种状况极不利于天龙旅游业的进一步发展。

7. 村民的无序参与和消极行为

村民只要到有关部门办理相关手续就可以在村里开店或将房屋出租，政府没有把天龙村作为一个屯堡文化旅游区进行统一规划，公司也无权力统一管理，因而造成了目前村民无序参与的局面。

那些处于好位置、好地段的农户，利用全村人营造的文化氛围、公司创造和维护的经营条件，纷纷开店或将房屋出租，而不需承担任何公共责任，也没有为其他村民带来任何收益，这部分村民是天龙旅游最大的利益获得者，其总体获利甚至超过投资商（据估算300余户经营户的销售总收入是公司总收入的3倍左右），当然他们也成为天龙旅游业发展最积极的拥护者。村民无序参与开店和出租房屋是天龙事实上已存在的过度商业化的直接原因。

村民违章建房和建房破坏屯堡建筑统一风格是最严重的消极行为，这些做法会对全村的利益造成危害。

8. 潜在矛盾不容忽视

天龙公司景区式统一经营管理和"景区"内经营项目散户自主经营相结合的产业模式是一种较为成功的乡村旅游经营模式，但并不是完美的模式。在这一模式的运行中，公司与村委会、公司与村民、村民与村民各利益方之间依然矛盾重重。但由于投资商是本地人，这些矛盾基本得到化解，没有形成激烈冲突，使这种模式得以正常运转。由此可见，这种模式其他地方可以借鉴但难以模仿，想要模仿的前提是投资商是与当地具有紧密关系的本地人，杭州"山沟沟"的情况刚好可以作为旁证。

（四）完善"天龙模式"的方向

在贵州著名乡村旅游目的地中，天龙是起步较晚、发展较快、效益较好、名气较大、政府投入较少的一个，创造了较为成功的乡村旅游开发、经营、管理模式。

对"天龙模式"的改造与完善应集中在两个方面，即经营主体方面，形成"公司＋行业协会＋经营户"的结构；非经营主体方面，由最密切利益方组成"政府＋村委会＋农户"的结构。两个方面的不同利益方既各司其职，又相互配合，形成旅游业良性发展的运行机制。

两个方面各利益方职责如下。

1. 政府强化宏观管理

旅游业是关联带动性极强的产业，一个地区的旅游业只有得到政府切实有效的支持才能健康发展，尤其在西部地区发展乡村旅游，政府的作用至关重要。

各级政府在天龙发展乡村旅游过程中，在规划编制、基础设施建设等方面给予了有力支持，在今后的发展中政府应进一步强化宏观管理，具体有以下几方面工作：

第一，完善并实施《天龙镇文化街区保护与整治规划》。首先这一规划本身有完善的必要，其次规划需要政府监督实施，否则就成了一纸空文。尤其要加强对以古村落风貌为重点的有形遗产的保护，以及非物质文化遗产，如地戏、服饰打扮、各种仪式等的保护和传承，这是屯堡文化的根和天龙旅游可持续发展的根基。

第二，进一步完善基础设施建设，改善乡村环境。政府通常较重视交通，往往把交通问题放在工作首位优先解决。而在中国乡村，除交通外，排污、供水等公共基础设施也是最薄弱的地方，这两方面设施（尤其是排污）的建设是改善乡村环境、提升旅游吸引物品质的关键因素，因此政府应该当作一项重要而且是长期任务来抓，不能期望毕其功于一役。另外，还应重视绿化工作，除了公共区域由政府或公司出资绿化外，还应鼓励村民在房前屋后植树养花，并尽可能进行立体绿化，使天龙整体面貌得到进一步美化，从而提高旅游吸引力和村民生活品质。

第三，适当授权。针对公司对天龙村整体承包、景区式经营管理的产业模式，政府应采取特殊政策措施适当授权给公司，使其在"景区"经营的布局、业态，经营品种、经营场所装饰风格等方面有统一规范的权力。

第四，加强对工商经营户的管理。完善经营户证照管理，天龙已经具备这个条件。严格执法，经营场所要符合卫生条件，餐饮尤其要重视厨房卫生和食品安全；餐馆油烟、污水的随意排放是天龙目前最严重的污染，为此政府一方面应帮助解决，另一方面要严格执法；加强对消防设施的检查和日常维护，加强对经营户消防知识的培训和意识培养，防患于未然。加强质量监督，规范、教育经营户诚实经商，杜绝出售假冒伪劣商品的行为，要有维护声誉的意识，树立游客信得过的旅游商品销售地的良好口碑。继续实行低额的税收政策，对经营户进行实际上的扶持，使其具备进一步发展的能力。采取符合景区要求的特殊措施，在经营项目和经营方式上有所限制，防止与地方文化、地方特色无关的商品过多进入天龙。

第五，实施新区建设。村中违章建筑屡禁不止的重要原因之一就是没有采取有效措施解决保护与发展的矛盾。改善居住条件、提高生活质量是村民应有的权利。为了保护而剥夺村民正当权益不符合科学发展观，为了发展而破坏古村风貌，上有负于祖宗下对不起子孙，也损害了当代人的利益，旅游业也难以可持续发展。目前解决这一矛盾最有效的方法是尽快实施新区建设，一方面可以释放老街区的人口压力，使村民有条件改善居住条件；另一方面可以完善服务项目，减少老街区的商业气息，如可以通过约束性和鼓励性相结合的政策将餐饮服务引导到新区。

2. 公司改善经营管理

第一，丰富产品内容。天龙目前更多发挥的是黄果树瀑布景区过境游的作用，而不是目的地旅游区的作用，仍然需要依赖黄果树旅游的带动。天龙旅游要想在此基础上得到更好的发展，使越来越多的游客把天龙当作旅游目的地，改变从属地位，从而延长停留时间，获得更多经济效益，必须丰富产品内容。丰富产品内容应该围绕屯堡文化展开，具体而言：首先，可进一步通过商业手段扩大开放典型民居的范围，并且除了参观游览外，还可设计一些参与性的项目，使游客在衣食住劳等方面全方位体验屯堡人的日常生活。其次，增加地方特色工艺品、食品的制作和销售，采取措施限制外来商品的销售。最后，增加民俗表演活动，如观赏性强的祭祀仪式、婚礼；在屯堡人的重要节日，如春节、七月半节，推出专题旅游项目。目前公司的赢利点在门票，从长远发展看，不应再提高门票价格，而应通过丰富"景区"内的活动内容，增加公司的创收点，使公司获取更高利润。

第二，加大营销力度。天龙团队比例占游客总量的80%左右，其宣传营销过分依赖旅行社，因而经营在一定程度上也受制于旅行社，如团队餐饮，几乎无钱可赚；又如旅游商品的销售，已形成在天龙不能销售"旅行社定点旅游商店销售的主要旅游商品"的潜规则。鉴于此，公司应把营销重点放在广阔的散客市场上，以增加散客的市场份额。屯堡文化丰富的内涵及其独特性具有吸引中远程游客的实力，公司应加强对贵州周边省、市、区，以及华东地区的宣传力度。除了积极参与政府组织的宣传促销活动外，公司还应建立自己的销售渠道。在销售方式上，要特别注重网络宣传和销售，选择贵州有影响的网站建立专门网页，全方位宣传屯堡文化和天龙的屯堡文化产品。网页上要有交通、餐饮等服务信息和门票、交通费等价格信息，为散客出行提供具体帮助。作为一个很"本土"的公司，提高对营销的认识，加大营销投入，改善营销技巧都是极其必要的。

第三，加强自身能力建设。建设一支高水平的员工队伍是公司今后发展的重要保障。目前公司员工中接受过专业培训的人员不多，具有大专以上文凭的只有20多人，专业素质和综合素质普遍较低，因而服务水平、管理水平都有待提高，加强自身能力建设应成为公司今后工作的重点之一。公司一方面应采取"走出去，请进来"的办法，以高等院校、科研院所为支撑，社会培训力量为补充，加强对一线员工服务技能和文化知识，特别是屯堡文化的培训；对管理人员则采取专题培训与对外交流相结合的方式，提升管理人员的综合素质；另一方面应想方设法吸纳人才，尤其要吸纳在外就读的本村大学生毕业后回乡创业。

第四，自觉维护公共设施。对基础设施和公共设施的维护虽然是公共事务，应由政府负责管理，但由于这些设施直接支撑着经营活动，较多由游客使用，公司从中得到了较多利益，公共利益受损则公司受损。因此公司应在公共设施的维护和公共服务产品（如标示系统、信息）的提供上承担更多义务，在其他公共事务的管理上（如社会治安）也应承担一定义务，不能一味依靠政府。

第五，适时调整与村委会的协议。公司要解决好与村委会、村民之间的矛盾，争取得到村委会和村民更大的支持，从而为今后的发展创造良好条件。公司要有气度适时调整和村委会的协议，包括签订补充协议，哪怕牺牲眼前利益。要加强对村民和经营户的保护，特别是没有直接参与经营的村民的利益的保护，力求让越来越多的村民从乡村旅游发展中获益。

3. 村委会切实履行职责

第一，承担管理公共事务的职责。尽管公司有一定的管理公共事务的义务，但毕竟不是其法定职责，其管理能力和管理权限都有限，而且没有村委会的支持也很难把工作做好。天龙作为贵州著名的乡村旅游地，旅游业是除农业之外的重要产业，有30%的农户从中直接受益，100%的村民间接受益（如享受农村医疗保险、比旅游开发前好得多的卫生条件等），村级经济也因此获得极大发展，因此村委会应把围绕旅游业的发展作为自己的工作重点之一，在保护旅游资源、整治村容村貌、维护社会治安等与旅游经营密切相关的公共事务上切实履行自己的职责，为公司创造良好的经营环境。

第二，发挥协调各方关系的作用。在旅游发展过程中，政府、公司和村民是不同的利益主体，所追求的价值目标存在一定差异，因而各方之间产生矛盾不可避免。村民内部也较容易产生矛盾。因旅游而衍生的各种关系，产生的各种矛盾只依赖民间协会难以解决。为此，村委会一方面需代表村民协调与政府、与公司的关系，另一方面需协调村民内部分配和再分配的关系、旅游从业者与非从业者之间的关系。

第三，履行教育村民的责任。教育村民树立文化自豪感、文明意识、环境意识、守法经营意识。

4. 行业协会健全管理机制

行业协会是经营户的民间组织，其在行业规划、行业管理、项目评估、技术咨询、贸易仲裁、市场监管、市场行为矫正、社会服务管理以及发挥企业市场主体作用、促进行业自律等方面具有其他组织难以替代的作用，同时行业协会也应该成为联系政府与企业的纽带。

天龙"旅游商品经营户从业协会"等行业协会，除了负责协调经营户和公司、村委会等方面关系外，还应在上述方面发挥作用，弥补政府能力的不足。

此外，还应支持建立"住宿餐饮协会"等专业的行业协会。

5. 经营户守法遵章经营

守法经营是基本条件。遵章经营指在经营品种、业态、经营场所选择和装修上符合"景区"的特殊要求，与"景区"总体经营实现良性互动。

6. 农户享受权利履行义务

农户的权利是享受自己世代创造的文化在新时代创造的经济价值所带来的利益。

农户作为天龙文化的主人，要自觉维护带给自己利益和骄傲的传统文化，维护村寨传统风貌，这是天龙人应尽的义务，最终也是维护个人利益。[①]

---

① 盘晓愚：《乡村旅游开发与经营的"天龙模式"辨析》，《特区经济》2009 年第 9 期。

第五章

贵州乡村旅游发展透视

一 缘起和发展原则

（一）缘起和重要性

1982 年，贵州省在镇宁县毗邻黄果树瀑布的布依族村寨石头寨开发了以蜡染工艺为核心的民族风情游，随后扩展到安顺地区和黔东南苗族侗族自治州的上郎德、青曼、西江、麻塘等八个少数民族村寨。在开创了一种新的村寨旅游产品样式、满足了以外宾为主的游客的文化体验需求的同时，也取得了显著的脱贫效果，这些地区人民的生活水平有了很大改善，精神面貌和思想观念也发生了显著变化。

乡村旅游对随后在贵州全省各地相继开展的调整农业和农村经济结构发挥了积极的作用，它的扶贫、富民功效引起了广泛关注。1991年，贵州率先在全国提出了"旅游扶贫"的理念；1992 年，又确定了"以旅游促进对外开放和脱贫致富"的旅游业发展指导思想，并纳入了贵州省旅游业"八五"、"九五"计划。1996 年召开的全省旅游扶贫理论研讨会认为旅游在五个方面效果明显：一是景区周围农民致富迅速；二是开展民族风情旅游的村寨群众收入增加，生活改善；三是县域经济结构得到调整和优化，财政增收，例如荔波、施秉、赤水等市县；四是民族民间传统手工艺品作为旅游商品，使一大批农民包括未开展风情旅游的村寨的群众直接受益；五是民族歌舞走出大山，通过表演型的"劳务输出"增加收入，开阔视野。

贵州省政府和旅游管理部门认为，发展乡村旅游是贵州解决三农问题的必然选择。

贵州是全国唯一没有平原支撑的内陆山区省份，山多是贵州的特点，全省 3900 多万人多数在农村，人均耕地仅有 0.68 亩，最大的特点是人多地少，土地贫瘠，水土流失严重。由于经济基础差，受教育程度低，农村经济发展、农民就业和农村劳动力转移比其他省压力更大，加快发展的根本出路在于把农民从有限的耕地上转移出来，使之从事非农产业，发展旅游业是能够转移农民、提高农民、富裕农民的产业，是解决城乡就业的重要支撑产业。旅游业每增加一个直接就业人员，就能产生 3—5 个间接就业岗位，发展以旅游业为龙头的第三产业是带动就业最广泛的产业。

贵州省的旅游资源大多分布在农村，发展旅游业可以让农民离土不离乡，就地就业，降低转移成本。发展旅游业又有利于改善贫困地区和少数民族地区群众的交通等基本生产生活条件，有利于拓宽群众的基本增收门路，有利于加强群众与外界的沟通和交流，提高群众的基本素质，有利于推动贫困地区和少数民族地区加快发展，为解决三农问题注入新的活力。尤其是大力发展乡村旅游，对直接增加群众收入、加快小康社会建设步伐更为有利。[①]

乡村旅游正是贵州发挥资源优势，创造特色产品，振兴旅游业的必由之路。

（二）条件和优势

贵州位于云贵高原，全省 17.6 万平方公里的国土面积中，97% 的面积为山地、丘陵，73% 是喀斯特地貌。贵州是我国最大的岩溶分

[①]　杨胜明主编：《乡村旅游——反贫困战略的实践》，贵州人民出版社 2005 年版。

布区，岩溶形态之丰富、特征之突出堪称世界之最。无数的峡谷溶洞、温泉瀑布、森林奇峰，形成了遍布全省的奇山秀水，被列入世界遗产的荔波喀斯特地貌以及黄果树瀑布、赤水丹霞地貌是其中的杰出代表。"喀斯特王国"发展传统工业和传统农业极其艰辛，欠开发反而显示出后发优势，为旅游业保存了难得的优质资源，成为乡村旅游业稀有的资本。

贵州少数民族聚集，苗族、布依族、侗族、水族、瑶族、彝族、土家族、仡佬族等少数民族占全省总人口的38%，各民族的生活方式与生产方式中，蕴藏着古朴淳厚、绚丽多姿的历史传统。贵州交通不便，十分封闭，居住在这里的汉族在特殊的自然和社会环境下，形成了以屯堡为代表的独特地方文化。各民族的建筑、服饰、语言、节日、习俗、饮食、歌舞等，数量众多，风格各异，保存完好，多彩多姿。特别是贵州5万多个自然村寨，作为地方文化和民族文化的重要载体，传统浓厚，在现代生活中仍然保持了很强的原生性，具有很高的文化价值和旅游吸引力。贵州已列入名录的有1项世界非物质文化遗产、62项国家级非物质文化遗产、293项省级非物质文化遗产，贵州文化在全球化的大潮中可贵地保持了文化的多样性。

贵州多数地区属于中山海拔，气候温和湿润，是最适合人居住和度假的地区。

贵州广大农村生产力发展缓慢，城市化、工业化程度不高，污染少，原生态的自然环境和原生态的文化交相辉映，使贵州被誉为"人类疲惫心灵的最后家园"，可以成为永远的世界乡村，具有发展旅游业特别是乡村旅游得天独厚的条件。

厚重的文化积淀，独特的文化风貌，与喀斯特自然环境相生相成的生存智慧，能够给游客提供深度文化体验的新产品，使贵州乡村旅游拥有远程市场吸引力，具备打造世界级旅游精品和建成世界一流的乡村旅游目的地的条件。

古朴文化、奇异自然融合的乡村旅游，是贵州旅游的亮点和重点，也是贵州旅游核心竞争力的主要构成要素之一。

（三）发展原则

贵州是中国最欠发达的省份之一，贫困面大，贫困程度深。作为旅游资源富集的省份，旅游业理应为减少贫困人口和提高全省经济社会发展水平作出贡献。贵州开展乡村旅游具有重要的反贫困意义，其作用不仅在于增加经济收入，更在于能为贫困人口创造提高文化和科技素质的机会和条件。实践证明，乡村旅游的开展，首先能迅速改变乡村的经济贫困状况，更深层次的深远意义还在于能够提高贫困人口的素质，这是反贫困战略的根本性措施。加快以乡村旅游为重点的旅游业发展，能够有效促进农村产业结构的调整和农民收入的增加，促进生态环境的改善和提高贫困人口的生活质量、综合素质，是推进三农问题尽快解决的重要切入点。

在发展乡村旅游的实践中，贵州把握了以下原则：

第一，以科学发展观与构建和谐社会为指导，按照"生产发展，生活宽裕，乡风文明，村容整洁，管理民主"的总体要求，发展乡村旅游，促进社会主义新农村建设。

第二，坚持可持续发展原则，乡村旅游必须以保护现有文化、自然遗产为前提，保护乡村旅游所依赖的良好生态环境、乡村风光和乡村文化，不单纯追求短期经济利益。

第三，以提高村民收入为中心，以促进乡村社区发展为目标。坚持乡村旅游的社区广泛参与原则，尊重农民意愿，维护他们的知情权、参与权、管理权和监督权；合理分配，保障农民利益，不以财政收入为主要目的。

第四，发展以民族文化资源和乡村环境资源为依托的乡村旅游产品，使贵州的乡村旅游在富民兴黔的同时，成为一种多样化的、突出深度文化体验的新产品，把贵州农村建成独具特色的乡村旅游目的地。

二　制度保障和政策措施

20 多年来，贵州乡村旅游不断探索前行，发展的思路越来越清晰，制度和政策保障越来越有力。2002 年 12 月，中共贵州省委、贵州省人民政府在《关于加快旅游业发展的意见》中提出，要转变增长方式，"实施旅游精品战略"，创新旅游发展模式，"逐步把旅游业建成贵州省国民经济的支柱产业，使贵州成为多民族特色文化和喀斯特高原生态旅游的重要目的地，成为中国西部旅游热点地区"。

世界旅游组织秘书长弗郎西斯科·弗郎加利 2003 年访问贵州时指出，贵州依然是一块尚待开发的宝地，一座保留较好，在世界上为数不多的旅游资源宝库，贵州旅游不要盲目追随别人，要走出自己的路子。

2007 年，中共贵州省委、贵州省人民政府《关于大力发展乡村旅游的意见》进一步明确：发展乡村旅游，有利于调整农业农村经济结构，促进农民增收致富，加快农村经济发展，改善农村村容村貌，是社会主义新农村建设的重要抓手；有利于推进城乡交流、工农互动和城乡互动，是统筹城乡发展的重要举措；有利于保护环境与建设和谐乡村，促进人与人、人与自然和谐相处，是构建"和谐贵州"的重要载体；有利于促进农村扩大对外开放和全省旅游业加快发展，对实现贵州经济社会发展历史性跨越具有十分重要的意义。

《意见》还确立了如下总体目标：以民族民间文化体验游和休闲度假游为重点，带动乡村旅游全面发展，加快形成自然风光与民族文化相结合的种类丰富、特色鲜明、功能配套、服务规范的多元化乡村旅游产品体系，力争"十一五"期间全省乡村旅游总收入、乡村旅游直接或间接解决农民就业人数实现较大幅度增长，推动全省旅游业跨越式发展。

在寻求符合当地实际的发展道路，推动乡村旅游向深度发展的过程中，贵州省采取了以下措施。

（一）编制规划，确定目标

2003 年，在国家旅游局和世界旅游组织、世界银行的指导下，由国内外旅游规划专家共同编制的《贵州省旅游发展总体规划》从资源禀赋和实际出发，明确了以乡村旅游为依托的环境旅游与文化旅游的发展战略，目标是把贵州建成民族文化的保护区和乡村旅游的目的地。

在《贵州省旅游发展总体规划》的基础上，编制了《贵州乡村旅游规划》。

《贵州乡村旅游规划》确定了适合开展乡村旅游的区域：黔东南苗族区域；黔东南侗族区域；黔南布依族、苗族、瑶族和水族杂居的区域；黔西南布依族区域；黔西北彝族、苗族、回族区域；黔东北土家族、苗族、仡佬族区域；黔中布依族、苗族区域；六盘水三岔河流域苗族区域；安顺屯堡文化区域。

提出了三大产品系列：第一，依托城市的城郊型农家乐产品系列；第二，依托大型景区的乡村观光与体验型系列产品；第三，依托特色村寨及其群落的乡村深度体验型产品系列。

选择凯里和雷山巴拉河（苗族）、黎平肇兴（侗族）、贵定音寨（布依族）三个村寨群落进行示范性开发。

（二）制定标准，科学发展

从贵州实际出发，借鉴国际国内的先进经验，制定系列标准，保证乡村旅游的健康、规范发展。

2002 年，制定并实施了《贵州省旅游村寨定点管理暂行办法》。

2004 年，发布了《贵州乡村旅舍等级评定与管理》、《贵州乡村旅舍质量等级评定管理办法》。

编制《以社区为单位的乡村旅游标准》，形成了包含准入标准、组织管理标准、服务标准、营销标准与信息管理标准等 5 大类 32 个子项的乡村旅游示范项目标准。

发布了《贵州省农家乐开业标准》。

完成了《贵州省乡村旅游区质量等级的划分与评定（试行）》的制定。

在省级标准体系尚不完备的情况下，贵阳市也制定了《贵阳市乡村旅游示范户等级划分与评定》、《贵阳市乡村旅游设施与服务质量》、《贵阳市避暑山庄（农庄）设施与服务》等乡村旅游的标准作为补充。

（三）重点扶持，示范带动

在《贵州省旅游发展总体规划》和《贵州乡村旅游规划》中，对民族村寨的人口、经济、环境、社区结构、传统生活方式、建筑模式、基础设施、文化遗产等状况进行调查统计，形成贵州省旅游村寨名录；通过本地申报、专家评估的办法，谨慎地选择典型民族村寨进行乡村旅游示范，取得一定经验后，再逐步推广。

重点扶持。由省政府组织相关部门选出了第一批重点保护和建设的20个民族村寨进行重点扶持，2002年以来，在道路、饮水、卫生、教育等方面无偿投入4400万元。并将循序渐进，继续滚动增加新的重点扶持民族村寨。在深入实施巴拉河乡村旅游示范项目的基础上，还将启动并扶持一批不同民族、不同类型的乡村旅游示范区。

教育培训。除按照培训计划在全省开展对乡村旅游从业人员和管理者多层次、大规模的培训外，还注重对民族地区青少年的教育和培训，并通过地方立法、制定标准、建立村规民约等多种手段使民族文化传承逐步走上法制化、标准化、规范化的轨道。

国际合作。中国和挪威政府在贵州合作建立了四个生态博物馆，生态博物馆引进了新的文化和旅游理念。新西兰、法国、爱尔兰、奥地利等国在乡村旅游示范项目和旅游人才培训等方面给予了援助。

扩大受益面。发动群众，广泛参与，以旅促农。

（四）探索模式，鼓励创新

经营管理模式。积极推广天龙屯堡、威宁草海等管理经营和扶贫开发模式，提倡当地社区人民积极参与管理。鼓励并利用当地社会传统力量，建立民间文化遗产保护协会参与管理；帮助当地村民建立管理村寨的旅游企业；不断研究国内外的先进经验，结合贵州实际，创新贵州特色文化旅游、乡村旅游的发展模式。

兼顾文化保护和经济发展的模式。努力探索在乡村旅游的发展中有效保护自然与文化遗产的方法；寻找一个既能利用这些资源发展旅游造福人民，又能最大限度地保护自然与文化遗产的结合点。面对这个世界性的难题，贵州决心开创一条消除贫困、保护遗产、促进发展的新路子。①

三　取得的成就

（一）形成广泛分布的多种类型

按本书的划分标准，贵州具有"城市化乡村旅游"之外的各种乡村旅游类型。

1. 乡村文化和文化景观旅游目的地型

贵州乡村旅游是从高品位、高档次、深度文化体验的乡村旅游目的地型开始起步的，这一点与一般省份不一样。本类型在全省各地都有分布，市场和区位条件比较好的贵阳市郊区和周边县份、具有独特的民族文化资源的黔东南相对集中。

特色文化村落。开发早、知名度高的有雷山郎德、西江，黎平肇

① 杨胜明主编：《乡村旅游——促进人的全面发展》，贵州人民出版社 2006 年版。

兴、安顺屯堡文化圈的天龙，另外还有屯堡文化圈的九溪、云峰八寨等村寨。

西江。位于雷山县东部，是西江镇政府驻地，有居民1000多户，5000多人，号称千户苗寨和世界第一大苗寨。全寨划为四个行政村，背靠海拔2041米的雷公山主峰雷公坪，村寨民居——青瓦板壁的吊脚楼错落有致地沿山麓逐渐升高，背后是层层梯田，远处是茫茫苍苍的森林。西江地处苗疆腹地，建寨至今已600余年，文化传统深厚。苗族盛装的银饰、刺绣五彩缤纷；飞歌、酒歌、情歌、芦笙曲，木鼓舞、铜鼓舞、芦笙舞，构成了歌舞的海洋；吃新节、苗年、13年一次的鼓社祭，是敬祭祖先和狂欢的盛大庆典。西江旅游始自中外采风者的进入，政府投入巨资改善了基础设施，花大力气进行了村寨传统风貌的维护，游客逐渐增多，寨内企业、农户经营的工艺品作坊和商店、民居旅社等食宿服务点越来越多，外来投资者开办的旅社和酒吧也逐渐出现。但是河道整治和部分景观建设严重违反地方性和生态原则。

肇兴。位于南侗文化中心黎平县，距县城72公里，是肇兴乡政府所在地的一个侗族大寨，也是最大的侗族自然村寨，坐落在一个谷地内，两侧群山树木葱茏，中间一条小河流过。大寨分仁、义、礼、智、信五个小寨，每个小寨各有一座鼓楼，鼓楼坪上有戏楼，全寨共有五座鼓楼、五座戏楼、五座风雨桥，还有寨门、凉亭等公共建筑，与疏密有致的干阑式民居共同构成民族特色鲜明、观赏性极强的村寨建筑景观。肇兴是侗族文化教育发达地区，民族风情浓郁，以大歌为代表的侗族歌舞、歌谣和侗戏是民族文化的瑰宝。20世纪末起，肇兴就在政府引导下开展了歌舞表演和民居餐饮、住宿接待，对海外客人、国内文化体验型散客有很强的吸引力。近年，世纪风华旅游投资有限公司进入获得了整体经营权，经营了宾馆和表演队，也承担了部分公共设施的建设和维护工作，计划收取门票但一直未能实施，寨内经营户仍然自主经营。

云峰八寨。位于安顺市西秀区东部七眼桥镇南部，距安顺市区15公里，是原云峰乡（现已撤销）的八个自然村寨，包括国家级文保单位云山屯。云山屯坐落在云鹫山腰一个群峰环绕的凹地中，其余村寨散落在喀斯特锥峰下的田园边；是屯堡文化圈中农业条件好、建筑特色突出、各种习俗保存比较多的一个自然村寨群。由世纪风华旅游投资有限公司负责旅游整体开发，重点是云山屯和本寨，公司收取门票，寨内经营户自主经营，开发模式非常接近天龙。

九溪。位于安顺市西秀区大西桥镇东南部，是屯堡文化圈中最大的一个自然村寨，因九水环绕而得名。有千余户人家，以顾、宋两姓为主，家谱记载均为明初屯军后嗣。九溪自然风光秀美，街巷整齐，建筑精美，屯堡语言、习俗保存完整，现仍有三堂地戏、三座寺庙、古装花灯和应节举行的各种民俗庆典活动，如正月初九"抬亭子"庙会、七月十四河灯节等；银饰、刺绣和酿酒、制糖、豆豉、鸡辣椒等传统技艺和小吃远近闻名。九溪旅游始于村民自发组织的"屯堡文化研究会"举办的屯堡文化活动和接待，随后经营地方餐饮、民间工艺品的经营户逐渐增多。后来也由世纪风华公司接手开发，但在分配关系上公司和村民一直没有理顺，村中农户的分散经营较多，公司投入甚少，近年建筑风貌破坏比较严重。

乡村文化景观乡村旅游地。著名的有花溪高坡、惠水辉岩等村寨都拥有秀美的梯田或坝子田园景观。

高坡。贵阳市花溪区高坡乡距贵阳市区40余公里，在海拔1200—1700米的一个高原台地上，分布着若干苗族和布依族村寨，因交通不便几乎没有工业。高山草场、森林、梯田、近代御匪的营盘（山头上的小型城堡）、散布的村落以及山坡上和草场上觅食的牛羊，组成了一幅幅迷人的耕牧风光图，被中国摄影家协会命名为"全国摄影创作基地"。多年来，就有省内外游客慕名前来游览。有企业进入经营，开发了骑马、露营、烧烤等活动项目；也有不少农户利用自家房屋提供餐饮服务。

辉岩。辉岩村隶属于黔南州惠水县好花红乡，距贵阳市城区70公里。这里布依族文化厚重，是布依族代表性民歌《好花红》的发源地，寨内以"布依第一堂屋"为代表的众多老建筑引人注目。寨子位于贵州最大的"坝子"——涟江大坝之中，自然环境秀美，涟江河从寨前缓缓流过，河水清澈，两岸绿柳成行，远处青山相依。寨子外是广阔、平整的稻田和连片的金钱橘，构成了涟江大坝标志性的田园风光，体现了典型的农耕文化。该村很早就吸引了前来拍摄田园风光的摄影师们，近年随着自驾车游客的飞速增长，越来越多的客人来到这里观赏贵州高原少见的平原型田园。在政府的引导和直接资助下，村中配套开展了农家庭院餐饮服务，在金钱橘成熟时采摘活动也很受欢迎。

乡村风光乡村旅游地。最典型的是花溪镇山村和凯里市的南花村。镇山村和南花村本来都是作为特色文化村落打造的，由于它们的秀美风光、良好区位条件，以及追随所依托的贵阳、凯里城市居民的休闲习惯（麻将＋农家饭＋戏水），产品发生转型，实际成为乡村风光乡村旅游地。

南花村。凯里市的南花、季刀、怀恩堡和雷山县的郎德、猫猫河、南猛、脚猛等七个苗族村寨被列入2004—2006年贵州省和新西兰政府合作的巴拉河乡村旅游示范项目，2003年项目区被评为全国农业旅游示范点。南花和郎德在示范项目开始以前就已经是贵州著名的旅游村寨，在示范项目实施后仍然是示范区内独立经营、旅游流量最大的两个村寨。南花村距凯里市不到20公里，前临巴拉河，背倚青山，苗家的吊脚楼从河边高低错落地一直绵延到山腰上。南花村以其秀美的风光、浓郁的苗族风情、相对优越的区位成为贵州最受欢迎的乡村旅游点。现在，在政府主导下，全村旅游由村旅游办管理，村民参与村里的集体歌舞表演，自主经营利用农舍开办的餐饮、娱乐、住宿服务点，70%以上的农户从事着和旅游有关的活动，村子整体上进入初级小康。

乡村旅游度假区。分布在城市周边，由村落群构成，目前比较成形的有贵阳市乌当区香纸沟、凯里市巴拉河的南花村、贵定音寨、开阳清龙河等几处。

香纸沟。位于贵阳市北部乌当区新堡布依族乡陇脚村，距贵阳市区 42 公里，是一条有多个分岔的峡谷，山高谷深，山上森林密布，谷内有村落、稻田、造纸作坊、温泉、古寺。景区内保存的目前国内规模最大、最集中的古法造纸作坊系统，已被列入国家级非物质文化遗产名录，景区 2000 年被评定为省级风景名胜区。香纸沟 20 世纪 90 年代后期在政府主导下进行旅游开发，政府设立的风景区管理处收取门票，负责基础设施建设和景观建设，农户开展餐饮、骑马等服务。现在，香纸沟有几十户农家餐饮、住宿接待点，供游客骑乘的马匹 100 多匹，还有一家小宾馆。村民普遍脱贫，不少位置好、善经营的人家已靠旅游致富。香纸沟在贵州开创了以特色民间工艺为重要吸引物的旅游样式，是乌当开发最早、影响最大的旅游点。

音寨。位于贵阳市东面的贵定县盘江镇南 3 公里，西距贵阳市区 60 公里，东距贵定县城 15 公里，高速公路从盘江经过且有出口。音寨是布依族聚居区，有 100 多户，分成四个自然寨，背靠森林、果树苍翠的观音山，寨前流淌着河床宽阔、水流清澈舒缓的翁城河，河谷中是万亩平畴，树木中掩映着青瓦灰墙的布依族民居，砖墙粉壁上出自民间匠人之手的壁画清新质朴。春天，千顷油菜花和漫山遍野的李花形成"金海雪山"奇景，因风景秀丽被称为"小花溪"（花溪——贵阳市花溪区，是贵州著名风景区和传统旅游地），很早就有从贵阳和贵定自发到来的游客。21世纪初，县政府投入巨资进行道路等基础设施建设，保护和改善村容寨貌，成立了旅游局管理的旅游公司，公司负责整个开放区域的整体管理并收取门票，村民在公司指导下开办农家饭店和棋牌娱乐。音寨开发后取得巨大成功，每年有数十万游客到访，村内有审核挂牌的"农家乐"上百家，已有企业进入建立度假村。

清龙河。位于开阳县南部禾丰乡，沿清龙河有凤凰寨、河湾平寨、龙滩坝、马头寨、水头寨、王车等布依族、苗族村寨，河谷、田园风光旖旎，被称为清龙十里画廊；马头寨因是水东文化代表点，被列为国家重点文物保护单位。这里20世纪末即有旅游企业开发漂流旅游项目，2005年后重点建设了水头寨布依风情村，2006年获得国家级农业旅游示范点称号，近年又有企业进入开办了酒吧和乡村酒店。旅游区范围较大，形成了综合性的乡村旅游带。

高端文化体验乡村旅游地。只存在于边远的乡村，有六枝的梭戛，黎平的地扪、堂安、纪堂等村寨。剑河县南寨乡展溜村类似于此，展溜锡绣文化遗产保护已被列入世界银行贷款仰阿莎文化遗产保护项目。

堂安、纪堂。堂安侗寨位于黎平县肇兴乡肇兴大寨东面约6公里处，纪堂侗寨位于肇兴大寨西南约6公里处，均距县城80公里左右。两个寨子都地处山腰，生态环境良好，梯田为主构成的田园风光显示了人类巧妙利用、改造自然环境的生存智慧，干阑民居和寨门、鼓楼、戏楼、风雨桥、祖母堂、土地庙等公共建筑布局井然有序，石板的巷道和梯步、石砌的水井和水塘自然古朴。这里侗族的生产、生活习俗保存完整，是典型的侗族文化空间载体，堂安还被纳入中国第一个生态博物馆群，借助中国挪威合作项目建起了侗族生态博物馆。由于交通不便，两个寨子都只有少量对民族文化有特殊兴趣的游客到访，游客一般以肇兴为服务基地。

2. 郊区乡村游憩型

分布在城市郊区，单户接待点的规模和总规模与所依托城市的市场规模呈正相关关系。在各个县城，也陆续出现了此类乡村旅游点，活动内容以农家菜和棋牌娱乐为主，也有采摘型的。

分散经营的，以花溪最多，登记在册的有200多户"山庄"。

形成聚集区的，以乌当阿栗村为代表，主要活动是杨梅采摘，季节性非常强。

　　阿栗。阿栗村距贵阳市区8公里，种植杨梅700余年，在贵阳久负盛名，有成片的野生杨梅1000余亩、百年树龄的古杨梅1000余株，品种20多个，以"火炭杨梅"和"老鸭毛"最为有名。20世纪80年代从浙江引种优质杨梅5500亩，另有桃、橘、美国黑草莓等水果1000亩。阿栗年产水果100万斤以上，其中杨梅产量占各种水果总产量90%。1990年代中期开始出现杨梅采摘旅游活动，贵州省的采摘型乡村旅游由此起步，阿栗后被评为国家级农业旅游示范点。每年六七月间杨梅成熟，阿栗是贵阳市民首选的采摘娱乐地，这个时段营业的农家饭接待点有几十户，长年经营的也有数户。

3. 依托旅游景区服务型

贵州目前已成立的各级各类自然保护区、地质公园、风景名胜区近200个，几乎都在乡村，发展配套服务具有近水楼台的优势。如雷山县白岩村。

　　白岩。雷山县雷公山路上的白岩村居于层层叠叠的梯田中，村子为纯苗族，规模较小。有多家县旅游局挂牌的"农家乐接待户"，也有农户经营的未挂牌的餐饮服务点，主要为雷公山游客提供配套餐饮服务。这里纯正的苗家饮食、淳朴的苗家待客之风每每给客人留下深刻印象。

4. 旅游区构成要素型

贵州的许多大型风景名胜区都有形成此类乡村旅游点的条件。目前已经有较大客流量的有兴义万峰林风景区的纳灰等村寨、黄果树景区中的石头寨布依村。荔波茂兰生态旅游区中的尧古、拉夯、毕忙、拉桥、板寨等布依族和瑶族自然村寨，随着徒步旅游线的开通，会成为和自然风光相得益彰的高品位乡村旅游点。

纳灰。坐落在兴义市万峰林景区核心区八卦田附近，风景如画，布依风情浓郁，能够为景区增添文化色彩和提供配套服务。2003 年，政府资助开办了 20 多家"农家乐"，纳灰也获得了国家级农业旅游示范点称号。2005 年春节，胡锦涛考察纳灰村时，肯定了"提升种养业，发展旅游业，依托万峰林，建设小康村"的发展思路，并和村民一起亲手打糍粑。之后，纳灰村旅游飞速发展，政府加强了基础设施建设，在村委会组织下，村民开发了农家饭、打糍粑、布依族服饰旅游商品、文艺表演等多种旅游项目。

石头寨。石头寨隶属镇宁布依族苗族自治县安庄乡，在黄果树瀑布上游约 6 公里，聚居着以伍姓为主的 200 多户布依人家，蜿蜒的白水河绕寨而过，四周稻田环抱。石头寨是个石头王国，民居纯以石造，以石为墙、为柱、为瓦，家中用具如桌、凳、碓、磨、钵、槽、缸也全是石制。蜡染是石头寨一绝，蜡花冰纹清秀，在附近影响很大。石头寨 1982 年开发旅游，是贵州最早的旅游村寨，主要内容是游览村容，观赏蜡染制作和购买蜡染产品。石头寨旅游从开始就是黄果树景区的一个点，许多旅行社将其列入团队线路，后来散客逐渐增多。近年，村委会组织收取进寨门票，在村前白水河上增添了游船等活动项目。

尧古、拉夯、毕忙、拉桥、板寨。是荔波县茂兰生态旅游区中的布依族和瑶族自然村寨，特别是其中的尧古布依族村，村落传统建筑风貌保留完整，还有正常生产的古法造纸作坊；板寨，是红七军会师处。这些村寨是生态、文化体验、历史探密旅游线上的重要游览、体验、服务点，相对高端的自助游、徒步游正在进入，村民开办的旅游服务正在兴起。

现在，贵州已从近千个近期具备发展乡村旅游条件的村寨中，遴选出 100 多个典型村寨逐步推出。一个国际性的乡村旅游目的地，将慢慢由这些村寨托举出来。

（二）综合效益

1. 旅游业方面

经过 20 多年的不懈努力，贵州已有 130 多个民族村寨开展了以浓郁古朴的民族文化为载体的民族村寨游，连同相继在全省各地蓬勃兴起的城郊农家庭院接待，形成了民族文化观光、歌舞表演、深度文化体验、农业观光、城郊"农家乐"、民族节庆、民俗寻踪等乡村旅游产品形式。

乡村旅游作为民族文化旅游的一种实现形式，与喀斯特观光一起，成为贵州旅游特色最鲜明、最具有国际竞争力的综合性旅游产品，贵州国际乡村旅游目的地的形象初步确立。

据不完全统计，2005 年，全省开展乡村旅游的接待点 2600 多个，接待游客 1084 万人次，占全省接待总量的 1/3 强；收入 21 亿元，占旅游总收入的 8.4%。[1]

---

① 数据来源于贵州省旅游局。

2. "三农"方面

贵州乡村旅游业对推动解决"三农"问题，建设社会主义新农村，已产生显著的积极效应。

据贵州省旅游局提供的数据，2005年贵州全省乡村旅游吸纳农民直接从业的有15.53万人，占全省旅游就业人数的39.76%；已有63万人通过发展旅游走上了致富之路。

在开展乡村旅游的地方，农户收入一般要高于当地平均水平。本书分析的三个案例，郎德在所在地的村庄中率先脱贫，2007年人均纯收入2756元，而全镇人均纯收入是1732元。农业资源匮乏的镇山很快由全镇的穷村变为富裕村，从1993年到2003年，旅游经营户的人均纯收入从500多元增长到7000多元，是原来的14倍。天龙旅游开发三年之后，农户人均纯收入从1760元增长到2180元，村级经济收入从10万元左右增长到40万元左右，远高于开发前。由于农家餐饮出于成本和交通方便的考虑，原料多是自产或采购于当地，销售的手工艺品也是当地或邻近村庄所产，因而收入漏损小。旅游业在反贫困战略的实践中发挥了重要的作用。

在开展乡村旅游的地方，村容寨貌发生了巨大变化。各级政府优先完善了路、电等基础设施，"四改一建"（改水、改厕、改圈、改厨，建沼气池）工程的推进从物质条件上保障了村容整洁。由于优美的环境、良好的生态是保障旅游业发展的必要条件，保护生态环境、创造优美环境成为经营户的自觉行为，这对城乡特别是农村生态保护、环境卫生、精神文明建设、文明村寨建设起到了很大的促进作用，迎接宾客的需求让村民们养成了讲卫生的习惯。

旅游业带来的和外界的交往，城乡交流、文化交流还激发了农民转变观念，促进了开放思想的形成和进取心的加强，文明风气逐渐养成，商品经济的观念深入人心，农民有学习文化知识、职业技能和提高自身素质的愿望。黄果树附近村寨的老太太招呼客人的第一句话肯定是方音浓重的普通话，龙宫边上的龙潭村甚至请贵州大学旅游系教师去教授村民们简单的英语，以便和外国游客做生意，没有旅游的影响这简直是不可想象的事。

这些地方的妇女由于在餐饮服务、工艺制作等方面处于比男性更优越的地位，因而在家庭中的地位也得到显著提升。

经营活动磨炼了一批干部，对外开发和接待提高了村民素质，产业组织的出现引进了现代管理理念，村级经济实力的增强提高了村委会的治理能力。乡村旅游促进了基层社区民主管理、自我管理水平不断提高。

四　参与和组织的模式

社区居民的参与是乡村旅游开发的应有之意，也是乡村旅游业对乡村建设发挥作用的主渠道。

产业组织是产业内企业间关系构成的统称，产业组织模式是产业内企业间关系构成的具体方式。乡村旅游产业组织模式是指提供乡村旅游产品和服务的个体或者企业之间的产权、竞争、分工与合作关系。

由于乡村旅游普遍存在资本小、土地分散、规模小、产品单一的问题，存在产业组织自发化倾向。有些地方不存在严格意义上的产业组织，而是由社会组织起到了产业组织组织生产的作用。因此，不能完全用现代产业组织理论来分析乡村旅游产业组织问题。

乡村社区居民的参与机制跟产业组织有密切关系，一些参与方式就是直接由产业组织的性质和运作形式决定的。

贵州这些年来，政府、旅游投资商和一些非政府组织在不同的乡村社区探索、试验了不同的参与方式和产业组织形式，社区居民也自发形成了不同的参与途径和产业组织。

不同的乡村社区参与机制和产业组织形式，以及由此决定的管理和分配方式，形成了不同的发展模式。

（一）独立农户模式

作为个体经营者的农户在有鱼塘、果园或者靠近河流、湖泊等景观的非乡村旅游聚集区开展的乡村旅游经营活动，一般提供餐饮、棋牌服务，部分也有钓鱼等娱乐项目，特色餐饮往往成为最大吸引点。位于城市郊区，贵阳市比较多，属于郊区乡村游憩类型。

农户利用自家的庭院独立经营，家人自己管理和承担大部分工作，旺季也聘请临时帮工。

这种农户一般都比较富裕，参与度高，但带动效应小。

（二）独立山庄模式

企业在非乡村旅游聚集区开辟的乡村旅游服务点，选址与独立农户相似，经营规模要大许多，会有一个园林式的大型庭院。位于城市郊区，也属于郊区乡村游憩类型。如贵阳花溪的乐伏山庄。

需要建设专用接待设施，雇用部分帮工。

这种山庄一般租用当地农民土地，或在早些年承包的"荒山"经营。本地居民会少量通过务工等方式参与，带动效应小，是一种"飞地"现象。

（三）农户集群模式

在村寨等乡村旅游地，独立经营的农户形成产业集群。属于郊区乡村游憩型的如贵阳乌当阿栗村；属于乡村文化和文化景观旅游目的地型的如贵阳花溪的镇山村和惠水县的好花红乡辉岩村；属于旅游区构成要素型的如兴义万峰林中的纳灰村；属于依托旅游景区服务型的如雷山县雷公山上山公路边的白岩村。

农户的经营同质化，很少上下游关系，靠叠加形成产业集群。多借助和改造自家庭院用于经营，家庭成员自己承担劳务，旺季也会少量雇请帮工。

从全村来讲，参与旅游业的情况严重不平衡。有旅游经营的农户深度参与，无旅游经营的农户几被排除在旅游业之外，从旅游业获取的利益差距很大。这种模式，公共资源维护、公共产品提供、经营秩序管理通常都较薄弱。

（四）独立企业 + 独立农户模式

在一些风光秀丽的地段，互无隶属关系、产权关系的独立企业和独立农户形成了乡村旅游聚集区。现阶段，都属于郊区乡村游憩型或依托旅游景区服务型，因为依托城市，企业才有较好的收益。如镇远县铁溪的乡村旅游聚集区，位于距城区不远的铁溪景区外围，兼有郊区乡村游憩型和依托旅游景区服务型两类特点。

企业一般是租用集体土地，会雇用本地村民，当地除了从中获得少量土地租金和务工收入外获益不多。农户经营总体处于弱势但也能与企业的经营形成互补。公共资源维护、公共产品提供、经营秩序管理同样接近真空地带。

铁溪。铁溪景区位于古城镇远东北面，核心景区游览线路全长12公里，景区边缘到县城不过4公里，是国家重点风景名胜区舞阳河的10大景区之一。景区内峡谷幽深，河水湍急，岸壁茂林覆盖，奇峰、巨石、浅滩、溶洞星罗棋布，峡谷稍宽处有小桥流水和田园村庄。自明代以来这里就已成为达官贵人、骚人墨客常光顾的胜地，被誉为"小九寨沟"。铁溪外围油榨坊—四里桥—半坡田一带村庄开展了"农家乐"经营，为这片名山胜水所吸引，外来投资者也到此建设了多家度假村、山庄，彼此独立经营，相安无事，但整体感略差。

（五）社区自治模式

由村委会组织村民参与旅游接待工作。全民参与旅游业，分配比较平均。发展一段时间后会出现社区自治体与单个农户经营并存的局面。典型代表是"工分制"的郎德和江口县云舍村。

当地居民参与度是各种模式中最高的，优点是利于文化传承和建设和谐社区。缺点是大锅饭影响部分骨干人员的积极性，而且，由于没有一个经济组织作为产业的组织者，营销、产品设计更新职能欠缺。

　　云舍。江口县云舍村是一个以杨姓为主的土家族村寨，有470多户，近2000人，坐落在美丽神奇的梵净山下、风景如画的太平河畔，兼有特色文化村落型和依托旅游景区服务型两类乡村旅游地特点。云舍保留了不少清朝古建筑，尤以筒子屋，即砖砌外墙、内为木结构的四合院最有特色。云舍土家风情浓郁，土家人能歌善舞，摆手舞、金钱杆、"毛古斯"等舞蹈，传统古歌、仪式歌、劳动歌、生活歌充满乡土气息；冲傩、还愿、祭祀土王、祭风神神秘庄重；土家织锦、手编工艺、土法造纸古朴诱人。2002年，云舍被纳入国家旅游局、省旅游局帮扶点，利用梵净山越来越大的客流，江口县在云舍创建"中国土家族民俗风情第一村"，政府部门帮助村委会成立了村旅游开发委员会，组织了一支120人的"半耕半演"的演出队伍，推出了进村仪式、土家歌舞表演、"哭嫁"婚俗表演、参与式对歌、土法造纸工艺参观、饮食服务等旅游项目，是梵净山旅途上一处很有意思的游览和休息点。集体表演由旅游开发委员会统一收取费用后进行再分配，餐饮和旅游商品自主经营。2005年被国家旅游局批准为全国农业旅游示范点，当年共接待中外游客3.86万人次，旅游总收入270万元。2006年接待游客12万人次，据县旅游局测算，旅游总收入达到1200万元。

（六）自办景区模式

由村委会或村委会下属的企业（可以是股份制）开发经营景区，吸引物、管理、服务都带有极浓的乡村味。目前比较突出的如贵阳市小碧乡营盘村的营盘古堡。

这是一种成功的模式，管理严格，全体村民都可以通过集体收入获利。但限制条件较多，一是需要非常好的旅游资源条件；二是村集体必须有雄厚的积累或融资能力。

营盘古堡。贵阳市花溪区小碧乡（小碧乡2009年成建制划入南明区）营盘村是一个已有几百年历史的布依族古村落，辖大寨和小寨两个自然村寨，人口1000多人。2005年，营盘村集体和个人合资成立了"贵阳花溪营盘古堡娱乐有限公司"，利用古代营盘（城堡）遗址建起了仿古城堡，有烽火台、城墙、观察哨、演武场等军事防御建筑和观景长廊、休闲娱乐中心，从本村富余劳动力中招聘了180多名服务员，开展布依族餐饮、歌舞和娱乐服务。下一步，结合大寨自然村落，规划建设大寨村布依特色商业街，改造布依民居内部设施，建设一批具有布依特色的农家乐餐馆和布依族古代文物陈列馆、儿童游乐园。出于对市场潜力良好的判断，营盘古堡已由深圳大中华集团租赁经营。

（七）景区—农户模式

建立一个有门票控制的景区，管理机构是政府的，有经营职能和部分公益性管理职能。景区内部农户独立经营。典型的如贵阳市乌当区香纸沟和贵定县音寨。

公共管理责任得到落实是这种模式的最大优点。进一步发展，这种模式的内在弱点会逐渐显现，景区的产权不清晰，景区与经营户的利益不完全同一会产生矛盾。因此，有必要对这种模式加以改良。

（八）公司—经营户模式

通过与地方基层政府和村委会签订协议，公司有偿取得村寨的总体旅游经营权，需要完成基础设施的维护、公共卫生、部分旅游项目的开展。协会不是实体，而是起协调公司、农户关系的作用。村寨中农户有自行开展餐饮、旅游商品、住宿等经营的权利，公司无经营秩序的管理权。目前比较成功的是平坝县天龙的案例。

村民可以通过进公司担任导游、表演、卫生、杂工等工作获得报酬，或独立经营。没有直接参与旅游工作的村民，可以享受村集体的少量福利和公司改善基础设施、公共服务的间接好处。但村民的参与机会不均等，公共资源、经营秩序的维护也缺乏有力的执行者。

五　产业的特色和存在的问题

（一）政府主导作用突出

大力发展乡村旅游业，是结合贵州省情，发挥比较优势，坚持以人为本，扩大就业和增加收入，推进解决三农问题，全面建设小康社会的重要途径。

由于贵州是全国最欠发达的省份之一，市场力量弱小，各级政府在乡村旅游业的发展过程中，在引导和发动群众参与旅游产业活动以及资源配置上，发挥了主导作用。

直接扶持示范点。贵州省旅游局在 2004—2006 年间直接组织实施的"巴拉河乡村旅游示范项目"得到了新西兰政府资金和技术的援助，该项目选择贵州具有典型资源意义的少数民族村寨群落，探索了有推广价值的产品形式、村民参与机制、产业组织模式和部分标准，对全省乡村旅游开发有启发作用。省旅游部门设置了乡村旅游项目，重点支持一批乡村旅游点。

推动农村社区开展乡村旅游。县级旅游管理部门和地方基层的乡镇政府在引导、指导村民开展旅游接待服务工作上处于第一线，对乡村旅游地的规划、管理、营销主要由他们承担，许多农户是在他们的说服、解释之下才进入旅游产业的，许多乡村旅游地的经营户协会也是在他们的推动、撮合、指导下成立的。

加强重点村寨保护和基础设施建设。贵州省基础设施薄弱，农村更甚。近几年来，贵州各级政府吸取了遍地"撒胡椒面"，建设投资达不到满足经营的产业基本条件的教训，通过各部门掌握资金的项目捆绑方式，向乡村旅游地倾斜。如贵州省政府建立的"民族村镇保护与建设联席会议"，成员包含建设厅、文化厅、民委、旅游局、交通厅、农办、爱委会等十几个省直部门，1999 年以来，投入资金 4000多万元，集中用于 20 个重点村寨的保护和建设，使它们的传统建筑和非物质文化遗产保护、环境整治、基础设施建设取得了飞跃性的进步，为乡村旅游的发展创造了宝贵的物质基础。

政府资助许多农户达到了最基本的旅游接待条件。如平塘县卡蒲乡是全国唯一的毛南族乡，受到资金和人才制约，乡村旅游启动困难，该县采取部门对口扶持办法，开展村民培训、房屋庭院装修和改厕、改圈、改厨、建沼气池等工作，为旅游餐饮接待户配送电冰箱等设备，使卡蒲乡村旅游业迈上了快速发展的路子。惠水县辉岩村也是县旅游局带领部分示范户外出取经、学技术，赠送餐厨设备并介绍客人后，才成批出现旅游接待户的。

以"四在农家"为抓手推动乡村旅游。"四在农家"是遵义市基层干部群众创造的建设农村物质文明和精神文明的工作经验，即"富在农家增收入、学在农家长智慧、乐在农家爽精神、美在农家展新貌"。中央提出新农村建设后，"四在农家"契合"生产发展、生活宽裕、乡风文明、村容整洁、管理民主"的新农村建设 20 字要求，在遵义全市得到推广，并引起中央有关部门的高度重视。遵义到重庆的高速公路通车后，遵义乡村以宜人的气候吸引了大量重庆客人，特别是退休群体到乡间长住。"四在农家"倡导的新的农村生活方式，为乡村旅游开展创造了环境和社会条件，实实在在推动了乡村旅游。

乡村旅游也为"富在农家"找到了产业支撑,与"四在农家"形成良好的互动关系。

在贵州省目前的几种发展模式中,一般来说,独立农户模式、独立山庄模式、自办景区模式、独立企业+独立农户模式更多依赖经营户或企业的自发开发,滚动发展。农户集群模式、社区自治模式、景区—农户模式、公司—协会—农户模式中,政府在基础设施建设、起步阶段扶持、行业管理、公共资源如村寨风貌的维护上发挥了更大作用。

(二)形成村寨旅游特色产品

注重文化体验,以村寨为载体的乡村文化和文化景观旅游目的地成为贵州的特色旅游产品。

在本书提出的乡村旅游分类体系中,乡村文化和文化景观旅游目的地类型虽然从产业规模上仍然不及城郊游憩型乡村旅游,却是贵州乡村旅游典型的特色样式。乡村文化和文化景观旅游目的地的特色文化村落、乡村文化景观乡村旅游地、乡村风光乡村旅游地、乡村旅游度假区、高端文化体验乡村旅游地等各种类,有农户集群模式、独立企业+独立农户模式、社区自治模式、景区—农户模式、公司—协会—农户模式等不同发展模式,都以自然村寨为载体,依赖于原生态的村寨风貌景观和乡村生活作为主要吸引物,景观建设、各种民俗事象的移植和集聚比较少,游客能够比较真切地体验到远离汉文化中心地区的少数民族或特色地方民族文化,使贵州乡村旅游以与众多都市郊区休闲乡村旅游迥然不同的文化体验性,成为特色突出的中国乡村旅游产品,成为贵州与喀斯特风光同等重要的对中远程游客和入境游客有巨大吸引力的旅游品牌。

贵州村寨旅游存在文化内涵挖掘不深,体验性不够的问题。作为产品来讲,现在村寨旅游的内容无非是参加欢迎仪式、参观寨容、欣赏歌舞、一起过节,再加上吃农家饭、住农家屋。旅游产品单一,无法延长游客逗留时间。民俗旅游资源的深度开掘,应该将生产、生活习俗中有旅游价值的部分的过程予以展示，这样，产品才能得到丰富，旅游体验才能得到加深。

贵州村寨旅游也存在产品严重同质化的问题。村寨之间互相模仿，导致产品雷同、个性丧失。"村寨办旅游很难摆脱小农意识的桎梏，没人做的不敢做，有人做成功了，效法者蜂起，彼村的歌舞受欢迎，此村也要偷偷学来，结果是看了第一个村就知道第二个村，村与村只能通过杀价争夺客源。民族村寨都有丰富的文化积累、深厚的文化内涵，特别是贵州苗族，支系众多，三里不同俗，寨寨不同风，都有自己的特色和'绝招'。弄出特色，弄出人无我有的东西，才有生命力。"①

（三）文化传承是核心竞争力维护

如前所述，贵州乡村旅游的特色是文化旅游。文化成为旅游资源，在于客源地和目的地的文化差异。传承文化，保持自己文化的特质，是保持对市场吸引力的关键。贵州乡村旅游实践中，最被关注的是文化问题。民族文化、地方文化在现代化、城市化的浪潮中，不可避免地发生着变异，旅游开发带来了人流、物流、商流、资金流、信息流，乡村旅游地通常是文化的弱势地区，面对强势文化的冲击，多数只能是盲目的顺从和模仿。由于打造旅游产品需要把许多文化事象商品化，为了追求经济利益常常出现过度的商品化，使文化行为丧失了本来的意义。旅游业的一个显著特点是它能把影响力渗透到目的地社会生活的每一个角落，旅游往往加速了旅游地文化的涵化。

正确应对这种状况，保持文化的多样性，不要在现代化和城市化的过程中丧失自我，就是对贵州乡村旅游核心竞争力的维护，就是可持续发展。

---

①　金颖著：《试论贵州民族文化村寨旅游》，《贵州民族研究》2002 年第 1、期。

处理好这个问题的核心，是如何在眼前的经济利益和文化保护出现矛盾时寻求平衡，既不能只顾当前经济利益把传统文化作为牺牲品，也不能以可持续发展为崇高理由阻碍对当前经济利益的追求。

实际工作中，贵州面临很多困惑，也在寻找两全其美的办法：倡导各种居民参与的办法，通过文化主人的活动保持文化的活力；加强对村民的教育，唤起他们对自己文化的自觉；加强对文化遗产的抢救和保育工作，包括培养各种技艺的传承人；尝试生态博物馆等高端乡村旅游产品形式，减少对文化的冲击同时又尽可能争取经济利益；进行价值重估，认识乡土文化的价值，重建精神家园。这些做法都不同程度地收到了成效。

可喜的是，强调以人类发展为基础，结合文化遗产的保护有计划的发展乡村旅游，已经成为贵州旅游管理部门和关注贵州旅游发展的省内外学者的共识。

（四）扶持和规制力度不够

多年来，贵州各级政府似乎比群众更急于通过发展乡村旅游扶贫，表现出浓烈的政府主导色彩，出台了一系列扶持乡村旅游的政策，通过规划编制、示范点建设推进乡村旅游发展，通过制定和推广标准来规范乡村旅游的发展。但是，政策和法规方面扶持和规制的力度都不够。

政策不成体系。多是在领导讲话中提到或在年度计划和工作会议中提出目标、要求和措施，贵州省省委、省政府虽然发布了《关于大力发展乡村旅游的意见》，但仍主要停留在战略、方向问题上。省一级还没有发展乡村旅游的规范性文件，我们没有省级部门发布发展乡村旅游的规范性文件，也没有查到市（自治州、地区）和县一级的关于乡村旅游的规范性文件。

投入严重不足。鼓励的政策多，实际的投入少，没有具体的资金扶持政策。为数不多的政府投入集中在少数示范点，还不能惠及大众。

政府部门力量分散。除重点村寨建设通过"联席会议制度"协调多渠道统一投入外，多数情况是旅游部门一家热。2009 年后，农业和扶贫部门设立了扶持乡村旅游的专项资金，但没有形成发展乡村旅游的合力。

行业管理乏力。政府管理部门对乡村旅游缺乏有效的管理手段，没有相应的法规，也没有找到市场化的有力措施；规划覆盖面不够，许多地方乡村旅游是自发产生、自发发展，规划水平总体上不高；乡村旅游的标准体系不完备，标准编制的水平低，不符合贵州乡村旅游的实际情况，不符合引导乡村旅游向特色化方向发展的要求。

受制于落后地区政府的经济管理水平和经济实力，从扶持和规制的角度讲，贵州乡村旅游的政府行为更多地体现为道义支持和提倡规范经营，力度比较小。乡村旅游起步较早，进步却不够快。

（五）发展冲动下的非理性行为

发展冲动下的非理性行为有几种突出表现：

第一，文化的盲目商品化。一些文化事象在旅游开发过程中，完全不尊重文化本来的意义，致使文化发生不正常的变异。

第二，开发者的短期行为。在开发规模、污染控制、环境保护、文物和传统村寨维护上只追求眼前经济利益，导致对环境和文化的负面影响，而如上所述，政府规制乏力甚至不作为。

第三，政府主导的异化。政府主导变成各项目主管部门主导，多数情况旅游部门一家热，少数情况相关部门拿到项目后要按自己的理解进行建设。比如西江，水利、建设和交通等部门按照部门要求修建了直达村中心的大公路、水泥驳岸和滚水坝造成的人工化河道、汉族化的石栏、城市化的广场，乡村景观不再，乡村风俗不再，当地居民的生活条件确实得到改善，但失去了发展的潜力；部分游客可能觉得"建得很好"，但违反文化多样性伦理。由于这些工程违反生态原则和文化原则，刚刚落成不久又面临改造，国家宝贵的投资被用来"折腾"了。

第四，四处开花。急功近利，追逐眼前成效，不顾市场和投资条件，到处开发乡村旅游，结果必然造成资源破坏和投资浪费。[①]

第五，对现代生活的渴求丧失了文化自觉。乡村旅游发展的最终结果是当地居民要具有城市生活的品质，但并不是照搬城市生活的样式，城镇化的误区将导致乡村失去旅游竞争力。

第六，对文化的主人不尊重。开发建设中漠视文化的主人的感受和利益，没有处理好政府、开发商、居民、游客之间的关系和利益诉求。

发展冲动下的非理性行为带来的后果极其严重，它不仅不是发展，还将毁坏今后发展的资源基础和社会基础，是各级政府、投资者必须正视的问题。这个问题目前只有学术界真正重视、到处呼吁，然而终归近似于自言自语。

（六）内生式发展为主的优势和困惑

乡村旅游政府主导色彩浓烈，但乡村旅游经济活动却以内生式发展为主，除少数保护性村寨和示范点以及天龙这样由企业启动的案例外，外来的资本、管理等资源投入少，更多的是内生式发展，即乡村旅游的开发主要依靠自身的各种资源。

原因在于，贵州的经济大环境，公共财力弱小，城市对乡村、工业对农业的反哺能力有限，政府没有能力直接给予乡村旅游发展太多的财政支持。同样，民营资本远远比不上外省壮大，它们愿意选择回报更快捷的领域投资；也由于经济总体的落后，扶贫和脱贫的需求是第一位的，乡村旅游的总经济体量又有限，外来企业在"与民争利"的压力下很难找到赢利模式，外来资本不愿进入。

这样，结果体现出两面性：

一方面，内生式发展能够保证社区居民的参与性，维持"两栖

---

① 金颖若：《旅游资源的羡余现象》，《经济地理》2004 年第 5 期。

性"①，社区居民获得了旅游业创造的大部分收益，乡村旅游扶贫效果好，对促进解决"三农"问题有直接效应。

另一方面，外生式发展处于辅助地位，社会投资的不足导致对政府投入的依赖；同时，由于社区居民的低水平开发，乡村旅游很难做大做强。而已经进入乡村旅游领域的企业，经济实力不强，投资能力严重不足，专业素质比较低，开发水平不高，并且缺乏骨干企业。

创造政策环境，大力招商引资，是各级地方政府实际上的工作重心。

乡村旅游获得较大发展，即使因为外来投资商的缘故，收入有一部分漏损，但产业整体做大做强，同样会产生良好的综合效益，也会直接和间接作用于"三农"。适当鼓励外生式发展，是贵州乡村旅游的可行路径。

① 指"农游合一"以最大限度地保证参与性和乡村性。参见邹统钎《中国乡村旅游发展模式研究——成都农家乐与北京民俗村的比较与对策分析》，《旅游学刊》2005 年第 3 期。

第六章

乡村旅游产业组织和参与机制

一 优化产业组织模式

在一个乡村旅游地，地域的产业组织模式很难由经营者自身进行调整、优化。政府应该根据当地经济、社会条件进行优化设计，并且通过扶持、引导来实现，但不干预经营者的具体经营行为。

(一) 产业组织模式的分析工具

1. 目前研究的贡献和欠缺

研究者们通过大量实证研究，对国内目前的乡村旅游产业组织模式进行了总结，基本反映了目前国内乡村旅游产业组织的整体状况，并比较详细地分析了各种模式的利弊，对进一步研究产业组织模式打下了比较好的基础。研究者们运用了不同的分析视角，如以乡村的地理位置为划分的依据，提出了不同主体为主导的开发模式，提供了从地理区位来分析不同产业组织的视角；从开发主体的角度出发分析了各种模式，提供了开发主体的视角；从新制度经济学的交易费用理论的角度提供了新制度经济学的视角。这些视角可以给后续研究带来启发，其中新制度经济学的研究视角对产业组织模式的研究意义重大。

目前的研究其缺陷之一是缺乏一个科学的分析框架去统领这些模

式。原因在于这些总结是从开发模式的角度提出的，而开发模式不仅包括了政府、村委会这些公共部门和自治组织的职责和任务，还包括了产业组织模式、产业的运行机制、旅游协会的职责和任务等内容，不仅包括了宏观的内容，还包含了中观和微观的内容。例如许多研究提出的"政府+…模式"，不仅包括了真正意义上的产业组织模式，还将政府加进来，政府是公共部门，不属于产业组织模式的内容。

现有的研究没有一套比较科学的分析工具去系统分析产业组织模式的利弊，而是侧重于经验的总结。分析工具落后，分析的结果很可能深度不够，提出的解决方案也缺乏科学性。翁瑾等用一体化理论详细研究了重渡沟的产业组织模式，比较有深度，但是其中的一些分析点也存在不完善的地方。①

2. 乡村旅游产业组织模式构成的相关主体

乡村旅游产业组织的主要构成要素是企业和个体工商户，同时村委会和旅游协会在产业组织过程中起到了重要作用，因此产业组织模式的四大要素是从事乡村旅游产品和服务提供的企业、个体工商户以及村委会和旅游协会。政府往往作为一种扶持以及规范的力量出现，但一般不直接参与乡村旅游经营，故不列入产业组织模式的要素。

个体工商户。多数由乡村旅游地社区居民转化而来，也有不少是外来的经商者。是乡村旅游开发过程中利益兴趣最大、积极性最强的群体，但是由于其自身的分散性以及视野的约束性，社区居民难以承担引导开发的作用，然而一旦开发的利益彰显，社区居民则又具有很强的模仿能力，这种能力既是地区发展的动力之一，也是引起同质化恶性竞争的原因之一。在部分地区，个别社区居民可能成为地区发展的第一推动力，以成功的个案刺激全村的发展，即所谓的"能人效应"。

企业。企业可能是乡村旅游开发的原动力，也可能是在地方乡村旅游发展出现一定势头以后介入的追逐利润者。目前乡村旅游开发的

---

① 参见翁瑾、杨开忠《重渡沟"景区公司＋农户"的旅游产业组织模式研究》，《经济经纬》2004 年第 1 期。

情况，企业主导整个产业发展的案例较少，这和乡村旅游低层次开发压缩了企业赢利空间有很大关系。从所属地分类，企业有外来入驻也有本地组建，前者开发兴趣集中在高品位旅游资源，后者开发兴趣在于对本地旅游资源的发掘。企业运作的有力组织加强了开发的执行力，企业运作的股份制激励了股东们的投资和经营，企业还能够充分发挥出营销方面的优势，有企业参与的乡村旅游开发在市场适应方面往往更加成熟。有一个很有意思的现象，东西部成功的企业介入案例中，企业都与乡村社区有千丝万缕的联系，有致富后回馈的想法，还不是纯粹的商业行为。

村委会。村委会是村民自治组织，是一个具有公共职能的机构，也是集体资源的所有者，有时直接组织旅游生产，因此也可列入产业组织模式的要素之中。村委会应该是本地区的利益代表，对发展兴趣也较大，其影响力可能弱于政府和企业，但是政府和企业的介入往往都需要通过村委会这个关键点，因此，村委会是联结本村和外界影响力量的重要桥梁和协调者。村民自治体也有可能成为地区发展的第一推动力，这种情况常常伴随着村委会干部的"精英治理"同时出现。

协会。乡村的旅游协会，同一个名称，有时是旅游行业协会，它不是经营实体，但能影响经营活动；有时是民间的议事组织，社区居民组织起来协调旅游中的各种关系；有时类似于合作社，这时是经营实体了，但和具有现代企业组织形式的公司还是有区别的。

3. 乡村旅游产业组织模式的分析工具

威廉姆森的交易费用理论可以用作研究乡村旅游产业组织模式的分析工具。他借助交易费用工具深刻地研究了企业、市场以及与之有关的签订契约的问题；他认为，企业、市场和二者的混合型态是不同的组织形式，经济活动在其中的配置是个决策变量。首先，威廉姆森很强调交易的重要性，因为不同的治理结构应该与不同属性的交易相匹配，以减少交易成本。他根据资产专用性和交易频率划分了六种不同的交易：偶然进行的非专用型交易、重复进行的非专用型交易、偶然进行的混合型交易、重复进行的混合型交易、偶然进行的特定型交易和重复进行的特定型交易。其次，威廉姆森认为任何交易都是通过契约关系进行和完成的。契约的类型可以分为古典契约、新古典契约和关系契约三种。古典契约强调交易者的独立性和契约的明晰性，视契约为具有自由意志的交易当事人自主行为的结果，不受外来力量的干涉；新古典契约是一种长期的契约、不完全的契约，常常需要第三方的介入；而关系契约则承认契约是不完全的，它并不强调初始协议的参照作用，交易各方的关系是随着时间的变化而发展的。威廉姆森认为他所区分的六种具体的交易形式，每一种都需要配以相应的治理结构。①

威廉姆森的交易费用理论可以用下表来阐释：

		投资特点		
		非专用	混合	独特
交易频率	偶然	市场治理	三方治理（新古典式签约方法）	
	经常	（古典式签约方法）	双方治理 （关联式签约方法）	统一治理 （关联式签约方法）

（二）西部乡村旅游产业组织模式的优化

第五章第四节分析了贵州乡村旅游现有的产业组织模式：独立农户模式、独立山庄模式、农户集群模式、独立企业＋独立农户模式、社区自治模式、自办景区模式、景区—农户模式、公司—经营户模式。

第三章第二节分析了浙江乡村旅游的经营管理模式：农户和企业自主经营模式、政府和集体主导下的自主经营模式、协会模式、景区—经营户模式、安吉模式（政府主导的服务中心模式）。

---

① 杨德才：《新制度经济学》，南京大学出版社 2007 年版。

借鉴浙江的经验和探索，我们对西部乡村旅游产业组织模式提出优化设想。

1. 单一经营者模式

"独立农户模式"、"独立山庄模式"、"自办景区模式"，一个乡村旅游地（点）只有一个经营者，一般出现在相对独立的区域。

对这种模式，政府一方面要支持经营者的发展，给予基础设施、市场营销等方面的帮助；另一方面要加强政府监管，要监督经营行为，保护当地的资源和环境，监督服务质量和旅游安全，促进乡村旅游业的健康、可持续发展。

发展方向：独立农户一般规模较小，没有占据重要资源，按个体工商户规范管理即可。独立山庄、自办景区应该逐步建立独资企业或有限公司，实行现代企业制度。

2. 多主体分散经营模式

"农户集群模式"、"独立企业＋独立农户模式"都属于在同一个乡村旅游地多主体分散经营模式，互相之间没有资本和管理关系。"同一个乡村旅游地"的边界比较模糊，大体指空间相对集中，游客观念中视为一个旅游地，一般是一个村落或依托于风景优美地段的聚集区。

在自发的基础上，各个经营者分散自主经营，经营者可能是当地居民，也可能是外来租赁经营者。经营者一般为个体工商户，如有规模较大的经营者则可能以企业形式出现，没有统一的乡村旅游管理机构。

分散自主经营，有利于调动经营者的积极性，从经营中受益的也是自己，为了得到更好的回报，业主会充分发挥聪明才智把项目经营好，对他们而言，这就是发家致富的一条路。

交易方式：分散经营的区域大部分分布在乡村文化景观乡村旅游地、乡村风光乡村旅游地、郊区乡村游憩型乡村旅游地，这些区域的特点是整个乡村是一个整体，每个农户经营都具有外部性，每个农户行为都会影响到整个乡村的乡村旅游发展，因此农户和农户之间（或农户与企业之间）的服务互为互补产品，也就是存在着交易，分散经营的问题使经营的机会主义很难得到管理。而且随着经营者的日益增多，竞争会越来越激烈，受乡村旅游资源经营者自身在经营观念、经济实力等方面的限制，面对竞争，单个农户可能会出现无力应对的局面。还有少部分分布在依托旅游景区服务型乡村旅游地，这些乡村旅游地的农户主要是依赖景区的客源，因此相互不构成互补产品的关系，而且农户的经营对景区的客源影响不大，在这些区域，农户散户经营的方式是可行的，利用企业经营反而会提高内部的交易成本，但机会主义问题同样存在。

问题：乡村文化景观乡村旅游地、乡村风光乡村旅游地、郊区乡村游憩型乡村旅游地，农户和企业分散经营带来的机会主义可能使整个乡村旅游地陷入困境，而且分散经营力量过于单薄，很难开拓市场。分散自主经营的旅游地急需提高产业组织化程度。

解决途径：对于乡村文化景观乡村旅游地、乡村风光乡村旅游地、郊区乡村游憩型乡村旅游地，农户之间的交易是多次交易，而且资产专用性很强，因此可以用双方治理的方式来解决。可以引入"行业协会—经营者"或"企业—农户"模式经营，行业协会和企业获得行业自律或统一管理的权力，利用协会或企业的力量来制止机会主义。企业可以是外来企业，也可以是本地企业，可以是公司制，也可以是股份合作制。这一类旅游地资源品位通常不是很高，企业难以找到赢利点，外来投资进入有一定难度，村委会牵头成立股份合作制的企业比较可行。

比如浙江安吉带有政府支持背景和行业协会性质的农家乐服务中心，农户自愿加入中心，各中心实行了接团、标准、价格、促销的"四统一"，效果良好。前面分析过的贵阳镇山，建立行业协会或村民成立股份合作制企业是最佳发展路径。

对于依托旅游景区服务型乡村旅游地，只能利用市场监管的方式来防止机会主义行为。

3. 统一管理和分散经营复合模式

"景区—农户"模式和"公司—经营户"模式，指景区由一个机构统一管理，景区内经营户自主经营，二者具有相似性，放在一起讨论。二者的区别是，"景区"是政府成立的，具有全景区管理权；"公司"通过商业合同获得景区经营权，对位于景区内的其他经营者没有法定管理权。

针对"公司—经营户"模式①，翁瑾等从一体化理论角度提出了自己的看法：一方面，外部性促使一体化的发生，以获取更大的利润；另一方面，市场规模不足及旅游饭店等旅游服务设施的资产专用性又限制一体化的发生。② 在这种情况下，追求效益最大化的景区开发管理公司必将作出趋利避害的选择，这样"公司—经营户"模式就产生了。在"公司—经营户"模式下，景区开发管理公司不拥有农家旅馆的产权，因此资产专用性导致沉没资本的产生也就无从谈起，而同时景区开发管理公司拥有农家旅馆的价格制定权和管理权，也就控制了农家旅馆的经营活动，这就达到了一体化的效果，即外部性内部化。显然，这种模式不涉及产权，而在经营层面上实现的一体化是景区开发管理公司为实现利益最大化而作出的选择，因此这种产业组织体制被认为是在特定条件下内生形成的。

交易方式：根据威廉姆斯的交易费用理论，"公司—经营户"模式属于双方治理结构，景区（公司）和农户的交易属于经常发生的交易行为，农户的接待设施具有比较强的资产专用性，而且双方交易过程中可能会出现各种不确定性因素，在这些因素的影响下，景区（公司）和农户之间用关联式契约约束双方的行为，从而产生对双方都有利的交易模式，降低双方的交易成本，农户按照景区（公司）的规定长期为游客提供饮食和住宿服务，景区（公司）为农户长期输送游客。这种模式保证了服务质量，有利于整个乡村旅游的可持续发展。

问题：一是公司是民营公司，对经营户的控制力比较差，通过村委会等进行协调，村委会由于不直接从旅游发展中获利，监督往往很难有持续性，因此很难控制当地居民欺骗游客、乱搭乱建等机会主义

---

① 文献中多称为"公司＋经营户"模式，本书认为"＋"常表示并列关系，故不使用这种表述方式。

② 翁瑾、杨开忠：《重渡沟"景区公司＋农户"的旅游产业组织模式研究》，《经济经纬》2004年第1期。

行为，实际上属于三方治理结构；二是政府设立的景区由于不是规范的市场主体，经营能力不强；三是有景区（公司）的约束，农户的机会主义行为被大大遏止，但是农户提供的毕竟是比较简单的服务，面对旅游市场的变化，如何提升旅游者的满意度是对农户很大的挑战。

解决途径：一是加强公司的管理权，需要通过合同或政府委托的方式获得景区内的管理权力，公司必须和经营户之间建立比较紧密的契约关系，变三方治理为双方治理，不能依赖村委会这个第三方来治理；二是景区应该逐渐改制为企业化的公司，提高经营能力。

4. 社区自治模式

行使村民自治权的法定组织是村民委员会，村委会一般会设立一个诸如办公室之类的机构来具体操办旅游事务。整个村落的风貌构成重要的旅游吸引因素，经营户的经营行为都受到村委会的管理，一体化的程度比较高。

交易方式：根据威廉姆斯的交易费用理论，社区自治的模式非常接近统一治理，村委会和农户的交易属于经常发生的交易行为，经营户的接待设施和村舍具有比较强的资产专用性，而且双方交易过程中可能会出现各种不确定性因素。

问题：村委会扮演了管理全村的旅游经营行为的角色，但是村委会对某些村民的管理可能因为人情等原因很难防止机会主义的发生，比如卖旅游商品的居民欺骗游客；管理中没有规范使用经济手段，造成效率不高，赏罚不明；村委会不是个合格的市场主体，市场运作乏力。

解决途径：两个方向，一个是转向企业管理制度，可能会有外来资本进入获得经营权，也可能靠自己的力量成立公司。另一个是保留非企业属性，详见后文。

（三）产业组织模式与社会文化结构的耦合

1. 社会文化特征与企业组织模式的匹配

西部地区大量的村寨保存着具有较强原真性的传统文化，如果简

单的引入现代企业经营制度或者套用某种模式，由于传统习俗、伦理
道德具有无意识性、长期性和传递性，那么在传统文化、伦理道德、
意识形态和这些有形的现代企业经营制度之间可能会产生短期内难以
调和的冲突和矛盾，从而产生过高的管理成本，最后使这种企业组织
形式面临失败的结局。

　　贵州省安顺市九溪村的事例就很好地说明了这一点。九溪村是安
顺最大的屯堡村寨，发展乡村旅游的模式可概括为"精英 + 社区组织
+ 政府 + 旅行社"，其中以精英和社区组织力量为主要推动力，政府
与旅行社发挥的作用比较有限。在社区精英和民间组织的推动下，九
溪乡村旅游如火如荼的发展起来，作为社区中的一员，精英们能为社
区长远发展着想，而不仅着眼于当前利益，因此，他们在推动乡村旅
游发展时，不会像企业一样以追求自身利益最大化为终极目标，对社
会和环境效益也非常重视，有利于九溪乡村旅游的可持续发展。但
是，由于缺少公司的市场化运作，投资渠道又比较窄，九溪乡村旅游
发展所面临的最大瓶颈就是资金问题。尽管在政府的支持和关心下，
九溪于 2004 年引进国债资金项目 280 余万元，修建了九溪屯堡文化
研究会的管理用房和一个 1300 余平方米的停车场，村里大街小巷的
路面铺石也基本完成，但由于地方政府财力有限，在九溪旅游的后续
发展中，政府投资显得后劲不足。此时，贵州世纪风华公司进入了九
溪，带来了新的活力和希望。令人遗憾的是，投资方与村民在利益分
配上未达成共识，致使资金投入迟迟没有到位，公司并没有发挥实际
作用。横跨在二者之间的鸿沟是城乡之间、现代市场运作机理与传统
生存方式之间的差距，双方各算各的账，都认为自己有理，谁也不愿
妥协、让步。最终导致九溪村因受资金限制，乡村旅游难以继续推
进，公司先期的投入也未能产生经济回报，出现互扯后腿的尴尬
局面。①

　　2. 起产业组织作用的社会组织形式

　　存在于传统组织形式的文化本身构成当地乡村旅游发展的核心竞

----

　　① 曾芸：《乡村旅游发展模式的比较研究——以贵州屯堡地区为例》，《贵
州民族研究》2007 年第 6 期。

争力，如果简单引入现代企业经营模式，也会降低乡村旅游的吸引力。

　　例如，贵州雷山县郎德苗寨村委会通过"工分制"管理旅游经营，本身是一种有吸引力的文化现象，如果完全抛弃很多人认为非常落后的"工分制"，可能会削弱郎德苗寨的旅游竞争力。"工分制"这个早已消失在人们视线之外的历史现象，在郎德上寨却依然富有生命力，"工分"成为旅游收益分配的直接依据。以一场表演为例，最辛苦且有一定技能的女演员、"陪场"的老人和孩子都有工分。每场以总"工分"平均"分"值，每月结算。郎德人认为天龙把屯堡文化作为商品开发，而郎德上寨把村寨文化作为文物保护，不能走天龙模式。通过"工分制"与"公司制"的两种经营制度之争，实际上反映了两种不同的社会组织形式的冲突：一是以"群体平等"为特征的部族式社会，强调社区内全体成员在收益上的平均分配，兼顾社区内的弱势群体。二是以"个体平等"为特征的现代社会，主要强调每个个体的机会平等，鼓励竞争。平等主要不是指收入分配上的平等，而是人人参与竞争的机会平等。两种组织形式相比较，显然后者更具有市场活力。但郎德上寨的村民在几番徘徊、比较后，至今依然选择沿用"落后"的"工分制"，保留了更多的传统部族式社会的特征。也正是这种不同于现代社会的传统部族式社会吸引了众多中外游客，成为郎德乡村旅游的特色，组织形式成为旅游资源，使郎德上寨成为人们研究和关注的焦点。

　　发展乡村旅游应依据乡村不同的资源条件，不同的文化风貌，不同的社会组织结构，探寻出与之相适应的经济组织模式，而不是简单的模仿和盲目的"现代化"。郎德的做法揭示了经济组织模式与社会组织结构耦合保证了文化传承，经济组织模式与社会组织结构耦合保证了产业有效运行，经济组织模式与社会组织结构耦合是旅游可持续发展的制度保障，这是值得深入思考的。①

---

①　盘晓愚：《经济组织模式与社会组织结构的耦合》，《贵州财经学院学报》2009 年第 4 期。

本节的主要结论见下表（以贵州乡村旅游地为例）：

贵州乡村旅游地产业组织模式适配表

产业组织模式		典型案例	案例旅游地类型	是否匹配	优化方向
单一经营者模式	独立农户	贵阳花溪水库附近散布的农家乐	郊区乡村游憩型	适合	加强基础设施建设和行业管理
	独立山庄	贵阳花溪乐伏山庄	郊区乡村游憩型	适合	
	自办景区	贵阳花溪营盘古堡	郊区乡村游憩型	适合	
多主体分散经营模式	农户集群	贵阳花溪镇山	乡村风光乡村旅游地	不适合	行业协会管理或村民成立股份合作制企业
	独立企业＋独立农户	镇远县铁溪	兼有郊区乡村游憩型和依托旅游景区服务型特点	不适合	行业协会管理
统一管理和分散经营复合模式	景区—农户	贵定县音寨	文化旅游度假区	适合	将政府设立的景区改制为规范经营的公司
	公司—经营户	平坝县天龙	特色文化村落乡村旅游地	适合	通过委托等方式加强公司的管理权，变三方治理为双方治理
社区自治模式		江口县云舍	相对现代，兼有特色文化村落和依托旅游景区服务型特点	不适合	转向企业管理
		雷山县郎德	比较古朴，特色文化村落乡村旅游地	适合	提高效率

二 选择适当的企业组织形式

企业组织形式是企业在初始设立时就必须依法选择登记注册的企业对外的表现形式。企业组织形式的选择直接决定着企业对外承担法律责任的类型（有限责任或无限责任）以及企业内部投资者之间权利责任的界定。显而易见，企业组织形式的合理选择对企业的发展十分重要。当前，我国乡村旅游正处于快速发展阶段，在现有的法律框架下选择适合的乡村旅游企业组织形式，能推动实现乡村旅游又好又快发展。

（一）企业组织形式的分析框架

1. 乡村旅游企业组织形式研究存在的问题

国内研究乡村旅游企业组织形式的很少，研究乡村旅游企业组织形式的观点一般都包含在乡村旅游发展模式中。目前研究乡村旅游企业组织形式的缺陷是：

把乡村旅游发展模式和企业组织形式混淆。把乡村旅游企业组织形式糅合在发展模式和运行机制里面，本质上的问题是没有把企业组织形式和发展模式的概念完全分清楚，发展模式涉及利益主体比较多，包括政府、企业、村委会、旅行社等；而且可以从不同层面去研究，可以采取参与角度，也可以采取社区参与经济互动持续发展角度，还可以采取不同主导方角度，等等。而企业组织形式决定着企业对外承担法律责任的类型以及企业内部投资者之间权利责任的界定，相对于发展模式要微观得多，二者不能混为一谈。

对企业组织形式的认识不够深入。如一些学者的论文中把股份制和股份合作制混为一谈；一些学者提出的集体股份制模式比较含糊，没有深入研究其中的操作性和适用性；很多人主张的政府主导、旅游企业与当地农民合作合股的模式，由当地村民委员会直接与外来投资商合股开发的模式等都比较含混，没有深入阐明到底是哪种企业组织形式，这样的方案很难真正实施。

2. 乡村旅游企业组织形式的分析框架

乡村旅游企业组织形式的确定要把乡村旅游地的现状和现代经济组织形式的特点结合起来，乡村旅游地的现状要综合考虑乡村旅游项目的类型、乡村旅游地的社会文化特征、经济基础、权力结构，其中前二者作为考虑的重点和依据。

现代企业组织形式一般可以分为五种形式，即独资型、合伙制、合作制、股份制、股份合作制。虽然有些乡村旅游的企业组织形式不完全是现代经济组织形式，但是都可以大致归入这五种类型。采用现代经济组织形式分类的方法来研究乡村旅游产业组织的优势是可以深入分析每一种产业组织模式的优缺点，可以根据这些优缺点提出针对不同地域、不同文化背景、不同经济发展水平的各个地区的乡村旅游企业组织模式。

3. 乡村旅游企业组织形式的分析工具

制度绩效理论。新制度经济学认为：制度分为有效率的制度和无效率的制度，历史上存在很多无效率的制度，同样在乡村旅游发展中也存在很多无效率的制度安排。不同的产业组织模式决定了不同的制度安排，同样的产业组织模式也有效率的不同，这些无效率或者有效率的制度是如何产生并发生作用的，如何去改进无效率的制度，是需要深入探讨的问题。[1]

意识形态理论。新制度经济学认为：制度是人们各种行为相互作用形成并广泛存在的习惯或者规则，其有形的表现是社会中的各种组织，包括家庭、企业、国家；其无形的表现是各种组织的行为，如生活方式、社会习俗、社会意识等。制度分为正式制度和非正式制度，正式制度是指人们有意识创造出来并通过国家等组织正式确立的成文规则，包括宪法、成文法、正式合约等，具有强制性、间断性特点，

---

① 卢现祥、朱巧玲：《新制度经济学》，北京大学出版社 2007 年版。

它的变迁可以在"一夜之间"完成。非正式制度主要包括人们长期交往中形成的一系列价值观念、伦理道德、风俗习惯、家庭观念、意识形态等。非正式制度的三个重要特征：第一，无意识性，非正式制度的形成受人们强制力的影响很小，是在人们的交往中不知不觉形成的；第二，长期性，非正式制度的生命历程非常长，有可能是几年，也可能是几十年，甚至几百年不等；第三，传递性，非正式制度形成以后，并不会因为一个国家或一个政府的消亡而消亡，而是经由人与人之间的交流、传授而不断发展延续。非正式制度的这三个显著特征决定了它对人们行为约束的力度是相当强的，从人类社会诞生的初期到现代社会，人与人之间的行为活动受到来自非正式制度的约束都非常强大。非正式制度的出现缩短了交易的时间，简化了交易的程序，从而减少了人与人之间进行交易的费用。①

（二）乡村旅游企业组织形式现状

本书从现代企业组织形式的视角入手分析乡村旅游的组织形式，比从参与角色入手分析更为科学和合理。受到各种发展因素的制约，很多现有的乡村旅游产业组织还不具备严格意义上的现代企业组织形式，但按照产权结构划分，可以姑且归入到一种现代企业组织形式，这样可以比较科学地深入分析不同形式企业组织的优劣势。根据目前乡村旅游发展的现状，可以将企业组织形式分为以下六种，其中个体工商户不属于企业组织形式，但作为一种普遍存在的经营实体，也列入其中。

1. 独资型企业

独资企业由个人出资经营，归个人所有和控制，由个人承担经营风险，享有全部经营收益的企业，主要盛行于零售业、手工业、农业、林业、渔业、服务业等。独资企业是企业制度序列中最初始、最简单和最古典的形态，也是民营企业主要的企业组织形式。

---

① 杨德才：《新制度经济学》，南京大学出版社 2007 年版。

优点：企业资产所有权、控制权、经营权、收益权高度统一。这有利于保守与企业经营和发展有关的秘密，有利于业主个人创业精神的发扬。企业业主自负盈亏和对企业的债务负无限责任成为了强硬的预算约束。企业经营好坏同业主个人的经济利益乃至身家性命紧密相连，因而，业主会尽心竭力地把企业经营好。外部法律法规等对企业的经营管理、决策、进入与退出、设立与破产的制约较小。

缺点：虽然独资企业有很多优点，但它也有比较明显的缺点——难以筹集大量资金。因为一个人的资金终归有限，以个人名义借贷款难度也较大。因此，独资企业限制了企业的扩展和大规模经营，投资者风险巨大。企业业主对企业负无限责任，在硬化了企业预算约束的同时，也带来了业主承担风险过大的问题，从而限制了业主向风险较大的部门或领域进行投资的活动，这对新兴产业的形成和发展极为不利。企业连续性差，企业所有权和经营权高度统一的产权结构虽然使企业拥有充分的自主权，但这也意味着企业是自然人的企业，业主的生老病死、其个人及家属知识和能力的缺乏都可能导致企业破产。企业内部的基本关系是雇佣劳动关系，劳资双方利益目标的差异，构成企业内部组织效率的潜在危险。①

匹配的乡村旅游项目：乡村旅游的独资型企业可以由当地居民投资，也可以由外来投资商投资，以中小型乡村旅游项目为主，例如乡村饭店和旅馆、小型休闲农庄、旅游商品作坊和销售店等。

2. 合伙制企业

合伙制是指两个或两个以上的个人联合经营企业，合伙人分享企业所得，并对企业亏损承担无限连带责任的组织形式。

优点：组建较为简单和容易，扩大了资金来源和信用能力，提高了经营水平与决策能力。合伙制适用于规模较小，资本需求量较少，而合伙人个人信誉有明显重要性的企业，如律师事务所、会计师事务所等。

缺点：合伙人承担无限连带责任，合伙制企业中，每一个合伙人

---

① 李海波、刘学华：《企业管理概论》，立信会计出版社 2005 年版。

都对合伙企业的全部外债承担连带无限责任，即如果合伙企业出现资不抵债情况，债权人可以向任何一个合伙人追索债务，不受该合伙人入伙财产的多少的限制，任何一个合伙人也有义务用全部家产偿还合伙组织的外债，不以入伙的财产为限；合伙制企业是人合公司，和则留，不和则去，因此合伙制稳定性差，易造成决策失误。[①]

匹配的乡村旅游项目：合伙制适合乡村旅游地当地居民采用，当一户缺乏资金、劳动力和其他旅游生产要素，如经营场所时，几户可以合伙组织起来，开展较大规模的乡村旅游服务，如开办较大的观光休闲果园、休闲农庄等。

3. 合作制企业

合作制企业是人们自愿联合、通过共同所有和民主管理的企业来满足共同的经济和社会需求的自治组织。其主要特征是：自愿加入；社员民主管理；一人一票；按股金分配和按劳分配相结合；盈余返还。国内外的实践证明，合作制也是现代企业制度的一种重要形式。

优点：合作社最高目标不是追求赢利最大化，而是利用合作社将分散的、孤立无援的个体组织起来，形成强大统一的经济力量，以改善社员的生产或生活条件。合作制适用于小型工商企业及各种服务性企业，这些企业一般都以劳动出资为主，货币出资为辅，本小利微，如蔬菜销售合作社、信用合作社等。合作社文化的基础是人文主义，人文主义主张个性解放和自由，是一种提倡尊重人、关怀人、以人为本位的世界观；合作社文化的核心是集体主义，在吸纳了人文主义中以人为本的价值精华的基础上，提倡团结互助、诚信、公开、社会责任与关心他人的集体主义的道德准则。

缺点：合作社与社会一般企业相比，处于一种不利的竞争地位。合作社企业家与私人企业家、风险企业家及参加分红的经理相比，收入与成本之间的盈余不属于他，而属于合作社的社员，即合作社企业家的激励问题自然而然地被忽略，这种激励误区的存在影响了合作社机遇的实现。合作社企业在经济效率方面不具优势，特别是在合作社

[①] 刘美玉：《公司概论》，中央广播电视大学出版社2004年版。

的初创阶段以及发展早期，合作社式的自助组织很难与其他组织形式抗衡。每个社员不是以投资者的身份出现，合作社的股份不是作为具有吸引力的资本投资来配置，资金就必然成为合作社发展中的难题。合作社筹资方面的弱点只能在一定程度上被减弱，但不能被消除。在市场经济条件下发展合作制，必然面临资本结构的创新和融资手段的多样化。合作社在融资方式和资本结构上与股份制具有不同的特点，必须根据自己的利益与目标决定是否扩大融资以及怎样融资，这是急需合作社企业家解决的难题。

匹配的乡村旅游项目：广大村民都可以自愿参与的乡村集体旅游项目或者公共旅游项目适合采用合作制，典型的有贵阳镇山的游船协会。实行"工分制"的雷山郎德，也有可能发展为合作制企业，虽然本书并不认为郎德的企业化改造是绝对必要的。

4. 股份制企业

股份制是指不同资本所有者以股金形式共同出资创建企业，自负盈亏，共担风险和按股分红的资本组织形式和运营制度，是现代企业制度的主要制度形式。

优点：股份制是指以资本的联合为基础的生产要素的联合，其联合的主体是资本，核心是资本，强调资本对劳动的权力，资本控制原则是其本质特征。股份制的基本特征是资本联合，它是现代企业资本的一种典型组合方式。在劳动者、资金、技术、信息等生产要素的机构中，股份制企业强调以资本这一生产要素为核心，其经济组织的生产经营、治理和收益分配都以资本的意志和利益为基本出发点。股份制具有巨大的动员社会财富的功能、健全的制约机制等特点，因而，股份制就成为规模大、资金雄厚、有机构成高的行业的组织形式，如金融业、铁路、电信业、现代高新技术产业。

股份制的产权结构是多元的，并实现了产权商品化、证券化、市场化，从而打破了资本的凝固状态，使资本能够迅速在全球范围产生游移和集聚，使股份制企业能够在全球范围内迅速扩展。另外，股东以出资额为限承担有限责任，大大降低了投资者的风险。

缺点：股份制企业在推进社会经济发展方面奠定了微观基础，为社会实现了效率指标，但是，随着私有化在全球范围内的推进，资本的流动和积聚急剧增加和扩大，从而加剧了各国以及各地区之间的分配差异，造成了各社会阶层之间巨大的收入差距，使世界范围内不可避免地出现了贫困化和边缘化问题，并影响了社会的稳定和全面发展。①

匹配的乡村旅游项目：大中型乡村旅游项目适宜采用股份制，典型的如贵州安顺天龙屯堡的股份制旅游公司。当地或外来投资者筹集大型旅游项目投资宜采用股份制。

5. 股份合作制

股份合作制是由劳动者全员入股、自愿组织起来，从事产业经营或服务活动，进行民主决策和管理，按资分红和按劳分红相结合，利益共享，风险共担，独立核算，自负盈亏，并以企业财产独立承担民事责任的一种新的企业制度形式。它是我国劳动群众在深化农村经济体制改革实践中的伟大创造。其主要特征是：全员相对均衡持股；民主决策和管理；按资分红和按劳分配相结合。

优点：股份合作制是以劳动者劳动联合为基础，实行各种生产要素的联合与生产合作，劳动联合与资本联合并重。股份合作制是实行集体所有和按股份所有相结合的产权制度，往往实行一人一票与一股一票相结合，它吸收了股份制的同股同权原则，兼顾了成员权利和资本权利。股份合作制企业的税后利润在按规定提取公积金、公益金后，可由股东会决定投资回报率，没有一定的限制。股份合作制的产生和存在能够解决部分乡镇企业和国有小企业在发展中遇到的资金不足、竞争乏力、产权管理及职工对企业资产淡化等问题。从生产关系与生产力相适应的要求来看，股份合作制适应于一些生产力水平较低、规模较小、资本有机构成较低、劳动密集型的企业；从企业类型看，适应于量多面广的乡镇中小型企业。

缺点：股权分散，决策难——企业中绝大多数的职工都是股东，

---

① 何井新：《合作制与股份制比较研究》，《中国合作经济》2004 年第 12 期。

人人是股东，容易形成新的"大锅饭"。在经营过程中往往表现为两种极端，或者"人人是股东，人人不负责"；或者"人人是股东，人人要做主"。前者导致"搭便车"现象；后者造成意见分歧莫衷一是，遇到重大事宜往往一议再议而不能决策。特别是在制定涉及职工利益的相关制度时，股东很难形成多数意见。一人一票效率低——股份合作制企业章程规定，在股东代表大会表决时采用一人一票和一股一票相结合的方式，由于股权高度分散，企业经营者的决策往往受制于人。资本积累空间小——股东存在注重短期回报的心态，缺乏对企业长期投资发展的信心。由于每年保持较高的分红率，出现了企业赢利而资本权益减值的怪现象。平均持股激励弱——在高度分散的股权设置情况下，经营层与普通职工持股比例相差不多，而承担的责任却很大，付出与回报不成比例。现有体制下，一部分职工认为"企业的效益是工人干出来的"，否定管理的作用和市场营销的"龙头"地位，这是严重不符合市场经济要求的落后思想。职工分配上还要求"均贫富"，形成"有事没人干，有人没事干"的局面，严重挫伤经营者和部分职工的积极性。[①]

匹配的乡村旅游项目：乡村旅游的股份合作制表现为以乡、村为单位或若干家庭和个人自愿集资、出劳力，组成产权明确、资产、责任与利益相关联的联合开发、自主经营的旅游景区和企业。这种体制的开发经营资金和人力资源较丰厚，适合开发一定规模的旅游景区（景点）、饭店、度假村、旅游客运公司、手工艺品生产厂家等。如西藏昌都地区的曲孜卡温泉度假村，村民采取股份合作方式投资40万元，建有50个床位的客房和60个餐位的餐厅，已经形成一定的接待规模。

6. 个体工商户

有经营能力的城镇待业人员、农村村民以及国家政策允许的其他人员，可以申请从事个体工商业经营，依法经核准登记后为个体工商

---

① 姚铭尧、邵南月：《股份合作制存在的问题及改革建议》，《上海集体经济》2001年第3期。

户。个体工商户可以在国家法律和政策允许的范围内，经营工业、手工业、建筑业、交通运输业、商业、饮食业、服务业、修理业及其他行业。个体工商户，可以个人经营，也可以家庭经营。个人经营的，以个人全部财产承担民事责任；家庭经营的，以家庭全部财产承担民事责任。

优点：注册手续简单、费用低。个体工商户的注册手续简单，获取相关的注册文件比较容易，费用比较低。决策自由，个体工商户业主可以根据市场变化情况随时调整经营方向。税收负担较轻。个体工商户相对个人独资企业实际的税收低。

缺点：个体工商户信贷信誉低，融资困难，抗风险能力差，不容易取得银行信贷，同时面向个人的信贷也不容易取得，个体工商户很难做大做强。再者，由于缺乏严格的财务和企业管理制度，经营仅凭经验，比较随意，也难以形成比较强的竞争力。

匹配的乡村旅游项目：乡村旅游个体工商户的表现形式往往是由许许多多的个体业户各自经营乡村旅游业务，一般是提供餐饮、住宿或休闲、娱乐服务，业户多了，则由小业户形成大组群，使乡村旅游在这个地区形成气候。最典型的例子是成都的"农家乐"。

（三）乡村旅游企业组织形式选择

郊区乡村游憩型：处于城市的周边区域，受城市需求和意识的影响，相当一部分当地居民从事一定的商业活动，具备一定的商业意识和经营意识，居民对社区的依赖程度不高。因此从社会文化层面分析，外来资本和经营模式进入该区域的可能性比较大。郊区乡村游憩型小型项目主要包括农家风味餐饮、土特产零售点，适合个体工商户、合伙制经营；中型项目包括休闲娱乐活动，如垂钓、棋牌、户外体育活动等，中型项目投资规模不是很大，可以由比较富裕的村民或外来者独资投资，也可以由几户村民采用股份合作制的办法经营；大型项目是涵盖了吃、住、行、游、购、娱的综合型乡村休闲游憩项目，投资规模比较大，适合采用有限责任公司的办法多方筹资兴建，这样可以降低经营风险，提升经营效益。

依托旅游景区服务型：依托旅游景区服务型地区从事乡村旅游的居民由于受旅游地大氛围影响，具备一定的商业意识，社区依赖性较弱，一般借助于农舍等非专门设施，提供以餐饮、住宿或临时休息为主的配套服务，以小型旅游接待项目为主，适合采用个体工商户和合伙制、独资型企业的形式。

旅游区构成要素型：乡村旅游点作为大型旅游区的构成部分，不仅是提供产品服务要素，而且是主要作为吸引物要素发挥作用。因其文化特征体现对旅游区的作用，社区依赖性强。由于位于旅游区内，以小型项目为主，有民俗体验和餐饮、住宿服务，中型项目有文化村寨等，小型项目适合采用个体工商户、合伙制，中型项目适合采用股份合作制、独资制。

乡村文化和文化景观旅游目的地型：特色文化村落、乡村文化景观、乡村风光旅游地。历史风貌和传统民俗、乡村文化景观、乡村风光保存比较完整，通常距离城市较远。小型项目主要借助农舍开展接待服务，大中型项目以集体表演、乡村游览为主，小型项目适合采用个体工商户经营，大中型项目适合采用合作制和股份合作制。高端文化体验乡村旅游地。这种乡村旅游地文化体验性很强，观赏性不强，位置偏远，交通不便，基础设施落后，大众游客稀少，只有少量专门兴趣的客人，其中包含相当数量的专业人员。这类乡村旅游地应由实力比较强同时具有比较高的社会责任感的企业来开发，不以赢利为主要目的。乡村休闲度假区。依托乡村自然和文化环境，旅游活动与乡村生活和民俗紧密联系的休闲度假区，乡村旅游度假区会有企业进行统一经营，有非常强的商业意识，适合采用股份制和独资型企业经营。

城市化乡村型：城郊乡村，景观、生产、生活均已日益城市化，地价高昂。一般由企业投资发展大型旅游项目，所在区域资金充沛，现代企业制度深入到社会的各个角落，股份制是这类乡村旅游地的必然选择。

本节的主要内容和结论见下表：

乡村旅游企业组织形式匹配表

乡村旅游类型		社会文化特征	项目规模	企业组织形式
郊区乡村游憩型		具有比较强的商业意识，社区依赖性弱	小型项目	个体工商户、合伙制、独资型
			大中型项目	股份合作制
			大型项目	股份制
依托旅游景区服务型		具有一定商业意识，社区依赖性弱	小型项目	个体工商户、合伙制、独资型
旅游区构成要素型		文化特征突出，社区依赖性强	小型项目	个体工商户
			中型项目	股份合作制、合伙制、独资型
乡村文化和文化景观旅游目的地型	特色文化村落	资源品位高，社区依赖性强	小型项目	个体工商户
	乡村文化景观			
	乡村风光		大中型项目	合作制、股份合作制
	高端文化体验乡村旅游地	资源品位高，社区依赖性强	大型公益项目	非赢利方式运作
	乡村休闲度假区	商业意识很强	大中型项目	股份制、独资型
城市化乡村型		商业意识很强	大中型项目	股份制

三　构建社区参与机制

（一）乡村旅游社区参与

1. 乡村旅游社区参与机制的概念

无论在西方还是在中国，最初的旅游开发往往忽视社区参与，大多是一种自上而下推行的政府或企业行为，这使得旅游发展与社区、与地方居民相脱离，产生了很多问题。

本书研究乡村旅游社区参与，主要是探讨乡村社区居民如何有效参与到乡村旅游的活动中去，如何从乡村旅游的发展中获益，从而促进乡村旅游的可持续发展以及社区的全面发展。当前社区居民无法参与到乡村旅游开发过程的主要原因是社区居民的权利被侵犯，因此乡村旅游社区参与的本质是社区居民被赋予权利的过程。

乡村旅游，参与不仅为了保障公平分配，也是产业和产品构成元素。没有乡村居民，也就没有了乡村性，也就不成其为乡村旅游。

社区参与既是政府及非政府组织介入社区发展的过程、方式和手段，更是社区居民参加社区发展计划、项目等各类公共事务与公益活动的行为及其过程，体现了居民对社区发展之责任的分担和对社区发展之成果的分享。①

社区参与旅游发展是指把社区作为旅游发展的主体进入旅游规划、旅游开发等涉及旅游发展重大事宜的决策、执行体系中。②

社区参与旅游发展是指在旅游的决策、开发、规划、管理、监督等旅游发展过程中，充分考虑社区的意见和需要，并将其作为主要的开发主体和参与主体，以便在保证旅游可持续发展方向的前提下实现社区的全面发展。社区居民的主动性参与是社区旅游发展的内在动力，社区参与的主体是社区居民，客体是社区旅游中的各种事务。③

前两者强调居民作为一个利益主体参与到旅游发展中来，而后者强调居民作为旅游开发的主体和参与主体，社区的全面发展是旅游开发的前提。

---

① 徐永祥：《试论我国社区社会工作的职业化和专业化》，《华东师范大学学报（社科版）》2000年第4期。

② 刘纬华：《关于社区参与旅游发展的若干理论思考》，《旅游学刊》2000年第1期。

③ 孙九霞、保继刚：《从缺失到凸显：社区参与旅游发展研究脉络》，《旅游学刊》2006年第7期。

2. 乡村旅游社区参与机制

在乡村旅游开发过程中，乡村社区的居民一般处于弱势地位，现阶段还不可能完全成为开发的主体，因此乡村旅游社区参与是指乡村社区作为旅游发展的利益主体进入乡村旅游开发的全过程，包括规划、决策、建设、运营、分配等。前文已经提到，乡村旅游社区参与的本质是社区居民被赋予权利的过程，具体地讲，社区居民的权利主要包含三项：分享权，指社区居民有权通过经营、劳动分享乡村旅游带来的收益，也有权分享外来企业经营带来的收益；发展权，指社区居民有权对乡村旅游的发展提出自己的意见和建议，有权影响乡村旅游的规划和决策，有权获得自身发展所需要的资金、信息、技能；监督权，指社区居民有权监督乡村旅游发展过程中的一切影响社区的行为，有权制止影响社区可持续发展的行为。

乡村旅游社区参与机制是制度化的社区参与乡村旅游的办法，社区居民的三项基本权利，对应九种参与机制：分享权对应经济参与机制、利益补偿机制和利益分配机制，发展权对应引导机制、教育培训机制、信贷机制和决策咨询机制，监督权对应信息披露机制、上报机制。

（二）社区参与的内容

1. 经济参与机制

经济参与主要包括两种方式，第一种是以经营者的身份经营吃、住、行、游、购、娱等乡村旅游项目；第二种是以企业员工或帮工的身份参与乡村旅游企业的经营活动。

经营者的参与：

餐饮经营。把乡村社区富有地方特色的家常菜和特色小吃作为餐饮产品的主要卖点，这些富有地方特色和乡土气息的餐饮对来自都市的旅游者具有强烈的吸引力。

住宿经营。农户用自己的闲置房屋开设旅社出租给旅游者，满足他们的短期住宿或长期度假需求。

游览服务。指在乡村旅游的内部游览，如参观农艺园、畜牧场、工艺作坊等，社区居民可以为游客提供导游和交通服务等。

休闲娱乐。社区居民为游客提供乡村旅游的娱乐活动主要有棋牌、采摘、垂钓、漂流、篝火晚会、传统游艺及其他各种节庆活动和户外活动。

特色商品。乡村旅游者的主要购买对象是农副产品、土特产品和农村手工艺品，社区居民可以把自己生产的农产品直接出售给游客。

农事体验。让游客参与体验农事劳动。

企业员工的参与：

表演者。社区居民作为乡村文化的表演者，主要是参加社区或者企业有组织的民俗表演和歌舞表演，例如宜昌车溪旅游区的土家族歌舞表演，郎德全村居民参加的歌舞表演；还有就是为了表现特定文化氛围为乡村旅游区配置的工作人员，他们的工作也就是一种表演。

管理者。社区居民作为乡村旅游企业的管理者从事管理工作。

服务人员。社区居民作为乡村旅游企业的服务员，提供餐饮、住宿、娱乐、购物等专门服务。

2. 利益补偿机制

利益补偿机制主要体现在乡村旅游占用农民土地的补偿上。由于农民在几方博弈中处于弱势地位，政府或者企业征用农民的土地发展乡村旅游的过程中经常侵害农民利益，因此应该出台乡村旅游的土地补偿管理办法，让土地补偿有法可依。

另外一种可行的办法是采用以土地换旅游权益的办法，典型的例子是浙江象山县松兰山采取的参与式的旅游开发模式。其特点是政府主导，企业促进，社区参与。这种模式在很大程度上考虑了社区的发展问题，对被征用的社区土地，给予了一定的股份，即一种新的土地补偿模式：征地补偿＝征地费＋部分旅游设施经营权，为社区居民提供了一定的分享旅游开发成果的机会，将农户切身利益与旅游开发效益挂钩。这样做可以在融合旅游开发区周边环境的同时，保证旅游开发区的可持续发展，这被实践证明是一种较好的利益补偿机制。[1]

---

[1] 黄郁成、顾晓和、郭安禧：《农村社区旅游开发模式的比较研究》，《南昌大学学报（人文社会科学版）》2004 年第 6 期。

3. 利益分配机制

在发展乡村旅游过程中，往往社区居民成为旁观者，而受益的是政府、村干部和外来企业。由于在有些地区，政府直接从事旅游经营活动，因而就成为乡村旅游开发的主要受益者之一，而使社区和农户成为当地旅游开发的旁观者，很难享受到旅游开发成果，却要承担旅游开发带来的诸多不良后果。外来企业进入乡村开发，产生严重的"飞地"现象，企业带走了利润，而把污染、噪音留给了当地居民；社区集体作为参与分配的一方，有属于社区集体的收入，除去必要的开支，主要被社区干部分享。这样，乡村社区干部就不可避免地有从集体利益中获取超出平均收益的机会，从而使集体利益演变成"干部经济"。

在利益分配方面，政府不要作为经营方介入乡村旅游的开发中；在鼓励外来企业进入乡村社区的同时，要严格规定企业应尽的责任和义务，企业的收益应该以一定的形式分配给当地居民；社区干部不能占用全体居民的收益，旅游收益应该归全体居民所有。

4. 引导机制

政府投入乡村的基础设施建设，为乡村旅游发展奠定基础；利用各种舆论宣传，形成良好的舆论影响；鼓励外出务工人员返乡创业，投资社区乡村旅游；通过招商引资发展乡村旅游业，带动农户参与旅游接待；通过其示范效应带动社区居民的多元参与、全面参与。在乡村旅游发展过程中，对乡村旅游项目、企业组织形式进行引导，以有利于社区居民最大程度的参与进来。

5. 教育培训机制

培训内容：以当地旅游资源、民风民俗为主要内容的旅游基础知识教育，使居民了解本地自然资源和民族文化的价值；以文明服务为主要内容的礼仪教育，使居民懂得接待的礼仪；掌握以行业发展动态为主要内容的乡村旅游行业的形势教育，使居民具备一定的市场意识；以餐饮、零售管理为主要内容的经营知识及技巧教育，使居民掌握必要的接待和服务技巧；以文物古迹和生态环境保护为主要内容的文化及环境保护意识教育，使居民对旅游开发积极的和消极的后果有一个较为全面的认识；以诚信守法为主要内容的法律、法规教育，使居民了解诚信经营的重要性。

培训主体和方式：培训主体主要包括政府、企业、村委会、非政府组织。政府，如贵州惠水县旅游局通过培训班、送教上门、一对一帮扶等多种教育和培训方式，为乡村居民讲解国际国内开发乡村旅游、开办家庭旅馆的先进经验，提高了乡村旅游从业者的素质和旅游服务技能。企业，典型的例子是贵州天龙，由天龙屯堡旅游公司来组织培训，使村民具备参与旅游开发经营、旅游服务的技能。村委会，如贵州安顺龙宫镇龙潭村，村委会邀请贵州大学旅游系派人为村民进行服务礼仪和法律常识培训。非政府组织，如贵州乡村旅游发展中心在荔波县下白岩村组织的村民旅游基本知识和技能培训。

6. 信贷机制

类似贵州这样的贫困地区，由于农户与农村信用社没有可靠信用借贷机制作保障，信贷资金安全系数低，因而就出现了农民"难贷款"、信用社"贷款难"并存的状况。"难贷款"与"贷款难"成为制约乡村旅游发展的瓶颈。

建立信贷机制，必须从实施"信用工程"开始，县、乡政府和有关部门要通过多种途径加强乡村社区居民的思想道德教育，让他们了解诚实守信的重要性。同时，农村信用社可以在农村建立"信用信息档案"管理机制，由基层信用社的工作人员深入到村，对群众家庭、经济、借贷、个人信用资信等情况了解清楚，对农户建立"信用信息档案"，实行信用信息动态管理。农村信用社在尽量减小风险的同时及时将贷款发放给社区居民，帮助其启动经营。[①]

7. 决策咨询机制

建立社区旅游行业组织。例如贵州天龙屯堡的农民旅游协会，成立社区乡村旅游行业组织与村委会、乡政府以及旅游部门的联席会，定期商谈乡村旅游发展的相关问题，进行乡村旅游事务的沟通协调

---

① 何雪昌、王毅：《永定创新农村信贷机制》，《闽西日报》2008 年 4 月 28日。

工作。

决策咨询包括以下内容：

乡村旅游开发前的征询。包括乡村旅游开发的目的、途径、居民参与方式、企业参与方式、旅游项目等重要问题，广泛听取当地居民的意见和看法，使其感受到被尊重和社区主人翁的地位，以便取得他们的支持。

乡村旅游发展过程中的咨询。乡村旅游发展到一定阶段以后，社区居民会遇到各种问题，同时对未来的发展有自己的想法，这一阶段主要针对乡村旅游发展中的各种问题进行沟通和交流，为村委会和乡政府的决策提供依据；同时听取当地居民关于未来发展的意见和建议，以更好的促进当地乡村旅游的发展。

8. 信息披露机制

当地政府、村委会、乡村旅游企业应该采取旅游事务公开的方式，通过广播、电视、网络、板报等形式开辟旅游事务专栏，及时发布乡村旅游开发中的关系整个地区乡村旅游发展、涉及社区居民利益的重大事项，尤其是在利益分配方面的决策，要及时告知广大社区居民。

9. 上报机制

应当建立社区居民的上报渠道，当社区居民发现乡村旅游发展中的各种问题时，可以及时向有关部门反映情况，这些部门应该包括政府及所属环保部门、旅游部门、新闻媒体等。在乡村社区内部，由村民组成乡村旅游协会来集中社区居民的意见统一向上级政府、新闻媒体反映是最好的途径。

（三）社区参与的支撑体系

乡村旅游社区参与机制是社区居民参与乡村旅游的具体运作方式，这套运作方式要运行起来，背后必需有一套完善的支撑体系来保障，否则参与机制就是空中楼阁。乡村旅游社区参与机制的支撑体系由政府、村委会、企业、社区居民四方的行动体系构成，共同确保参与机制的正常运行。

1. 政府保障

立法手段。省级政府推动制定地方法规和政府规章把社区参与乡村旅游发展确定下来，明确规定社区参与乡村旅游发展的目标、性质、内容、权限、程序、途径、机构、组织、职能以及处罚办法等。市州、县一级的政府可以出台"乡村旅游社区参与实施细则"，对社区参与的实施做进一步细化，以保证社区居民参与乡村旅游发展有法可依、有章可循。

政策手段。出台有利于社区居民参与乡村旅游发展的相关政策，主要包括减免税收政策、财政补贴政策、针对农户的小额信贷政策等。出台减免居民参与乡村旅游的税收政策，鼓励更多居民通过乡村旅游脱贫致富；帮助农民通过小额信贷渠道，推动乡村旅游开发项目与各种支农资金挂钩，争取把支持乡村旅游发展的小额贷款用于旅游经营户；积极帮助协调那些有旅游资源优势和产业基础的乡村，加快解决交通、通信、供电、饮水、卫生等方面的问题；广泛吸引社会资金，并调动农民的积极性，使之参与乡村旅游的基础设施建设。

教育培训。目前，各地政府已经建立了一套自己的旅游教育培训体系，包括政府领导、旅游部门领导、政府相关工作人员都囊括在这个体系里面，但是关于社区参与旅游的内容还不是很多，专门的乡村旅游培训也不是很多，因此要增强各级政府以及工作人员对乡村旅游社区参与的认识，就必须在教育培训内容里面得到重视和体现。另外，要把对农民的旅游培训作为一项民心工程来抓，开展灵活多样、不同形式的专业培训，使农民一看就懂，一学就会，学了能用；在各类针对农民的培训中，要扶持一批以重点农户为主的带头人。

2. 村委会主动作为

配合政府做好宣传工作。村委会要利用村民大会、广播、村务公开栏等固定的渠道，利用网络、音像制品等媒介，鼓励居民参与乡村旅游。

为村民争取利益。村委会要依靠政府，主动有为，积极争取政府和相关单位的支持，主动向当地政府汇报，并在当地政府的统一领导下积极开展工作。确保乡村旅游能够得到相关部门的大力支持，为村民争取更多的利益。

征求村民意见。在发展乡村旅游过程中，村民的意见要及时收集，随时掌握村民的心理动态，要充分了解村民对乡村旅游的意见和建议，产生的问题可以通过村委会解决的及时解决，应该上级政府解决的及时反映给上级政府，应该企业解决的问题及时反馈给企业。

监督企业。村委会是监督和约束外来投资企业的重要力量，村委会既要支持企业的合法经营行为，也要防止企业损害社区居民的利益。

帮扶村民。村委会要积极帮助村民办理卫生许可证、营业执照等相关手续，让旅游经营户能够更早从乡村旅游中收益；还应该邀请旅游技能、文明礼仪方面的专业技术人员、教师来到村里开办厨师、服务、文明礼仪等课程培训班，帮助村民提升素质，掌握服务技能，以便更好的发展乡村旅游。

3. 企业承担社会责任

吸收社区居民为企业员工。建立完善的社区内部居民培训体系，通过培训社区居民，吸收社区居民进入到乡村旅游企业的导游、营销、管理、服务等岗位，把社区居民个人的发展和企业的发展紧密结合起来。

推动乡村旅游产业链发展。企业不仅要帮扶社区居民发展餐饮、购物、娱乐等接待服务，还要发展高附加值的农村养殖业、特色农业示范园、特种畜禽养殖园、野生花卉繁育园等，行成乡村旅游产业链，让社区居民从中收益，这样可以提高居民参与发展乡村旅游业的积极性，也增强了社区居民改变单一农耕生活方式的信心。

在利益补偿和利益分配方面让居民获利。企业在运作过程中需要征用社区居民土地时，必须按照政府规定及时补偿给居民，做诚信守法企业；在利益分配方面，要充分考虑社区的困难和实际需要，把从旅游中的收益合理的分配给社区居民。

接受监督。企业要建立信息披露的制度，把企业的发展情况和计划公之于众，主动接受政府、村委会、居民的监督，以争取政府、村委会特别是社区居民的支持，共同发展和壮大乡村旅游业。

4. 村民积极参与

提升自身素质。乡村旅游能否可持续发展的关键在于村民自身素质的提高，在于他们对自己文化价值的认识，成为自己文化的主动传承者和保护者；在于改变过去那种散漫、自由、不受约束的坏习惯，提高整体接待水平；在于研究开发旅游的延伸产品，提高农特产品的附加值，进而改善当地的产业结构。提升农民素质是一项系统工程，一方面，政府、村委会、企业要加强引导，办好各种方式的教育和培训；另一方面，农民不能等而待之，应该根据不断发展的新形势、新要求，努力学习文化技术，提高自身素质，增强发家致富的本领。

提升组织化水平。乡村社区居民生产和旅游服务上相互分离，处于散漫的低组织状态，越来越不能适应乡村旅游发展的需要。单个农民的力量是非常有限的，不能有效应对市场的变化，不能形成乡村旅游所需要的积聚效应，不能建立营销渠道，更不能形成一股力量去影响政府、村委会、企业的决策，监督政府、村委会、企业的行为。把农民组织起来，建立各式各样的农民组织，使这些农村组织和农民组织成为乡村治理的力量，与政府、村委会进行合作治理，实现基层社会与政府之间的互动，一方面，社会中分散的利益按照功能分化的原则组织起来，有序地参与到政策形成过程中去；另一方面，从这种参与过程中，国家权力获得了稳定的支持来源。在经济上，这些组织参与基层社会的经济管理，可以把乡政府从繁重的经济事务中解脱出来。在政治上，这些组织参与乡村社会的政治民主建设，进行自我管理、自我服务。在社会文化建设上，农民组织可以为村民提供各种服务和帮助，开展各种健康有益的群众文化活动和互助活动，实现农民的自我教育、相互合作和相互援助。①

---

① 张晓忠、杨嵘均：《农民组织化水平的提高和乡村治理结构的改革》，《社会学研究》2007 年第 6 期。

本节的主要内容和结论见下表：

社区参与支撑体系表

参与赋权	参与机制	支撑体系			
		政府	村委会	企业	居民
分享权	经济参与机制	政策	宣传	招聘	提升素质
	利益补偿机制	规章	争取、监督	遵守规章	提升组织化水平
	利益分配机制	规章	争取、监督	让利	提升组织化水平
发展权	引导机制	政策、舆论	配合政府	配合政府	关注信息
	教育培训机制	培训体系	组织	内部培训	积极参与
	信贷机制	政策	争取	企业担保	守信
	决策咨询机制	规划	征求意见	征求意见	提升组织化水平
监督权	信息披露机制	机构	实施和监督	实施	提升组织化水平
	上报机制	机构	反映	接受监督	提升组织化水平

第七章

乡村旅游发展的政策取向

一 合理进行产业定位

由于资源条件、市场环境、经济、社会基础的差异，乡村旅游发展表现出很强的地域特点，如从外在形态看，贵州的村寨旅游、成都郊区的农家乐、北京的民俗村和农家院、上海的乡村园林、浙江的农（渔）庄等等，分别成为各地的典型样式。本章仍然分别以浙江、贵州为东西部的代表进行比较分析。

（一）乡村旅游在区域经济中的地位

从全国来看，农业增收慢、农村就业不充分是普遍现象。农村空心化现象严重，劳动力大量外出务工，农村由老人和儿童留守。农村虽然有劳务收入保证生活水平，但农村产业凋敝，没有财源保证公共服务，已对农村造成负面影响。农村需要新产业支撑，吸引劳动力就地转移，这是乡村旅游在较发达地区和欠发达地区都受到欢迎的原因。

东部。发展经济的机会和途径更多，乡村旅游是多种产业中的一种选择和多种就业机会中的一种选项。扶贫的作用相对淡化，与欧美日韩相近，经济作用重要，但不特别急迫，乡民的参与热情远逊于西部。乡村旅游更多是企业开发，其中不少是本地人靠其他产业致富后，投资寻求新的发展机会，或作为回报乡里的反哺。从对三农问题的作用看，东部追求优质发展，注重环境、基础设施改善，强调公共服务和社会发展。

西部。总体上欠发达、欠开发，除能源、矿业之外，工业和农业竞争力弱于东部。西部的生态环境和产业基础，发展乡村旅游具有比较优势，在贫穷和产业发展选项不多的条件下，乡村旅游在很多地方成为脱贫致富的希望产业和唯一的非农产业，乡民的参与热情高。而由于经济效益不够理想，企业进入较少。政府把乡村旅游视为扶贫手段，强调它的就业增收作用，强调解决"三农"中最迫切的农民生活问题，这是基本层面的发展。

（二）乡村旅游在旅游业中的地位

东部有大量近程客源，交通方便，经济实力强，人口集中，农村产业结构已从原来的单一型农业向多部门、多层次的综合经营型发展，基本上形成了以非农产业为主体的农村产业结构。乡村旅游设施建设投资多，以乡村环境的休闲产品为主，特色在于产业化经营和丰富的人造景观。乡村旅游是旅游业的重要补充。

西部地区乡村自然景观、生产和生活风俗资源具有优势，落后、封闭，生产、生活方式表现出更强的文化差异，乡村性更加突出，资源特异性和吸引性更强，产品以文化体验为主。乡村旅游是重要的旅游产品类别，甚至在部分地区成为主流产品。乡村旅游业是潜力较大的产业和最能发挥农村优势和特色的产业之一，乡村旅游是旅游业的支柱之一。

东部较多采用规范的企业经营方式，有较好的企农关系，照章纳税。

西部，农耕文化氛围更加浓重，社会组织往往起经济组织的作用，没有形成规范的企业制度。但当地居民参与程度高，客观上避免了"飞地化"。

不是所有的地方都能发展乡村旅游的。这受制于乡村的资源和区位、市场条件，不能盲目开发。

在具备发展乡村旅游基本条件的地方，乡村旅游在区域经济中的地位也不一样。有些地方，能起到主导产业或重要产业的作用；有些地方，则只能是农业经济或乡村非农经济的有益补充。

必须给乡村旅游适当的产业定位。旅游生产力是有限的，如郎德，体量有限，游客平均消费的增长空间有限，旅游只能起那么大的作用，进一步提高，或者是杀鸡取卵，或者根本不可能实现。虽然20世纪末以来，中国国内旅游市场保持了持续增长，并将继续增长，但旅游不是万能的，市场也是有限的，对乡村旅游的作用不能盲目拔高。

二 区分动力机制和参与影响因素的地域差别

乡村旅游在区域经济和旅游业中的不同地位，造成了东西部发展乡村旅游动力机制和居民参与影响因素的不同。

（一）动力机制比较

1. 动力机制

动力机制揭示各个动力因素相互之间的作用过程和方式。本书把乡村旅游的动力机制划分为四层，共12个动力因子，分别为：城市居民反向对乡村的追求因子、提高个人收入因子、实现自我价值因子、追求利润因子、扶贫致富因子、增加财政收入因子、增加就业机会因子、维护社会稳定因子、保护环境因子、丰富资源因子、文化传承与保护因子和维护社会公平因子。

2. 山沟沟景区的动力机制

依照上述乡村旅游动力机制模型，分析山沟沟景区乡村旅游发展的动力机制。

结合山沟沟景区的乡村旅游发展历程来观察，各动力因子对发展山沟沟乡村旅游所起到的作用程度不一样。在第二层的需求、供给、政府、社会四个动力中，供给动力和政府动力是重要动力。山沟沟景区的供给动力主要来自于原企业动力，主要指山沟沟旅游公司对乡村旅游的推动力；政府动力主要是鸬鸟镇政府对"山沟沟"发展乡村旅游的支持。包括提高个人收入因子、实现自我价值因子、追求利润因子、扶贫致富因子、增加财政收入因子、增加就业机会因子、维护社会稳定因子、保护环境因子、丰富资源因子和文化传承与保护因子 10 个因子。从山沟沟景区来看，追求利润、扶贫致富、增加财政收入、增加就业是重要因子。

3. 郎德上寨的动力机制

在需求、供给、政府、社会四个动力中，供给动力和政府动力是重要动力。郎德上寨的供给动力主要来自于居民需求动力；政府动力主要是郎德镇政府以及上级政府对郎德上寨发展乡村旅游的支持。

第三层次，居民需求、原企业动力、经济方面、社会方面、文化方面、环境方面和资源方面 7 个动力中，居民需求、经济方面、社会方面、文化方面为重要动力。居民需求、经济方面、社会方面、文化方面包含以下 7 个因子：提高个人收入因子、实现自我价值因子、扶贫致富因子、增加财政收入因子、增加就业因子、维护社会稳定因子、文化传承与保护因子。从郎德上寨来看，提高个人收入、扶贫致富、维护社会稳定、文化传承与保护是重要因子。

4. "山沟沟"和郎德动力机制比较

山沟沟景区和郎德上寨乡村旅游的动力机制存在共性，也存在差异。差异的原因主要有以下几个方面：

乡村旅游发展模式不同。山沟沟景区企业占主导地位，政府对乡村旅游的发展给予支持，居民参与，农家乐协会主要作用是规范管理。郎德上寨发展乡村旅游的模式是由政府主导，村委会组织，居民参与。由于发展模式的不同，旅游者、居民、政府、社会、企业所发挥的作用不同，地位也不相同，从而导致各个动力的作用大小不同。

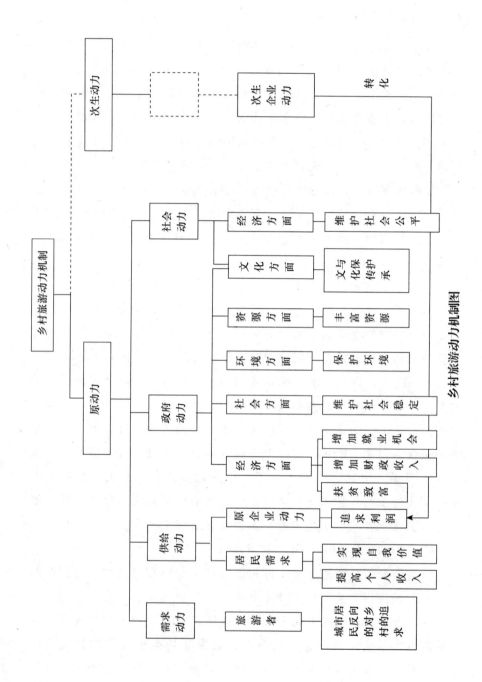

乡村旅游动力机制图

经济基础不同。山沟沟景区 2003 年之前以林业为主，2003 年村民人均纯收入约 5000 元，略低于浙江 5389 元的全省平均水平，但是远远高于全国农村居民人均纯收入 2622.2 元的水平。1985 年贵州农村居民人均纯收入 287.83 元，1990 年为 435.14 元；而同期全国农村居民人均纯收入分别为 397.6 元和 686.3 元。郎德上寨于 1986 年开始发展乡村旅游，在此之前居民以农业生产为主；据 2007 年统计，旅游收入占居民总收入的 48.9%，2007 年郎德平均人均年收入为 2756 元，比 2006 年全国农村居民人均纯收入 3587 元还低。由于两地的经济基础不同，所以在经济方面，对于山沟沟景区，政府的目的是农民致富，并且使政府增加财政收入；而对于郎德上寨，首先考虑到的是扶贫，所以郎德上寨在目前实际不缴纳任何与乡村旅游相关的税费。

社会环境不同。位于杭州市的山沟沟景区的区位优于位于黔东南雷山县的郎德上寨，投资环境比较优越；浙江省的市场规模、市场化程度和对外开发程度也远高于贵州；郎德上寨是苗寨，宗族势力强大，文化传统牢固，旅游企业无法进入。在供给动力上，山沟沟景区因为旅游公司的进入使原企业动力成为了重要因素；而郎德上寨的重要因素是居民需求。

两地的资源条件不同。山沟沟景区和郎德上寨的生态环境都比较好。但郎德上寨是贵州省第一座也是全国最早的一座民族村寨博物馆，1995 年被文化部授予"中国民间艺术之乡"，2001 年成为全国重点文物保护单位。郎德村不仅保存了独具特色的苗族古建筑群，还保留着苗族古老的传统习俗。所以，文化继承和保护是郎德发展乡村旅游重要的动力因子。

（二）参与影响因素比较

1. 安吉、桐乡参与影响因素

王敏娴以安吉、桐乡为样本，运用 AHP 法研究了浙江乡村旅游的居民参与机制。从总体上来看，各影响因素的影响力级别可分为三个等级：

第一等级（影响力在0.100以上）的影响因素包括旅游征地补偿制度、旅游收益预期、社区对旅游企业的控制程度、引导机制四项，影响力总和为0.652。尤其是旅游征地补偿制度，占到了0.332，在各项因素中最为显著。

第二等级（影响力在0.05—0.100）的影响因素为旅游资源的产权制度一项，其影响力为0.083，是较为重要的影响因素。

第三等级（影响力在0.05以下）的影响因素包括社区参与的法律规范、社区参与的传统、社区参与的激励制度、居民对旅游业的态度、乡村社区经济发展水平、旅游发展模式、社区依赖程度、乡村选举制度的执行、居民的文化程度、社区宗族势力、旅游地类型、旅游发展阶段12项，影响力总和0.2650，对乡村旅游社区参与的影响较小。①

2. 镇山参与影响因素

本书采用与王敏娴同样的方法，略微调整了影响因素，对贵阳镇山乡村旅游的居民参与影响因素进行调查，结果如下：

AHP法调查结果

项目		代号	影响力	总影响力
乡村居民个体因素 A	参与能力	A1	0.0432	0.540
	居民对旅游业的态度	A2	0.1026	
	预期经济收益	A3	0.3942	
经济环境因素 B	乡村旅游发展水平	B1	0.185	0.260
	旅游资源的产权制度	B2	0.018	
	旅游征地补偿制度	B3	0.010	
	社区对旅游企业的控制程度	B4	0.047	

① 王敏娴：《乡村旅游社区参与机制研究》，浙江大学硕士学位论文，2004年。

续表·

项目		代号	影响力	总影响力
政策因素 C	政府引导机制	C1	0.037	0.050
	社区参与的法律规范	C2	0.010	
	社区参与的激励制度	C3	0.002	
社会文化 因素 D	社区参与的传统	D1	0.033	0.150
	宗族势力影响	D2	0.010	
	社区依赖程度	D3	0.107	

3. 比较分析

社会文化因素对社区参与的影响力不大，这是浙江和贵州一致的。不同之处为：

各大类影响因素中权重最大因素不同。影响西部社区参与乡村旅游的各因素中，乡村居民个体因素所占权重最大，而在东部社区中，经济环境因素的影响力大于其他各因素总和，成为最重要的影响因素。说明西部社区参与乡村旅游中的关键在于乡村居民的参与，特别是个体的参与。而东部社区参与的重点在于经济环境因素，强调集体参与。在参与的层次上，西部处于自发状态，而东部的组织性更强。

各单项影响因素中权重最大因子不同。影响西部社区参与乡村旅游的各单项因素中，预期经济收益所占权重最大，而在东部社区中，单项因素中影响最大的是旅游征地补偿制度。究其原因，由于西部乡村大都经济不发达，居民生活水平不高，对于他们来说，获得直接的货币收入，改善经济状况，尽快走上脱贫致富的道路是其迫切所需的，因而他们参与乡村旅游最看重的是能获得预期经济收益。东部乡村由于比较富裕，经济较发达，因而直接的预期经济收益因素对其影响相对小一些。相反他们对参与乡村旅游的一系列保障制度较为看重，旅游征地补偿制度是影响其参与的最重要的保障制度，这也反映出地价对东部社区居民参与乡村旅游的重要性。

三　完善公共政策和公共管理

（一）坚持富民的产业属性

不管是东部还是西部，不管是经济处于全国前列的浙江还是比较后进的贵州，乡村旅游的主要功能仍然是富民，作为工业反哺农业、城市反哺农村，推进和谐社会和新农村建设的重要手段。贵州，由于农村缺乏有竞争力的农业、工业的支撑，在有乡村旅游发展条件的地方，乡村旅游被政府和居民托付了引领人们过上好日子的期望，担当起了脱贫致富的艰巨任务和"三农"工作的重要"抓手"。

要从经济社会全面可持续发展的高度来认识乡村旅游，把发展乡村旅游的社会效益和经济效益、环境效益并重，并在这个前提下对乡村旅游进行引导、支持和管理。要把发展乡村旅游与解决农村劳动力就业、推动农民脱贫致富、解决三农问题、建设新农村结合起来；把发展乡村旅游和缩小城乡差距结合起来，追求更加长远的乡村旅游价值，从而促进和谐乡村、和谐社会的建设。

浙江，虽然对乡村旅游企业和经营户实行正常的税收政策，但地方各级政府同时也确定了各种补助和奖励政策，给经营者在基础设施和经营条件改善上以实际的支持，看重的是"促进农业增效、农民增收，推进城乡经济社会协调发展"，不以增加财政收入为主要目的。

贵州，各级政府从旅游业"富民不富财政"的现象中逐渐明确，在贵州这样经济落后、基础设施薄弱的地方，相对于基础设施的巨额投入，财政是很难收到满意的直接回报的，旅游就是为了富民，乡村旅游尤其要承担富民的使命，推行的是藏富于民的政策，对乡村旅游"少取多予"或"不取多予"，除了少数较大的乡村旅游企业外，对乡村旅游经营者实际没有征税或收取极低的定额税。

西部应该长期坚持乡村旅游富民的产业属性，"三农"问题会逐步得到缓解，但相对于城市和工业，在可以预见的将来相当长一段时期，乡村和农业都将处于弱势地位，乡村居民应该得到一些眷顾。

（二）坚持政府主导战略

1．不成熟的市场环境

中国总体上处于市场经济的初级阶段，乡村地区市场体系尤其不成熟。劳动力市场、人才市场、科技市场、证券市场、金融和保险市场建设滞后，信息、法律、会计等专业性服务欠缺。

乡村地区基础设施和公共服务除电信和广播电视近几年发展较快外，道路、供水、电力、燃气、医疗、污染控制和治理设施均不足，运行和维护不正常，社会保障的覆盖面和力度更是远远比不上城市，西部地区更加严重。

乡村地区公共管理比较薄弱，治安、工商管理、卫生和质量监督存在大片空白，市场秩序很大程度上靠自律，游客权益受到损害时难以寻求保护。

即使不考虑基础设施的投入，因为产品特征的限制，哪怕是所谓高端乡村旅游产品，相对来讲，乡村旅游赢利的水平是比较低的，对工商资本投入的吸引力是有限的。

在这样的市场环境下，乡村旅游发展市场主导的条件还不具备。发达国家，除美国等少数国家外，乡村旅游发展也主要依靠政府推动。

2．明确行业主管

市场暂时还不能解决乡村旅游的管理问题，政府管理体制构建也严重滞后。

乡村旅游的管理涉及政府多个部门，如旅游、农（牧、渔）业、工商、税务、卫生、公安消防、技术监督、安全监督、环境保护、文化，等等。各地旅游行政管理部门普遍反映难以牵头组织实施管理，而作为行业管理，因为乡村旅游的特殊性，没有相应的法规依据，因此缺乏有效的管理手段。乡村旅游经营户面广量大，分布分散又带有明显的季节性和兼业性，给管理带来了很大的难度。

　　主管部门缺位导致乡村旅游在发展过程中缺乏规划的引导和指导，缺乏有效的服务和管理，也导致乡村旅游发展相关政策和制度构建的滞后。管理缺位导致大部分乡村旅游经营户处于自发产生、无序发展的状态，一些地方甚至出现恶意竞争和恣意侵犯游客权益的情况。①

　　浙江安吉的做法提供了成功的案例。安吉县政府明确乡村旅游作为旅游产品来开发，由旅游局主管，乡镇"农家乐服务中心"由政府设立，也具有一定管理职权。安吉乡村旅游的健康发展，与职责明确的主管部门的有力工作是分不开的。

　　贵州虽然多数地方的旅游局更关注乡村旅游，农业、文化、建设、民族宗教等部门在各自的资金渠道下也在进行乡村旅游的开发，而谁投资谁具有最大的权威。安吉的经验可以借鉴，要充分调动各部门的积极性，也要明确行业主管部门，坚持统一的规划和行业标准。

　　3. 坚持政府主导

　　如前所述，因为乡村旅游富民的公益属性，因为乡村旅游产业完全市场化发展的条件并不具备，东部和西部都必须长期坚持乡村旅游发展的政府主导原则，政府和公共财政在配置资源上要发挥主导作用，而不能放任在不健全市场机制下的自然发展。

　　制定产业促进政策。政府主导的作用突出体现在制定一系列促进乡村旅游发展的行政、经济方面的政策，包括鼓励投资的优惠政策、扶持政策、项目审批、税收、金融、土地使用等相关方面的政策。

　　承担基础设施建设，完善公共产品提供。在还不具备同步推进乡村公共建设的条件下，适当向乡村旅游地倾斜，大力加强可直接为乡村旅游服务的交通、供水、供电、清洁能源（如沼气）、环境保护设施、村镇文化娱乐设施和医疗、金融服务以及村镇路灯、环卫、绿化等市政建设，为乡村旅游发展提供基本保障条件。减少乡村旅游经营者的外部成本，使它们和城市的经营者一样，能够享受到应有的公共

---

　　① 湖州市委农办、湖州市旅游局联合调查组：《关于湖州"农家乐"发展的调查与思考》，浙江旅游网，http：//www.tourzj.gov.cn，2007 年 11 月 25 日。

服务。

加强公共管理。推行可持续发展理念，改善生态环境，加强乡村风貌的保护和非物质文化遗产传承，预防和制止破坏环境和传统文化的现象；切实负责治安和安全管理，保证安全生产；切实负责公共卫生管理，保证食品安全，搞好卫生防疫，防止疾病的发生和流行；预防和化解社会矛盾，保障乡村旅游经营者的财产安全；为乡村旅游业营造公平竞争的发展环境。

协调各个行业和部门形成合力。在目前实际存在的严重部门分割的行政格局下，只有强化政府主导，才能够整合来自交通、建设、水利、林业、农业、扶贫、旅游、文化、民族等部门的财政性投资，避免各自为政和重复建设，协同作战，取得实效。

引导、吸引外资和社会资金投向乡村旅游。建立多渠道的农村旅游投资机制，引导、指导经营者的发展，为其提供资金筹措和融资支持。

直接投资和财政补贴。使用政策性支持资金，直接补贴、扶持农民的乡村旅游经营；直接投资于部分乡村旅游聚集区和景区型乡村旅游地的建设。

政府主导在乡村旅游产业发展中还体现在规划、市场秩序监管、信息服务、市场培育和区域营销、经营者扶持辅导等方面。

必须澄清两个误解或曲解：

第一，政府主导不是包办一切，也不是政府作为市场主体直接参与经营活动，更不是政府对经营者的经营活动越俎代庖或横加干预。要充分发挥市场机制的作用，旅游投资、旅游产品策划、旅游商品开发、经营方式、价格和提高服务质量等方面，应该更多地依靠市场机制。经营者的经营活动，应当完全自主进行。

第二，政府主导要适时调整，在乡村旅游发展到一定经济规模、市场秩序初步建立后，应逐步采用市场间接调节手段，鼓励成立相关民间团体和行业协会等组织取代部分政府职能，逐步过渡到市场主导发展，但这并不妨碍政府给予乡村旅游较多的扶持。

（三）规范证照管理

1. 证照管理现状

乡村旅游多是在经济相对落后的地区发展起来的，在这些地方，因为社会经济管理的相对薄弱，也因为多数个体乡村旅游经营者经济实力较弱，规范管理存在很大困难。证照管理，是对工商经营者的基本管理手段，但是，经营者或者达不到颁证的基本要求，或者不胜办证手续之烦，或者为了逃避办证的各种费用，或者为了逃税，通常对办证持消极态度。比如贵州，经营户多数没有证照或没有完整的证照，各相关管理部门睁一只眼闭一只眼，这又有两种考虑，一是"先发展，后规范"，对经营户没有审批、执法权限的旅游部门多持这种观点；二是既然知道经营户有很多缺陷，那就不能发证，而且不发证就不用承担责任，消防、卫生等部门多持这种观点，但又没有足够的精力去查处或督促经营户达到标准。

我们不赞成"先发展，后规范"的做法，放任不规范只能降低旅游业的品位，并且会留下诸如食品、消防等方面的安全隐患，在不规范后再规范代价会更高；也不赞成一切都要完全规范后才能做的看法，那样会扼杀稚嫩的乡村旅游业。

2. 安吉的经验

浙江安吉的办法是一个启示。安吉县在降低乡村旅游各行业准入门槛和办证费用的基础上（所有证照办齐从 3000—5000 元降到 514元），由县农家乐管理办公室牵头、各乡镇服务中心配合，为全县农家乐集中统一办理各种证照。三年来共为 300 余农户办理和补齐了各类证照，证照办齐的农家乐给予授牌，并享受一系列优惠政策。县假日旅游协调小组、农家乐办公室定期组织相关部门展开大规模的集中整治活动，推动市场走向规范有序。①

---

① 安吉县政府：《着力提升农家乐品牌，全面推动农村经济发展》，中国休闲农业网，http://www.crr.gov.cn，2007 年 12 月 29 日。

3. 改进证照管理办法

本书提出，借鉴安吉的办法，可以对乡村旅游经营者的证照实行简易管理，不能放任自流，这也是政府主导的一种表现。具体做法是：

第一，分类管理，企业经营者各种证照一定要办齐；个体经营者涉及消防、卫生等游客安全问题的证照必须办齐。

第二，各主管机关组成联合审批工作组，巡回上门服务，减免一切可以减免的收费，避免经营者多次申报申请，降低经营者办证的费用和时间成本。

第三，主管部门积极指导、帮助经营者整改提高，使经营者通过整改达到最低标准后颁证。

第四，对存在严重安全隐患的经营者不仅不能颁证，而且必须坚决查处，对消费者负责，也对经营者负责。

（四）改善公共资源和公共事务管理

1. 重要公共资源和公共事务

乡村和旅游关系最密切的重要公共资源和公共事务有以下一些：

旅游资源。乡村自然景观、环境和以建筑为主形成的乡村风貌及乡村民俗是吸引游客前来旅游的核心要素，这是属于旅游地全体居民的。

生态环境。良好的生态环境是乡村旅游发展的基本条件之一。

基础设施。基础设施的建设维护属于公共产品，现实情况是，政府能够提供村庄外大型基础设施的建设和维护，能够提供和补助村庄内的基础设施建设，但基本不能承担基础设施维护。

公共秩序。包括乡村旅游地的社会秩序和经营秩序。

2. 管理状况

封闭管理、统一经营的乡村旅游地，经营者承担以上几项的管理维护。开放式经营，或统一管理和经营户分散经营相结合，还存在不少问题：

村委会办理本村的公共事务和公益事业，应该代表村民管理旅游吸引物，保持乡村旅游的竞争力，但由于产权的不清晰，缺乏明确的责任主体，以及村集体经济、行政能力的弱小，旅游资源得不到有效维护，造成"公地悲剧"现象在东西部都普遍存在。

基础设施维护，在东部基本能由村集体维护。在西部，不赢利的基础设施，如路灯、排污设施、环卫设施、文化设施等，往往建成之后就无人管理，基础设施效益得不到发挥，使用寿命缩短。

公共秩序。村委会只能维持社会秩序，却无法定权力规范旅游经营秩序，政府基层行政管理机关经常无法顾及广大的乡村地区，公共秩序管理存在真空地带。

3. 解决办法

从各地实际情况看，村委会既无管辖权力又无经济能力，由村民自治组织承担以上几项管理责任是有难度的。

经营户自主经营，整个旅游区域实行景区式管理是比较成功的做法。

"山沟沟"、天龙、香纸沟，或者是企业整体经营，或者是政府设立了景区管理机构。作为经营组织和获利者，为了自己的生存和发展，必须得付出成本维护公共资源和秩序，它们有管理这些事务的愿望和经济能力。但由于无审批权，无执法权，也有管理力度不够的问题。解决这个问题的思路是，通过向这些集体所有的资源支付使用费的方式，明确对这些公共资源和公共事务的使用权和管理权，使"景区"经营管理者在一定时间内充当这些资源和事务的主人，获得实际上的管理授权，责权利统一，能够在很大程度上改善对公共资源和秩序的管理。

独立经营户，或独立经营户和独立企业形成的乡村旅游聚集区，则只能主要依靠政府各主管部门加强监督和执法，来妥善地管理公共资源和公共事务。

四　改善行业管理

（一）完善乡村旅游规划

要掌握乡村旅游特色，做好乡村旅游规划，通过规划实施对乡村旅游的引导和控制，保证乡村旅游又好又快地发展，既能实现社区目的又能体现政府意图。乡村旅游规划要突出以下内容：

1. 产业整合

农林牧副渔业是发展乡村旅游的重要资源依托，农林牧副渔业生产活动是构成乡村景观的重要因素，季相变化丰富的种植业能形成极富魅力的大地景观。

农林牧副渔业也能够从乡村旅游带来的人流、信息流中获得新的市场机会。上海是安吉县乡村旅游的重要客源市场，安吉县通过旅游又把上海变成了农副产品的重要销售市场。旅游和农副产品可以共享市场。

乡村旅游规划应该从景观构成、活动展示、产品销售的角度兼顾农林牧副渔业生产和乡村旅游的关系，扩展旅游资源的范围，提升原来单纯生产物质产品的农林牧副渔业。

2. 规划控制

规划必须体现控制内容，明确什么不能做比规定做什么更能保证可持续发展。乡村旅游规划应强调保持乡村田园风光，避免不适当的城镇化倾向。

开发区域控制。乡村旅游开发应对旅游地的区位关系、资源质量、生态环境、社会经济条件及客源市场进行认真评价，开发不是无限度的，资源、投资和市场是有限的，不能盲目开发。

建设范围控制。加强规划指导，合理布局产业，控制建筑规模，少修建、小修建，多用荒地，不占耕地、林地。

建筑风貌控制。建筑风貌强烈地展现着地方特色，保持建筑风貌的传统风格，是传承文化、保持个性的重要手段。

3. 村镇建设指标调整

村镇建设的相关指标，是根据本地居民的需求确定的。考虑到乡村旅游产生的客流量需要更多地利用民居和村镇承受力比较小的基础设施，涉及旅游的村镇，用地、水电、公用设施等建设控制指标，应该按照经营接待的要求，给予适当放宽。否则容易造成村镇内部拥挤不堪，环境恶化，公用设施无法安排，要么无序扩张，违法占地和违章建房；要么反复修改规划，导致重复建设。

4. 产品创新

乡村旅游产品设计要摆脱目前棋牌娱乐加农家餐饮的流行产品样式，挖掘各地富有地方性的乡村文化内涵和景观特色，打造内容丰富的产品体系。要创新产品形态，设计各种民俗展示、文化体验、户外活动的产品样式，突破目前基本由棋牌、歌舞、垂钓、采摘一统天下的产品格局。

在乡村旅游产品体系建设中，应深度挖掘民族风情、民俗文化、农耕文化、民间技艺等本土文化要素，赋予乡村旅游以文化意义和时代特征，满足游客对乡村文化的观赏、体验、学习需求，提升乡村旅游产品的品位和档次，进而不断提升乡村旅游产品的综合社会价值。

要突出产品的休闲度假特性。按国际经验，人均 GDP 达到 3000 美元的时候，旅游需求开始由观光向度假转型。东部和西部发达地区的人均 GDP 已经远远超过 3000 美元，达到了休闲度假的经济条件。而我国现在的休假制度，休假时间已经超过了全年总日数的 1/3，时间条件也已满足了度假需求。乡村度假产品会逐渐成为乡村旅游的主流。

5. 产业链和地域分工

打通产业链条，充分发挥乡村旅游的带动效应，展开良性竞争，做到效益最大化。

上下游产品打通产业链。农副产品生产、加工、供应和最终消费形成产业链，乡村旅游地是下游消费者，其他地方是上游生产基地。即使像一个村寨这样的小地方，也很难每家每户开展接待，互相之间同样可以形成诸如主副食品生产与餐饮、工艺品制作与销售这样的产业链条。

核心产品和配套要素延展产业链。旅游是集吃、住、行、游、购、娱于一体的整体产品，游是核心、是消费起点，向购物、娱乐等扩展，又可以形成产业链条。

互补性旅游产品扩充产业链。即常说的"一村一品，一乡多品"，使不同特点的产品能够实际组合起来，延长游程。"品"的区别特征需要是大众游客容易感知的，否则，只有专家能体会到细微差别，在普通游客眼里仍然是一样的。如贵州黔东南巴拉河乡村旅游项目的七个村寨，虽然有突出各自特色的精心设计，游客却觉得差不多，依旧集中在几个点上。

根据产业链的构成状况，地域上合理进行互补性的分工。一哄而起，千篇一律，恶性竞争，极有可能陷入各自谋求最大利益，但最后两败俱伤的"囚徒困境"。

（二）加强乡村旅游规制

乡村旅游不是低劣、无序的代名词，在度过最初稍显盲目与混乱的起步期后，质量和经营秩序就成了保证产业又好又快发展的关键因素。严格规制在市场体制完备的发达国家有成熟的经验；我国浙江等经济发达地区也有比较严格的管理制度。像贵州这样的西部地区，尽快采取切实措施，加强乡村旅游规制，是提升乡村旅游业品质，实现健康、可持续发展的必要条件。

1. 建立完整的标准、规范体系

乡村旅游的地域差异比较大，不宜制定全国统一的规章。应以省为单位，建立门类完整的管理办法和标准、规范体系，市（自治）州地（区）一级，可以有不同的实施细则，充分考虑本地区民族和地方因素。

开业许可标准：包括餐饮、住宿、娱乐、劳动体验等不同类型的经营单位的开业起码标准，应该成为工商营业许可的前置审查条件。

乡村旅游区（点）认定办法：由于乡村旅游享受的特殊政策，应从投资主体、经营范围等方面认定乡村旅游区（点）。

乡村旅游经营点服务质量标准：同样应该包含游览、餐饮、住宿、娱乐、购物等服务类型，这是对服务质量的基本要求，也是对提高服务质量的引导和服务产品的档次分级，可以采用旅游业中影响广泛的"星级"作为质量等级标志。

特殊产品标准：如温泉、保健、户外运动、特色交通工具等专项旅游产品，要及时制定标准予以规范，保证游客的安全和权益。

建筑、卫生防疫、饮用水、环保环卫等标准：应该制定不降低基本要求，但又符合乡村实际，经过努力可以达到的标准。

标准，是起码要求，不是最高要求，在达到标准的基础上，要鼓励特色化发展，不扼杀个性。乡村旅游标准要注意与城市旅游标准的区别，强调地域特色、民族特色。

2. 建立旅游质量监督机制

应该明确，农林牧副渔水等行业，凡经营涉及旅游，旅游部门都有进行行业管理的权力，而不应该按投资渠道行使管理权。

各级旅游质量监督管理所是旅游质量监督机构，应该扩大质监所的职权范围，综合行使质量监督管理权，主动检查监督，而不仅是处理投诉。质量管理工作应创造条件让行业协会逐步介入，通过行业自律使提高旅游产品质量成为经营者的自觉行为。

要充分贯彻管理就是服务的思想，针对乡村旅游的产业属性，通过培训、指导、检查、整改等方式进行质量管理，同时要坚决而适当地采取惩戒措施，对质量低劣，侵犯游客权益的行为要制止，消费者的权益和经营者的权益同样重要。

认证是质量监督的重要手段，通过旅游部门和行业协会的认证，确认乡村旅游经营者的某种产品是否达到经营或推荐的水平，是从积极方面提高旅游质量的有效激励措施。

（三）健全行业协会

这里讲的行业协会不是村民参加的议事、协调性质的协会，如"天龙农民旅游协会"；也不是合作性质的经济组织，如"镇山游船协会"；而是由经营者组成的，介于政府、经营者之间的起中介和自律作用的非赢利社会组织，如"天龙旅游商品从业协会"。

1. 行业协会的作用

行业协会是一种民间性组织，由作为登记管理机关的民政部门和作为业务主管部门的专业管理部门共同管理。行业协会的作用主要有四项：第一，维护经营者合法权益，沟通政府与经营者的关系，营造良好的市场经营环境；第二，维护企业之间公平的市场竞争关系，创造良好的市场秩序；第三，出面解决各类问题，以求公正、快捷、方便地办好某些事务性工作和解决好经营纠纷，降低交易活动费用；第四，保障和制约作用，通过行业自律促进诚实守信经营，保护消费者权益。

在乡村旅游业中，行业协会尤其重要。旅游牵涉面广，法规又不健全，出现了一些政府不该管、管不了、管不好的问题，行业协会能弥补政府管理范围和手段的不足；乡村旅游经营者普遍小、散、弱，需要一个代言人反映呼声，政府也需要传达意图的渠道。行业协会是解决这些问题的最佳途径。

上文提到的浙江经验，杭州山沟沟农家乐合作协会在规范经营秩序上发挥了重要作用。金华市婺城区安地镇农家乐服务中心，名为"中心"实质为行业协会，已经进入到统一农家乐经营户品牌形象、规范经营行为、调配客源、处理游客投诉的高级阶段。安吉农家乐服务中心由政府委托、授权，获得了相当于行业协会又高于行业协会的行业管理职能，在政府部门鞭长莫及的广大乡村地区，成为产业促进和规范的中心。

2. 秦棋和天龙的尝试

贵州乡村旅游业中，也尝试过行业协会的管理方式。

花溪区秦棋村（2009 年因行政区划调整划入南明区）2004 年开发乡村旅游之初，村委会牵头组织经营者成立了"花溪旅游协会秦棋分会"，意图不仅是通过协会规范经营，甚至想把协会变成合作或股份合作性质的经济组织统一经营。但由于当地乡村旅游发展缓慢，客流稀疏，经营者不能从协会得到实惠，协会也不能向经营者提供服务，协会名存实亡。

"天龙农民旅游协会"纯粹是在村委会不能完全发挥代表村民作用的条件下产生的，功能逐渐淡化。有意思的是，随着旅游业的发展，经营户自发成立了"天龙旅游商品从业协会"、"兰花协会"等行业协会性质的组织，它们在沟通各方和自律方面起到了实实在在的作用，虽然没有经过社团登记，但各界并不怀疑它们的合法性。现在的问题是，行业协会想在指导经营、协调各方关系上发挥更大作用，但苦于协会人员业务能力不强，协会没有经济实力，协会很难有更大作为。

3. 行业协会组织和功能建设

秦棋和天龙的启示是，行业协会需要产生的条件，不能揠苗助长。行业协会是市场成熟的催化剂，又是市场成熟的结果。在发达国家和国内发达地区，行业协会是旅游市场体系中一个重要因素，行业协会成熟与否，几乎可以成为市场体系成熟与否的一个标志。

天龙行业协会的萌芽又说明，贵州部分地区乡村旅游的发展产生了对行业协会的需求，经营者希望自己管好自己的事。

在条件成熟的地区，政府应该培育行业协会成长，积极组建专门的乡村旅游行业协会，辅导、指导、资助初期活动。仿效安吉的做法，通过委托的方式，赋予乡村旅游行业协会一定的职权，适度参与行业管理，让行业协会在组织和功能上尽快成熟起来，让行业协会在政策宣传和建议、协调关系、行业培训、行业自律、宣传促销、经验交流和推广方面发挥更大作用。

（四）搞好信息服务和目的地营销

1. 信息服务

由于网络已经取得旅游信息传播的主渠道地位，此处的信息服务主要指网络信息服务。

乡村旅游信息服务包括为经营者和游客提供信息服务。乡村信息化水平远低于城市，信息服务还包括信息基础设施建设，重点是开通宽带网络和建立乡村旅游网站。

乡村旅游经营者数量上以个体经营户居多，除一些企业有自己的网站外，东部地区普遍在乡镇一级甚至村建立了旅游网站，西部至少应按县级区域建立网站。

以浙江安吉和贵州花溪两个靠近大城市或位于市郊、乡村旅游比较发达的县级单位为例。2008 年底的网上调查显示，有旅游门户网站安吉农家乐（www. ajnjl. com. cn），专业旅游网站安吉旅游综合信息网（www. ajyou. com）、安吉旅游服务网（www. anjilx. com）、故里炊烟旅游网（www. anjilaojia. com），乡镇旅游网站报福农家乐旅游网（www. triptobaofu. com），旅行社和景区等旅游企业网站安吉金色假期（www. anjiholiday. com）、中南百草园（www. znc. cn）、安吉山水旅行社（www. ajshanshui. com），相关网站图说安吉（www. dipu. cn），综合网站安吉网（www. anji. cn）、安吉新闻网（www. anjinew. cn）的旅游频道等。旅游网站和旅游频道构成了一个庞大的网群。据安吉网址大全（http：//www. ianji. cn）的不完全收录，就有旅游网站 35 个、酒店网站 18 个。相比之下，花溪则只有相约花溪（www. xyhxw. cn）1 个旅游门户网站和天河潭风景区网站（www. gztht. com），与东部差距犹如隔代。贵州各地不仅网站太少，而且内容更新太慢，电子商务接近空白。

乡村旅游网可以由政府牵头进行基础建设，各乡村旅游点适当交费、政府补贴维持运行。鼓励建立商业运行模式的网站，随着电子商务的进一步发展，网站的自我发展能力会越来越强。

面向经营者的服务。一是经营信息的采集、上网；二是开展网上预订为主的电子商务。

面向游客的服务。一是提供乡村旅游信息和网上预订，降低游客获取乡村旅游信息的成本；二是满足游客在乡村度假期间的工作需要，现在工作已离不开网络，游客度假难免也会有工作需要利用网络；三是满足娱乐需要，在相对偏远的乡村地区这一点尤其重要。

由于乡村旅游经营小、散是特点，市场又以散客为主，只有网络工具，才能充分满足经营者和游客双方对信息发布和获取的需求。

乡村旅游信息服务提高了乡村信息化水平，能够丰富乡村居民的文化生活，使之提高素质，快速融入现代生活。

2. 目的地营销

乡村旅游经营点的规模都比较小，经营者也比较少，产品营销的难度超过了以大型景区为支撑的观光旅游，有效的营销应是目的地营销。

目的地营销应以形象营销为主导。乡村旅游对外营销更依赖目的地形象营销，旅游形象是旅游地通过旅游产品（整体体产品）呈现在游客面前或传布给世人的总体特征，是社会对某旅游地特点的概括和总体评价，也是公众的识别标志，要保证旅游地在信息、传媒造就的各种形象的海洋中能够被识别和自我认同。潜在的游客是由"形象"作出判断进而产生前往旅游的兴趣的。

目的地营销是政府行为。目的地营销是单个企业不可能完成的工作，目的地营销经费是各级财政公共支出的重要组成部分。要由政府出面塑造和传播旅游目的地鲜明的、富有吸引力的形象。政府要综合使用各种传播手段，传递统一的目的地形象信息，提升区域的旅游吸引力。

（五）建立乡村旅游经营者辅导制度

建立乡村旅游经营者辅导制度的目的，是行业管理部门扶持企业、经营户进行能力建设，用公平的手段提高经营主体的市场竞争力，提高产业的内在品质。

在乡村旅游地，经营者渴望得到政府主管部门的辅导。比如在天龙，天龙旅游公司对如何进一步提升产品、提高效益，如何在旅游业的发展过程中保护好传统文化存在许多困惑，愿意接受帮助而不是指责。村内的经营户并不在乎怎样与旅游公司进行收入再分配和政府实行税收优惠，而是希望政府和公司教他们怎么做，希望政府能够派专家给他们出点子、想办法，改善经营，发更大的财。

辅导的具体方式有：

培训。包括对从业人员基本礼仪、服务技巧、管理知识、法律法规的培训，使乡村旅游从业人员尽快从农（牧、渔）民转变为服务人员和经营管理人员。

达标。督促、指导企业、经营户达到营业条件、服务质量、卫生环保等各方面的标准，其中涉及人身安全方面的标准是必须无条件达到的。

咨询。在环境设计、旅游产品创新、经营方针、市场开拓等技术含量比较高、专业性比较强的领域，组织专家为企业和经营户进行咨询服务，帮助他们提高经营水平。

示范。建立乡村旅游示范点，用榜样的力量带动其他经营者向正确的方向发展。

奖励。通过对正面典型的奖励，引导乡村旅游的发展。

辅导是政府行业管理部门的职责，应该把经费纳入财政预算，借助各种非政府组织，组织社会专家力量，在有条件的地方通过协会实施实际辅导工作，给企业和经营户实在的帮助。

五　引导丰富乡村旅游业态

（一）乡村旅游业态的概念

1. 旅游业态概念

业态一词来源于零售业，指针对特定消费者的特定需求，按照一定的战略目标，有选择地运用商品经营结构、店铺位置、店铺规模、店铺形态、价格政策、销售方式、销售服务等经营手段，提供销售和服务的类型化服务形态。①

邹再进认为旅游业态实际上是对旅游行（企）业的组织形式、经营方式、经营特色和经济效率等的一种综合描述。从空间维上，它首先界定了旅游产业的业种（包括业种内部的行业）范围，并探讨其结构的合理性和高级化程度；在时间维上，它既包括对旅游业当前所处的发展阶段和生存状态的基本认识，也包括对旅游业未来发展趋势的基本预测。②

北京市旅游局通过对全市乡村旅游发展实践的深入调研，在全国率先制定了《北京市乡村旅游特色业态标准及评定》地方标准（2009 年 11 月 1 日开始实施），总结出乡村酒店、国际驿站、采摘篱园、生态渔村、休闲农庄、山水人家、养生山吧、民族风苑八种乡村旅游业态。认为乡村旅游特色业态"指通过开展不同类型的乡村旅游经营所形成的具有一定规模的特定产业形式，它具有类型独特性和空间分布集群性"。

乡村旅游业态就是行、游、住、食、娱、购各类旅游服务产品的具体经营形式。

2. 划分乡村旅游业态的意义

为乡村旅游细分市场针对性服务提供支持。零售业态划分是根据对行业内企业的价值主张、消费者目标群体、分销渠道、客户关系进行的，本质上对消费者细分在企业运营方式上的体现。乡村旅游业态的研究本质上是对乡村旅游内各个行业业态的梳理，是对各种服务方式的比较和分析，不同的行业业态以及业态组合对应不同的乡村旅游细分市场，乡村旅游业态的研究将为乡村旅游细分市场的针对性服务提供理论支持。

---

① 萧桂森：《连锁经营理论与实践》，南海出版公司 2004 年版。
② 邹再进：《旅游业态发展趋势探讨》，《商业研究》2007 年第 12 期。

有利于合理开发和利用乡村旅游资源。乡村旅游业态是乡村旅游资源不同的存在或者聚合方式的体现，对乡村业态认识的不足是导致乡村旅游资源不合理开发的原因之一。

为业态创新提供依据。目前乡村旅游发展瓶颈之一是产品的同质化，业态创新是避免同质化、发展差异化、抢先占领市场空白的重要手段。只有清晰明确创新的关键点，才能把握好创新带来的机会，因此研究乡村旅游业态是业态创新的理论前提。

（二）全国乡村旅游业态现状

1. 乡村旅游业态的主要类型

业态的形成受业种、旅游资源、市场需求、业种和业态组合关系、经营者的投资和管理能力等因素的制约。

常见的乡村旅游业态如下表：

乡村旅游业态类型表

业种	业态	典型案例（案例地）
住宿	农（渔）家旅舍	杭州山沟沟、洛阳重渡沟
	乡村旅社	贵州雷山西江旅社
	农（渔）庄内设住宿	杭州杜家农庄
	营地	黄山市休宁县溪口乡阳干村生态帐篷
	乡村宾馆	成都三圣乡村宾馆
餐饮	小吃摊	贵州凯里南花村烧烤
	家庭餐馆	贵阳镇山村
	乡村饭店	浙江安吉天荒坪
	乡村园林饭店	成都农科村
	农（渔）庄、乡村宾馆内设餐厅	杭州杜家农庄、成都三圣乡村宾馆

续表

业种	业态	典型案例（案例地）
游览	观光农园	青岛崂山北宅生态旅游区
	劳作农园	杭州临安神龙川大自然山庄
	农（渔）庄	杭州杜家农庄
	生态博物馆	贵州黎平堂安村
	自然村落	安徽宏村
	工艺作坊	贵阳香纸沟土法造纸
	开放式乡村景区	成都三圣花乡
	封闭式乡村景区	贵阳香纸沟
	统一经营式乡村景区	湖北宜昌车溪景区
	乡村主题公园	宁波奉化滕头生态景区
娱乐	村镇地方歌舞表演	贵州郎德苗族歌舞
	村镇民俗活动体验	贵州江口云舍土家民俗展示
	村镇民族节日	贵州西江苗年
	乡村户外活动	宁波奉化三石农庄
	室内休闲娱乐	各乡村旅游点
购物	流动商贩	各乡村旅游点
	零售货摊	各乡村旅游点
	土特产商店	浙江白鹤乡村俱乐部购物点
	农户零售	各乡村旅游点
	参与加工式购物	恩施市芭蕉侗族乡枫香坡茶坊
	店坊合一（现场表演型制作销售）	贵州天龙

2. 乡村旅游业态组合类型

指在一个相对独立的经营区域内，各种乡村旅游业态组合形成的类型。有独立农家（农家院落）式、独立乡村庄园式、休闲农庄（渔村）式、聚集区式、村落式、以乡村风光为主的乡村景区式、以乡村聚落景观为主的乡村景区式、乡村主题公园式等。

乡村旅游业态组合类型表

组合类型	特点	典型案例
独立农家（农家院落）式	依托景区或城市，规模小。个体经营	长城下的农家院
独立乡村庄园式	多位于市郊，规模较小。个体或企业经营	浙江安吉的农庄
休闲农庄（渔村）式	人工景观较多，突出休闲、度假，民俗淡化。投资商统一经营	浙江三门三特渔村
聚集区式	规模较大，没有依托村落或所依托村落地位不重要，没有统一管理，个体经营者和企业混杂，各自自主经营	贵阳阿栗杨梅村
村落式	村落整体成为旅游地，居民分散经营，或村落统一经营管理与居民分散经营相结合	北京民俗村、贵州旅游村寨
以乡村风光为主的乡村景区式	吸引物以自然风光为主，规模超出一个自然村，统一经营；或景区统一管理，景区内农家自主经营	杭州山沟沟、贵州贵定音寨
以乡村聚落景观为主的乡村景区式	吸引物以聚落景观为主，规模超出一个自然村，统一经营；或景区统一管理，景区内农家自主经营	贵阳香纸沟、成都三圣花乡
乡村主题公园式	一般位于发达地区，作为农村经济样板工程存在。统一经营	浙江宁波滕头村

（三）贵州乡村旅游业态发展方向

1. 贵州乡村旅游业态现状

贵州乡村旅游的业态和业态组合类型除乡村主题公园外，其他种类都有，业态以农（渔）家旅舍、小吃摊、家庭餐馆、自然村落、村镇地方歌舞表演、室内休闲娱乐、流动商贩、零售货摊、农户零售常见，业态组合类型以独立农家（农家院落）式、聚集区式、村落式常见。

总的来看，业态比较传统和单一，同质性高，缺乏创新。属传统业态的旅游经营点和聚集类型，改善经营管理，扩大市场影响力，提高消费水平都受到一些限制。产生这些问题的主要原因是过于依赖资源本身，对市场缺乏深刻的认识，对业态的最新动态缺乏了解。

2. 贵州乡村旅游业态发展方向

新型业态产生于市场需求者，而形成于市场供给者，是供给者满足差异性需求的市场行为。贵州乡村旅游业态的发展应该以乡村旅游资源为基础，以市场为导向，把握城市居民旅游消费倾向多元化的趋势，注重体验和休闲氛围，注重情感交流和健康的生活方式，进行深度的市场细分，并参考和借鉴国内外的乡村旅游业态，促进整个乡村旅游的持续健康发展。

住宿业态：从以比较简陋的农家旅舍为主向多种业态组合转变，增加注重体验的乡村旅社和营地、注重享受的乡村宾馆的比重。

餐饮业态：大力发展乡村园林饭店，保障乡村特色和服务品质。

游览业态：保持村落旅游特色，增加休闲农庄、以乡村风光为主的乡村景区、以乡村聚落景观为主的乡村景区等业态组合类型，在有条件的地方开办乡村主题公园。

娱乐业态：适当降低以棋牌、卡拉OK为主的室内娱乐比重，鼓励发展村镇民俗活动体验、乡村户外活动，加强文化性和时尚性。

购物业态：控制不规范的流动商贩、零售货摊，增加集约化经营的土特产商店、注重体验的参与加工式购物和店坊合一等销售业态。

结　语

乡村旅游具有远大发展前景，在旅游业中的地位仍然有巨大上升空间。

巨大的市场空间：城乡差别是乡村的根本吸引力，城乡环境和景观差别是不可能消除的，随着我国城市化水平的不断提高，未来30年将有5亿农村人口进入城市，乡村旅游的市场基础在飞速扩大。旅游业自身发展的要求，也在乡村旅游上找到了增长点。

扩大消费的作用：中国经济一直存在内需不足的薄弱环节，2008年中央经济工作会议明确提出，2009年中国将把扩大内需作为保增长的根本途径，农民消费、住房消费、汽车消费、服务消费和旅游消费将成为下一步扩大居民消费的五大重点领域。其中的两项，农民消费和旅游都与乡村旅游有关系。2009年《国务院关于加快发展旅游业的意见》明确指出要"充分发挥旅游业在保增长、扩内需、调结构等方面的积极作用"。魏小安先生提出"三农旅游"的概念，农业旅游和农村旅游主要表现为资源和生产供给方，农民旅游意味着农民不仅是旅游产品的供给者和生产者，也应该是需求者和消费者。经济发展后，生活环境改善，生活方式也会改变，农村居民产生新的旅游消费，就近供应的乡村旅游能够满足农民旅游的部分需求。

重要的社会功能：农业、农村、农民问题，始终是中国经济和社会发展的决定性问题。在新形势下，"三农"问题产生了几个新的内涵：一要增强农业综合生产力，增加农民收入；二要加大扶贫开发的力度；三要依法保障和维护农民的土地权益；四要保障农民的民主权利，完善村民自治；五要健全社会化服务体系。"三农"问题的症结在于农村发展太慢；核心在于农民收入太低；要害在于人多地少，人均水资源量低。要实现以上目标和解决以上问题，关键在于寻找产业支撑，"金融风暴"后的残酷现实表明，资源、市场和核心技术均立足于本土的乡村旅游，是产业支撑的重要选项，而且，乡村旅游对改善农村治理和社会化服务体系，达到人与自然的和谐的功能是比其他产业具有优势的。

同时也必须清醒地认识到，乡村旅游有用但有限，乡村旅游不是万能的。

乡村旅游为发展农村经济和农民致富创造了新机遇，越来越多的乡村居民通过参与旅游业改变了生活面貌，但对乡村旅游的作用不能盲目拔高。不少人士（主要是各级官员）认为只有发展旅游，才能发展农村经济，只要有乡村，就能发展乡村旅游，似乎"乡村旅游一抓就灵"。这样的认识显然过于乐观，旅游能带动的只是部分地区的部分农村和部分农民，而不可能是所有农村和农民。

其主要制约因素仍然是我们反复提到的资源和市场，资源的质量和规模都是有限的，市场的需求也不是无底洞，总有满足的时候。旅游在消费中的份额将越来越高，但远不是全部消费；乡村旅游在旅游业中的份额也会越来越高，但不可能成为主流。

立足于贵州的经验事实，一些"老牌"乡村旅游地如郎德、镇山，旅游业在带动当地居民脱贫后，未能支撑乡亲们进一步走向富裕。指责旅游开发和管理水平低是没有道理的，乡村旅游不能承受它不能承受之重。

近年来，乡村旅游开发出现了一些新的动向。

乡村旅游活动内容不断丰富，设施景观化、接待规范化倾向突出，不同地域出现了一些个性化的产品倾向，乡村主题公园、乡村休闲居住地、乡村颐养地等成为新兴新型乡村旅游产品。

乡村主题公园：城郊游憩地，保留和移植一些乡村文化元素和景观符号，如耕牛、鱼塘、水车、水井、草垛等景观小品和酿酒、制茶、养蚕、造纸、烧陶等手工制作，形成乡村主题公园，如安吉大竹海、中南百草园等。乡村主题公园是一种新的乡村旅游产品形式，讲究舒适度与档次，规模化、产业化经营，不在乎民俗的真实，满足于情景再现和参与表演性的体验，适合追求情调和生活品质的都市小康以上人群。

乡村颐养地：乡村良好的环境，淳朴的人与人关系，宁静的氛围，相对低廉的生活成本，部分移居城市的人对早年乡村生活的回忆，使一些城市退休人员来到靠近城市的乡村居住。如主要面向上海市场的浙江湖州、主要面向重庆暑期市场的贵州桐梓，都在一些交通方便的村镇出现了利用自己住宅多余空房接待城市退休人员长期度假的现象。乡村养老地要求交通、医疗、通信等公共服务条件较好，环境优美，养老居住人员住在农家，饮食由房主人供应，按月交纳固定费用。通常，养老人员会结伴而来，平时一起参加休闲娱乐活动，以免孤单寂寞。还有一些人把在城市的住房出租，所得租金可以负担在乡下的全部费用。接待城市养老人员带动了农副产品生产消费，盘活了闲置农房，又有利于老年人的生活，解决了许多社会问题，是一种有前景的长期型乡村度假产品。现在存在的问题是由于是新生事物，疏于管理，在客人与房主出现争执时只能自行解决。今后的发展方向可能是形成规模扩大的家庭养老公寓。

乡间第二住宅：第二个家将是乡村旅游未来发展的一大趋势。20世纪80年代，欧洲人第二个家拥有率最高的瑞典人达22%，最低的英国人也有2%。在大都市，大多数"第二个家"就是周末之家，作为城市住所的补充。目前城里人到风景优美的乡村购买住宅的情况越来越多。在北京遥桥峪，已经有城里的人来购买农家院，全村有六七户将院子卖掉然后搬到镇里或县城居住。在曹家路，有20多户农家把院子卖给城里人。购买农家院的城里人都是将其作为自己的第二个家，并且由镇政府正式办理房产证。[①] 这种现象也被称为乡间第二住

① 邹统钎：《中国乡村旅游发展模式研究——成都农家乐与北京民俗村的比较与对策分析》，《旅游学刊》2005年第3期。

宅、乡村田园旅游房地产，实际就是乡村度假别墅，乡村度假别墅是经济发展到今天必然形成的一个需求潜力巨大的市场。国家现在的土地政策对于这一市场的发展并不鼓励，"房产证"也存在法律瑕疵。应该在保住耕地红线的前提下，集约化使用农村建设用地，使乡间第二住宅能够顺利发展，使其成为推动新农村建设的一个有力的工具，带动区域公共设施配套、交通道路建设、环境整治及卫生安全建设，带动农民生活水平的提高。

通过土地流转解决乡村旅游用地是许多地方正在积极尝试的做法。乡村旅游开发的一个普遍现象是，占地基本是农地，很少有建设用地。这造成两种后果，一是乡村旅游经营者在自己的承包地上只建不报或报临时性建筑建永久性建筑；二是外来的投资者，多采用租赁土地的办法规避土地管理。规范土地管理，促进乡村旅游发展，成为一个焦点问题。党的十七届三中全会明确提出，按照依法自愿有偿原则，允许农民以转包、出租、互换、转让、股份合作等形式流转土地承包经营权。关于土地流转的政策，为乡村旅游规模化经营创造了必要条件。以田园风光（如农田、果园、茶园等）为特色的乡村旅游，必须有一定的规模才能形成景观，部分乡村旅游项目需要适度的规模经营，经营者交换土地使用权，能够实现土地的集中利用。而真正需要建设的用地，不是承包经营权流转可以解决的，鉴于中国耕地面临的严峻形势，通过土地整理，集中部分用地指标，可能是保证乡村旅游用地同时保住耕地的唯一选择。

开发主体多元化也是越来越明显的一个趋势。乡村旅游作为后续产业的经济价值逐渐体现，开发主体将会逐渐多样化，逐利的投资者将越来越多地进入这个领域。要尊重发展规律，保护相关者权益。要保护投资者的热情，鼓励多种途径的资金进入。要多渠道、多层次、多形式筹集资金，本着"谁投资，谁受益"的原则，走"滚动发展"的路子，通过制定一系列的政策来引导农户、集体、社会资金的进入。同时政府要协调好关系，整顿市场秩序、创造公平而良好的竞争环境，鼓励和支持一部分企业做大做强，形成示范带头作用。其次要注重利益主体间的利益分配，特别要注重对当地居民的倾斜，并激发他们参与旅游开发的热情，这既是一个制度性的分配，也是建设社会主义新农村的现实要求，还是创造和谐乡村的重要措施。要正确看待外来投资带来的"飞地化"现象。不赞成把乡村旅游看作一般经济产业，大肆招商引资，造成收入漏损，降低乡村旅游的社会效益。要留意企业进入的一种不良现象，即获取经营权后，占据资源做资本运作，实际投入很少，产业发展停滞。也不赞成纯由当地居民自己经营（郎德是另一种情况），抱残守缺，产业得不到发展，自己的利益也无法实现。

选择浙江、贵州为样本，进行经济发展处于不同阶段和社会状况有很大差异的东西部乡村旅游产业发展的比较，先行一步的浙江许多地方值得贵州学习，同时，两地也有互相借鉴的意义。

浙江和贵州有阶段性的差异。虽然贵州乡村旅游起步不晚，但从农户经营到企业经营，从庭园接待到乡村景区，从农家饭加棋牌娱乐到多样化游憩，从自发产生到国家扶持，从各行其是到标准规范，这一过程浙江却后来居上走到了前面，而贵州也大致按这个方向发展。浙江有很多好的做法，比如"安吉模式"。和西部相比，政府和市场两种力量一起发力，看得见和看不见的手一起出手，市场力量比西部强大，政府配置资源的能力也比西部强大，这是西部要好好研究，认真领会其精髓的。

先进经验需要同本土实际相结合。比如本书从多角度谈到了类型和模式，从经营管理角度把浙江乡村旅游划分为农户和企业自主经营模式、政府或集体主导下的自主经营模式、协会模式、景区—经营户模式、安吉模式；而从参与机制和产业组织角度把贵州乡村旅游划分为独立农户模式、独立山庄模式、农户集群模式、独立企业＋独立农户模式、社区自治模式、自办景区模式、景区—农户模式、公司—经营户模式。两地的"模式"要找到社会机理和经济环境的共同点后才有借鉴的价值。

比较之下，贵州也发现了自己的特色和优点。比如产业地位，在欠开发、欠发达的贵州，乡村旅游具有产业比较优势地位，乡村旅游是一类主要产品。从在各自所在区域内的相对地位讲，贵州乡村旅游要比浙江乡村旅游重要。比如产业组织设计，必须因地制宜，与经济社会发展的状况相适应，必须有益于维护旅游地的核心竞争力，必须有益于旅游地经济、社会、文化的全面可持续发展，而不能仅仅看短时间的直接经济效益，更不能抽象地以现代城市工商企业的标准看它符不符合，因此，郎德"工分制"管理的必然性和合理性就出来了。所以，我们祝愿郎德一路走好，也希望贵州在发展中能永远保持自我。

贵州经验对西部的意义在于，贵州不仅是典型的西部地区，贵州乡村旅游也在西部旅游业中占有重要位置。因此，我们讨论贵州，应该对整个西部地区都有借鉴意义。

参考文献

安吉县政府：《着力提升农家乐品牌，全面推动农村经济发展》，中国休闲农业网，http：//www.crr.gov.cn，2007年12月29日。

蔡碧凡、夏盛民、俞益武：《乡村旅游开发与管理》，中国林业出版社2007年版。

陈美云：《台湾休闲农业的成功经验及对大陆的启示》，《科技情报开发与经济》2006年第2期。

陈文君：《我国现代乡村旅游深层次开发探讨》，《广州大学学报》2003年第2期。

池静、崔凤军：《乡村旅游地发展过程中的"公地悲剧"研究》，《旅游学刊》2006年第7期。

戴斌、周晓歌、梁仕平：《中国与国外乡村旅游发展模式比较研究》，《江西科技师范学院学报》2006年第1期。

湖州市委农办、湖州市旅游局联合调查组：《关于湖州"农家乐"发展的调查与思考》，浙江旅游网，http：//www.tourzj.gov.cn，2007年11月25日。

杜江、向萍：《关于乡村旅游可持续发展的思考》，《旅游学刊》1999年第1期。

郭剑英、邱云志、熊明均：《初探新农村建设中乡村旅游发展模式选择——以汶川县照壁村、萝卜寨村为例》，《商业研究》2008年第6期。

何景明、李立华：《关于"乡村旅游"概念的探讨》，《西南师范大学学报》2002 年第 5 期。

何景明：《国外乡村旅游研究述评》，《旅游学刊》2003 年第 1 期。

何景明：《城市郊区乡村旅游发展影响因素研究——以成都市农家乐为例》，《地域研究与开发》2006 年第 6 期。

何井新：《合作制与股份制比较研究》，《中国合作经济》2004 年第 12 期。

贺小荣：《我国乡村旅游的起源、现状及其发展趋势探讨》，《北京第二外国语学院学报》2001 年第 1 期。

何雪昌、王毅：《永定创新农村信贷机制》，《闽西日报》2008 年 4 月 28 日。

胡朝相：《乡村旅游游什么》，杨胜明：《乡村旅游——促进人的全面发展》，贵州人民出版社 2006 年版。

徐洁莹：《成都市乡村旅游节全国叫响"农家乐"》，《华西都市报》2008 年 11 月 25 日。

黄超超：《浙江省乡村旅游内生式发展探讨——以"山沟沟"为案例的行动者网络构建》，浙江大学硕士论文，2007 年。

黄洁：《从"乡土情结"角度谈乡村旅游开发》，《思想战线》2003 年第 5 期。

黄进：《乡村旅游的市场需求初探》，《桂林旅游高等专科学校学报》2002 年第 3 期。

黄郁成、顾晓和、郭安禧：《农村社区旅游开发模式的比较研究》，《南昌大学学报（人文社会科学版）》2004 年第 6 期。

洪名勇：《建设新农村与贵州三农问题研究》，中国经济出版社 2008 年版。

金颖若：《试论贵州民族文化村寨旅游》，《贵州民族研究》2002 年第 1 期。

金颖若：《旅游开发中民族艺术的作用与自身发展》，《民族艺术研究》2002 年第 4 期。

金颖若：《旅游地的衰落与产品更新》，《旅游科学》2002 年第 4 期。

金颖若：《集市旅游——民族文化旅游开发的新途径》，《经济地理》2003 年第 5 期。

金颖若：《旅游资源的羡余现象》，《经济地理》2004 年第 5 期。

李凡：《古村落旅游开发中的利益主体研究》，《旅游学刊》2007 年第 1 期。

李海波、刘学华：《企业管理概论》，立信会计出版社 2005 年版。

李远峰：《黄山有个村庄叫翡翠》，《中国旅游报》2006 年 4 月 21 日。

李周、操建华：《旅游业对中国农村和农民的影响研究》，中国农业出版社 2004 年版。

林锦屏、周鸿、何云红：《纳西东巴民族文化传统传承与乡村旅游发展研究》，《人文地理》2005 年第 5 期。

刘德谦：《关于乡村旅游、农业旅游与民俗旅游的几点辨析》，《旅游学刊》2006 年第 3 期。

刘军萍：《国外乡村旅游管理者和经营者角色定位之启示》，《旅游学刊》2006 年第 4 期。

刘美玉：《公司概论》，中央广播电视大学出版社 2004 年版。

刘纬华：《关于社区参与旅游发展的若干理论思考》，《旅游学刊》2000 年第 1 期。

卢现祥、朱巧玲：《新制度经济学》，北京大学出版社 2007 年版。

卢杨：《乡村旅游运营机制研究》，东北财经大学硕士学位论文，2005 年。

卢云亭、刘军萍：《观光农业》，北京出版社 1995 年版。

吕连琴、刘爱荣：《我国乡村旅游高级化的产品设计导向》，《地域研究与开发》2002 年第 4 期。

罗永常：《乡村旅游社区参与研究》，《贵州师范大学学报（自然科学版）》2005 年第 4 期。

马波：《开发关中地区乡村旅游业的构想》，徐德宽、马波：《区域旅游开发的理论与实践》，江苏人民出版社 1996 年版。

梅燕：《论现代乡村景观旅游开发》，《农村经济》2003 年第 10 期。

潘顺安：《中国乡村旅游驱动机制与开发模式研究》，东北师范大学博士学位论文，2007 年。

盘晓愚：《经济组织模式与社会组织结构的耦合》，《贵州财经学院学报》2009 年第 4 期。

盘晓愚：《乡村旅游开发与经营的"天龙模式"辨析》，《特区经济》2009 年第 9 期。

彭燕平：《乡村旅游经营模式研究》，山东大学硕士学位论文，2007 年。

邵琪伟：《发展乡村旅游，促进新农村建设》，《求是》2007 年第 1 期。

舒伯阳：《中国观光农业旅游的现状分析与前景展望》，《旅游学刊》1997 年第 5 期。

孙九霞、保继刚：《从缺失到凸显：社区参与旅游发展研究脉络》，《旅游学刊》2006 年第 7 期。

唐代剑、池静：《论乡村旅游项目与游览组织》，《桂林旅游高等专科学校学报》2005 年第 3 期。

王兵：《从中外乡村旅游的现状对比看我国乡村旅游的未来》，《旅游学刊》1999 年第 2 期。

王宏星、崔凤军：《我国乡村旅游产品体系及其影响研究》，《西藏大学学报》2005 年第 4 期。

王继庆：《中国乡村旅游可持续发展问题研究》，黑龙江人民出版社 2008 年版。

王嘉学、明庆忠、杨世瑜：《云南乡村生态旅游发展地域模式初步研究》，《产业观察》2004 年第 3 期。

王敏娴：《乡村旅游社区参与机制研究》，浙江大学硕士学位论文，2004 年。

王世益：《"四主"开发：旅游带动新农村建设的成功模式》，《长江论坛》2006年第4期。

王云才：《21世纪我国乡村发展的八大趋势》，《现代农业经济》2000年第2期。

王云才：《珠江三角洲的实践看我国田园公园的发展》，《旅游学刊》2001年第2期。

王云才：《现代乡村景观旅游规划设计》，青岛出版社2003年版。

王云才、许春霞、郭焕成：《论中国乡村旅游发展的新趋势》，《干旱区地理》2005年第12期。

王云才：《乡村旅游规划原理与方法》，科学出版社2006年版。

文军、魏美才：《乡村旅游开发模式探讨——以广西富川瑶族自治县秀水村为例》，《生态旅游》2004年第2期。

翁瑾、杨开忠：《重渡沟"景区公司＋农户"的旅游产业组织模式研究》，《经济经纬》2004年第1期。

乌恩、蔡运龙、金波：《试论乡村旅游的目标、特色及产品》，《北京林业大学学报》2002年第5期。

吴正光：《郎德上寨的苗文化》，贵州人民出版社2004年版。

夏林根：《乡村旅游概论》，东方出版中心2007年版。

萧桂森：《连锁经营理论与实践》，南海出版公司2004年版。

肖佑兴、明庆忠、李松志：《论乡村旅游的概念和类型》，《旅游科学》2001年第3期。

谢彦君：《以旅游城市作为客源市场的乡村旅游开发》，《财经问题研究》1999年第10期。

熊凯：《乡村意象与乡村旅游开发刍议》，《地域研究与开发》1999年第9期。

徐勤飞：《青岛乡村旅游开发研究》，《曲阜师范大学学报》2003年第2期。

徐永祥：《试论我国社区社会工作的职业化和专业化》，《华东师范大学学报（社科版）》2000年第4期。

许学强、周一星、宁越敏：《城市地理学》，高等教育出版社1999年版。

杨德才：《新制度经济学》，南京大学出版社 2007 年版。

杨劲松：《开发都市型乡村旅游产品》，《社会》1999 年第 3 期。

杨炯蠡、殷红梅：《乡村旅游开发及规划实践》，贵州科技出版社 2007 年版。

杨胜明主编：《乡村旅游——反贫困战略的实践》，贵州人民出版社 2005 年版。

杨胜明主编：《乡村旅游——促进人的全面发展》，贵州人民出版社 2006 年版。

杨兴洪：《浅析贵州乡村民族旅游开发》，《贵州民族研究》2005 年第 4 期。

杨旭：《开发"乡村旅游"势在必行》，《旅游学刊》1992 年第 7 期。

姚铭尧、邵南月：《股份合作制存在的问题及改革建议》，《上海集体经济》2001 年第 3 期。

尤小菊：《民族文化村落之空间研究——以贵州省黎平县地扪村为例》，中央民族大学博士学位论文，2008 年。

曾芸：《乡村旅游发展模式的比较研究——以贵州屯堡地区为例》，《贵州民族研究》2007 年第 6 期。

张建雄：《关于乡村旅游若干问题的思考》，《大理学院学报》2004 年第 4 期。

张文：《我国乡村旅游发展的社会与经济效益、问题及对策》，《北京第二外国语学院学报》2006 年第 3 期。

张文祥、陆军：《阳朔乡村旅游国内外游客消费需求比较分析》，《桂林旅游高等专科学校学报》2005 年第 1 期。

张晓忠、杨嵘均：《农民组织化水平的提高和乡村治理结构的改革》，《社会学研究》2007 年第 6 期。

郑宝亚：《从山区穷村到旅游富村》，《中国旅游报》2006 年 1 月 6 日。

郑凤萍、丁永义、阎晶：《国外乡村旅游发展经验对我国的启示》，《北方经贸》2008 年第 3 期。

郑健雄、施欣仪：《新田园主义兴起与乡村旅游发展》，第三届休闲农业与乡村旅游发展学术研讨会，乌鲁木齐，2005年。

郑群明、钟林生：《参与式乡村旅游开发模式探讨》，《旅游学刊》2004年第4期。

周玲强、黄祖辉：《我国乡村旅游可持续发展问题与对策研究》，《经济地理》2004年第4期。

周晓雷：《赣闽粤边客家乡村旅游开发之现状与对策探析》，《嘉应学院学报（哲学社会科学版）》2004年第4期。

朱红炜：《认真落实科学发展观，促进乡村旅游健康发展》，浙江旅游网，http：//www.tourzj.gov.cn，2008年9月21日。

邹统钎：《中国乡村旅游发展模式研究——成都农家乐与北京民俗村的比较与对策分析》，《旅游学刊》2005年第3期。

邹统钎：《乡村旅游经营者共生机制研究——以北京市怀柔区北宅村为例》，《北京第二外国语学院学报》2006年第9期。

邹统钎：《社区主导的古村落遗产旅游发展模式研究——以北京市门头沟爨底下古村为例》，《北京第二外国语学院学报》2007年第5期。

邹统钎：《乡村旅游：理论·案例》，南开大学出版社2008年版。

邹再进：《旅游业态发展趋势探讨》，《商业研究》2007年第12期。

后　记

　　本书是国家社科规划课题《发展乡村旅游推动解决三农问题》的研究成果。由周玲强、金颖若制定研究方案，周玲强撰写第三章第三节，盘晓愚撰写第二章第三节、第四章，向富华撰写第六章、第七章第五节，黄超超撰写第二章第一节，罗阳、何玲玲、谢雪梅、季群华、刘园园、林辉等同学参加了调研工作并撰写了部分初稿，金颖若撰写其余章节并负责全书统稿。

　　研究中，实地调查了贵州、浙江、云南、四川、重庆、广西、湖北、湖南、北京九个省（市）近百个县（区）的乡村旅游地（点），得到了林咸坚、蓝万福、余德利、陈昌智、范欢、张永吉等朋友的真诚帮助。

　　原课题 2005 年立项，2008 年底提交成果结项，结项之后又按照出版要求进行了修改，我们进行了认真的调查研究和文献分析，全体研究人员付出了几年的辛勤劳动。我们知道，现在奉献出来的这部书稿还有种种不足。我们希望这部书稿在学术上可以为正在建构中的中国乡村旅游理论增加一些基础性的思考，提供一些比较可靠的研究材料；实践中，可以为乡村旅游业特别是西部乡村旅游业提供一些管理、开发对策和制度设计建议。

　　书稿的修订出版得到了金元浦老师、高宏存老师和责任编辑门小薇老师的帮助和指导，在此谨表谢忱。

2011 年 3 月 18 日